CASA CONTEMPORÂNEA BRASILEIRA

EXPEDIENTE

Organizadores:
Ana Elísia da Costa
Universidade Federal do Rio Grande do Sul

Célia Castro Gonsales
Universidade Federal de Pelotas

Marcio Cotrim
Universidade Federal da Paraíba

Projeto gráfico/diagramação:
Ulisses Romano

Capa:
Arte de Ulisses Romano sobre redesenho de Carolina Aubin Ongaratto da Casa RP (Arquitetos Associados).

Revisão ortográfica:
Helena Jungblut

Colaboradores:
Universidade Federal do Rio Grande do Sul
Prof. Eliane Constantinou

Iniciação Científica:
Ana Clara Lacerda Menuzzi
Beatriz Dornelles Bastos
Brenda Wolffenbuttel
Bruno Louzada
Bruno Paz da Costa
Carolina Aubin Ongaratto
Gabriela Freitas da Costa
Gabriela Pinto da Silva
Helena Utzig
Juliana Colombo
Juliana Moroishi Almeida
Karina Trojack
Luisa Medeiros dos Santos
Mariana Rodrigues Samurio
Mateus da Silva Oliveira
Nathália Widniczck Striebel
Orlando de Carvalho
Ricardo Curti
Tainá Kurz Stelmach
Teresa Sofia Nunes da Silva Leite
Thaís Gerhardt
Thais Gonçalves Mancini
Ulisses Romano
Valessa Baldin

Universidade Federal da Paraíba
Prof. Wylnna Vidal
Prof. Nelci Timen

PPGAU
Tamires Oliveira Cabral

Iniciação Científica:
Eduarda Kelen Soares Heim
Jéssica Gomes de Lucena

LPPM
Ana Luiza Maranhão
Amanda Andreghetti
Barbara Fernandes
Beatriz Lemos
Brenda Amorim
Brunielly Almeida
Edvar Soares
Francisco Diogo
Gabrielly Filgueiras
Glendo D´Oliveira
Igor Fernandes
Joelma Cristina
Lizandra Paula
Mayara Tabosa
Mariana Vidal
Marina Possatti
Miguel Vitor
Mirela Davi
Mirna Linhares
Nathalie Wood
Otávio Mendonça
Paloma Patrocínio
Petrus Fernandes
Raniere Moreira
Rayssa Marques
Roseanny Palmeira
Thiago Melo
Tamara Azevedo
Vanessa Carvalho
Vanessa Paiva

Universidade Federal de Pelotas
PROGRAU:
Adriana Viebrantz Braga
Alice Martins Moraes
Auriele Fogaça Cuti
Beatriz Cauduro Montagner
Carolina Ritter
Fabiane Biedrzycka da Silva Galarz
Josie da Costa Abrão Macedo
Larry Andelmo
Márcia Silveira Rodrigues
Paula Hallal

Iniciação Científica:
Gerônimo Genovese Dornelles
Laura Klajn Baltar
Natália Ghisleni

Universidade de Caxias do Sul
Prof. Cristina Picolli

LAU:
Ana Paula Viezzer Lunardi
Brena Oliveira
Daniela Bortolotto
Morgana Scottá
Natasha Oltramari
Rafael Baumann
Sara Caon
Stefânia Tonet

Universidade Estadual de Goiás
Prof. Wilton de Araujo Medeiros

Iniciação Científica:
Amanda Monteiro dos Santos
André M. Nascimento de Souza
Caio H. Guimarães Teles
Francielly Alves G. de Freitas
Luiza de Souza Santa Barbara
Web Gabner Pereira Rodrigues

WWW.UFRGS.BR/CASACONTEMPORANEA

APOIADORES

ORGANIZADORES
ANA ELÍSIA DA COSTA | CÉLIA CASTRO GONSALES | MARCIO COTRIM

CASA CONTEMPORÂNEA BRASILEIRA

2019

A reprodução ou duplicação integral ou parcial desta obra sem autorização expressa dos autores, dos organizadores e dos editores se configura como apropriação indevida dos direitos intelectuais e patrimoniais dos autores.

© do texto: Ana Elísia da Costa; Célia Gonsales; Marcio Cotrim
© desta edição: Nhamerica Press

Da Costa, Elisia; Gonsales, Célia & Cotrim, Marcio (organizadores)

Casa Contemporânea Brasileira, 2019, 232 pp.

Austin: Nhamerica Press, 2019.

ISBN: 978-1-946070-24-1

1.Arquitetura. 2.Projeto de Arquitetura. 3. Residências. 4. Casa unifamiliar. 5.Brasil.

Nhamerica Press
807 E 44th street, Austin, TX, 78751

ÍNDICE

INTRODUÇÃO 6

1 — O PÁTIO

1.1 Pátio - tipo e sítio: uma Introdução 15

1.2 O pátio no Brasil: da casa moderna à contemporânea 23

1.3 O pátio em lotes de grandes dimensões 43

2 — O ARRANJO EM LOTES ÍNGREMES

2.1 O desafio dos lotes íngremes: uma Introdução 63

2.2 A transgressão base/pilotis/mirante 73

2.3 Entre o enraizamento e o alçamento - casas contemporâneas 95

2.4 A negação da terra: relações entre Calvino e SPBR Arquitetos 115

2.5 O espaço doméstico e a domesticação da paisagem 135

3 — A CASA AVARANDADA E O TELHADO

3.1 A casa avaranda e o telhado: uma Introdução 159

3.2 Mutações na varanda da casa brasileira - explorações tipológicas modernas e contemporâneas 167

3.3 A persistência do telhado na arquitetura brasileira: da casa moderna à contemporânea 187

DOS ESCRITÓRIOS/ARQUITETOS - APROXIMAÇÃO CONTEXTUAL E APRESENTAÇÃO 216

DOS ORGANIZADORES DO LIVRO 230

CASA CONTEMPORÂNEA BRASILEIRA

POR QUE A CASA?

Apesar de amplamente debatido, o espaço doméstico não parece sugerir esgotamento como tema de investigação. Com questões de origem dominadas ou superadas (ou provisoriamente superadas), o status desse tema oportuniza ainda hoje a construção de novas soluções arquitetônicas associadas a mudanças de modos de vida e arranjos familiares, a transformações tecnológicas no campo da informação, a demandas de mobilidade urbana e outros tantos aspectos que caracterizam a sociedade urbana atual. Emerge daí um frescor para o estudo do espaço doméstico, já que, em tais soluções, questões tipológicas, sociológicas e ideológicas estão sempre imbricadas, revelando um posicionamento mutante do homem frente ao mundo, frente ao habitar a cidade e a natureza. Neste trabalho, contudo, são deixados à margem aspectos fundamentais no debate sobre o espaço doméstico, para enfatizar os aspectos tipológicos que reforçam a casa como experimento arquitetônico — um experimento dinâmico e que absorve ágeis respostas.

Com essa perspectiva, buscamos observar como a casa surge como um lugar fértil para experimentações rápidas no tempo e espaço, permitindo serem testadas, corrigidas e usadas em outros projetos, com programas e escalas variadas. A natureza experimental da casa envolve grande complexidade como problema arquitetônico, apesar da sua escala diminuta quando comparada a outros programas. Questões como controle e permeabilidade física e visual entre visitantes, moradores e funcionários, conexões espaciais e visuais entre interior e exterior, natureza íntima e privada frente à coletiva e social são muitas vezes menos precisas (ou mais difusas) na casa unifamiliar burguesa que em edifícios cujos programas funcionais são mais claros, rígidos e específicos. A casa unifamiliar revela-se, nesta linha de pensamento, como um edifício complexo e de difícil resolução.

Neste trabalho tomamos casas projetadas por jovens arquitetos brasileiros como objeto de estudo. A adoção de tais casas se dá porque acreditamos que, a partir do exercício de observação de produções com certo destaque no Brasil, localizadas em lugares muito variados, é possível identificar tanto estratégias projetuais particulares – ligadas a idiossincrasias locais e pessoais –, quanto sistemas gerais de projeto, fruto de posturas comuns entre grupos de jovens arquitetos que se posicionam em uma região mais ampla – o Brasil - e em uma época – século 21.

Desse modo, a perspectiva em construção neste livro, sobre a casa unifamiliar, tem como horizonte a teoria da arquitetura. Uma teoria que, como destaca Marina Waisman, pode ser, além de normativa, também poética ou filosófica:

> poética, isto é, o enunciado de um concepção não mais universal, mas particular de um arquiteto ou grupo [...] pode também assumir a forma de uma filosofia da arquitetura, isto é, de uma concepção generalizadora em busca de princípios universalmente válidos.
> (WAISMAN, 2013, p. 30-31)

Cabe alertar que não se trata de um elogio à casa unifamiliar. Somos conscientes que a casa unifamiliar como célula essencial de um modelo urbano de baixa densidade tende a ter um papel muitas vezes nefasto, principalmente quando considerada a desigualdade social abissal que caracteriza a realidade do nosso país. Tampouco pretende-se aqui compor um quadro completo sobre a casa unifamiliar contemporânea que, como se sabe, é restrita a um ínfimo extrato da sociedade brasileira. Sabemos também que o retrato alcançado é uma exceção no que diz respeito à qualidade da produção arquitetônica nacional. O conjunto de textos que constituem este livro, portanto, deve ser entendido como um recorte deliberado e elaborado por pesquisadores arquitetos, para os quais a análise das casas é uma oportunidade para investigar relações indissociáveis entre teoria da arquitetura e prática projetual e, em especial, seus reflexos nos processos de ensino e aprendizagem de projeto.

A PESQUISA

Este livro tem origem na pesquisa *Casa Contemporânea Brasileira*[1], em andamento desde 2014 e fruto da parceria entre pesquisadores de cinco universidades brasileiras – UFRGS, UFPB, UFPel, UCS e UEG, estando envolvidos doutores, doutorandos, mestres, mestrandos e alunos de graduação dos cursos de Arquitetura e Urbanismo dessas universidades. Essa parceria entre pesquisadores de polos geograficamente extremos do país revela a vontade de integrar visões diferentes forjadas em ambientes distintos e, por que não, periféricos. A casa unifamiliar burguesa surge como objeto comum para os envolvidos na pesquisa e na elaboração do livro, suscitando diferentes níveis de interesses, mas sempre convergentes em direção a problemas projetuais arquitetônicos de natureza tipológica.

A pesquisa *Casa Contemporânea Brasileira* tem por objetivo estudar um conjunto expressivo de casas unifamiliares desenvolvidas por 25 arquitetos ou escri-

---

1. A pesquisa se insere no Grupo de Pesquisa do CNPq "Espaço Doméstico - Múltiplas Dimensões" que contempla os enfoques: Habitação e Cidade; Habitação e Cultura; Habitação, Desenho e Simulação; Habitação, Projeto e Historiografia.

tórios eleitos em 2010 como a "nova geração de arquitetos brasileiros" pela revista AU-Arquitetura e Urbanismo (ANTUNES; HORTA, 2010). A análise das obras destes arquitetos vem permitindo estabelecer um posicionamento crítico sobre a atual produção brasileira no que tange às habitações unifamiliares, o programa mais volumoso no acervo de obras dos referidos escritórios. Vem-se construindo, por amostragem, um quadro que ilustra a casa unifamiliar contemporânea brasileira, identificando, através da análise gráfica e textual, regras e transgressões de natureza projetual.

O material gráfico produzido a partir da leitura atenta destes projetos - modelos digitais, redesenhos, diagramas comparativos - tem sido gradativamente inserido no banco de dados disponível para consulta no site https://www.ufrgs.br/casacontemporanea/. Este material tem apoiado o desenvolvimento de artigos publicados sistematicamente desde 2014 em anais de eventos científicos e em periódicos nacionais e internacionais, estando estes também disponibilizados no site e a partir dos quais foi selecionado parte do material deste livro.

A dinâmica de elaboração do material incorporado ao banco de dados consiste em exercícios de descrição e análise dos projetos, entendidos como parte fundamental do processo de aprendizado nas diferentes etapas de formação dos estudantes/pesquisadores. Uma parcela importante do material gráfico elaborado nestes exercícios foi produzida por alunos de graduação em disciplinas de teoria da arquitetura e em programas de iniciação científica nas universidades envolvidas. Os procedimentos usados convertem os alunos em protagonistas da produção de conhecimento, tomada como parte central do processo de aprendizagem, sobrepondo-se à recepção passiva da informação.

Desde o seu início, a pesquisa tem se dedicado a ler graficamente o trabalho de 19 escritórios[2], perfazendo um total de 107 casas unifamiliares, distribuídas em 58 cidades de 13 estados brasileiros – na região Centro Oeste – DF e GO; na região Nordeste – BA, CE, RN, PE, SE; na Região Sudeste – SP, RJ, MG; e na Região Sul – PR, SC e RS.

O quadro formado pelo material gráfico sobre os 107 projetos, disponíveis no site, tem permitido um olhar transversal de natureza comparativa sobre esta produção, do qual emergem sistematicamente temas diacrônicos que não apenas articulam a produção destes diferentes grupos de arquitetos entre si, mas também a conecta com obras de períodos anteriores da arquitetura brasileira como os anos 1950, 1960 e 1970.

Estes temas se constituíram como motor dos artigos publicados pelo grupo de pesquisadores, entre os quais se destacam aqueles que constam em revistas, como a Arquitextos Vitruvius, Thesis, Virus, Risco, Projetar, e em anais de eventos científicos nacionais, como ENANPARQ e DOCOMOMO-BR, e internacionais, como o *3rd International Symposium Formal Methods in Architecture* e o Seminário Internacional Academia de Escolas de Arquitetura e Urbanismo de Língua Portuguesa – AEAULP. Pelo conjunto de obras documentadas e pelas consequentes reflexões

2. Dos 25 escritórios elencados na referida matéria da AU, seis não tiveram suas obras analisadas por motivos diversos: dissolução dos próprios escritórios; ausência de projetos residenciais unifamiliares divulgados nos sites dos escritórios; projetos com documentação insuficiente para redesenho e análise; falta de recursos humanos da pesquisa para abranger o universo estudado.

teóricas, em 2016, a pesquisa ganhou menção honrosa no Prêmio Arquisur de Investigación, entidade que envolve cerca de vinte e oito faculdades de Arquitetura de universidades públicas da América Latina.

O LIVRO

O livro que o leitor tem agora em mãos não pode ser entendido como o resultado parcial da pesquisa, mas como trabalho dela originado, que nutriu-se do que foi elaborado, organizado e disponibilizado graficamente no banco de dados. Origina-se da visão de conjunto que o banco de dados potencializou. Entendemos que esse é efetivamente o papel desta pesquisa. Ao disponibilizar um grande conjunto de material gráfico sem ordem ou hierarquia, o acervo nos permitiu reorganizá-lo em uma variedade de temas, tal como fica expresso na estrutura do livro. Ainda que não se trate de um trabalho de História da Arquitetura, metodologicamente, pode-se pensar nos termos expostos por Certeau sobre o trabalho do historiador:

> gesto de separar, de reunir, de transformar em "documentos" certos objetos distribuídos de outra maneira [...]. Este gesto consiste em "isolar" um corpo, como se faz em física, e em "desfigurar" as coisas para constituí-las como peças que preencham lacunas de um conjunto, proposto a priori.
> (CERTEAU, 2010, p. 81)

O livro se divide em três temas/partes: o pátio, os lotes íngremes e as varandas e telhados. Cada uma das três partes é composta por uma introdução e um conjunto variável de textos, sendo que cada parte, e até mesmo cada texto, pode ser lido de modo autônomo. Na introdução de cada uma destas partes, busca-se refletir sobre a natureza dos temas emergentes, seus problemas, desafios e estratégias projetuais comuns a um conjunto de projetos. Nos textos de cada parte, há basicamente dois enfoques articulados: a análise das referidas estratégias à luz da tradição arquitetônica moderna no Brasil; e a comparação entre arranjos contemporâneos. Assim, tais textos podem ser entendidos como estudos de casos contemporâneos em perspectiva histórica.

A primeira parte, **O PÁTIO**, é composta por dois textos. Em ambos, traça-se certa genealogia de soluções comuns entre os anos 1940 e 1970 e os projetos contemporâneos, nas quais o pátio é revisitado por meio de soluções repetidas, mas também transformadas em decorrência, muitas vezes, das características de lote em que se inserem.

O DESAFIO DOS LOTES ÍNGREMES é a maior entre as três partes, composta por quatro textos, que não tratam de uma solução tipológica específica, como pode ser o pátio, ou a combinação de estruturas arquitetônicas elementares, como é caso do telhado e da varanda. Neste caso, a partir de um condicionante de projeto prévio, é identificado um conjunto estimulante de soluções, nas quais tipos tradicionais são articulados entre si, gerando, na maior parte dos casos estudados, um conjunto de novas possibilidades tipológicas e de relação do objeto arquitetônico com a paisagem.

A última parte, **A CASA AVARANDADA E O TELHADO**, com dois textos, apresenta o modo em que componentes emblemáticos e com forte caráter imagético da história da arquitetura são resgatados pela arquitetura moderna e reinterpretados na casa contemporânea. Em partidos que remetem à decomposição e abstração moderna ou à tradição vernácula, ao uso de materiais industrializados ou à manufatura artesanal, ficam claros tanto a atemporalidade desses elementos, como a importância do repertório na concepção arquitetônica contemporânea.

Por fim, gostaríamos de ressaltar que uma investigação continuada das potencialidades do conceito de **tipo**, tanto com fins analíticos e classificatórios, como ferramenta para a compreensão dos procedimentos projetuais, se constitui como base essencial das análises apresentadas nos textos deste livro. Se nos alinhamos com a afirmação de Philippe Panerai de "que a observação sistemática, a classificação, a comparação, a aproximação nunca são apenas mero desejo de conhecimento; (que) explicitamente ou não, os tipos funcionam como proposição para a (re) produção" (2006, p. 111), estaremos insistindo então que **tipo**, no campo disciplinar, é um conceito que exprime a essência de um conjunto de obras arquitetônicas e também um instrumento de projeto, que no caso desta investigação, se pôde identificar nos procedimentos dos arquitetos estudados.

Por outro lado, se muitos projetos analisados se apresentam como variações de um mesmo esquema básico, como interpretações e transgressões de tipos mais ou menos consolidados, isto significa que fica aqui ratificada a crença na importância fundamental da construção de repertórios contundentes para o exercício de uma arquitetura, se não de excelência, pelo menos, adequada e correta.

REFERÊNCIAS

ANTUNES, B.; HORTA, M.. Diretório 25 Jovens Arquitetos. **Revista AU – Arquitetura e Urbanismo**, São Paulo, Pini, 2010, n. 197, p. 42-62.

CERTEAU, M. de. **A Escrita da História**. Rio de Janeiro: Forense Universitária, 2010.

PANERAI, P.. **Análise Urbana**. Brasília: Editora Universidade de Brasília, 2006.

PESQUISA CASA CONTEMPORÂNEA BRASILEIRA. Disponível em: https://www.ufrgs.br/casacontemporanea/

WAISMAN, M. **O interior da história**. São Paulo, Perspectiva, 2013.

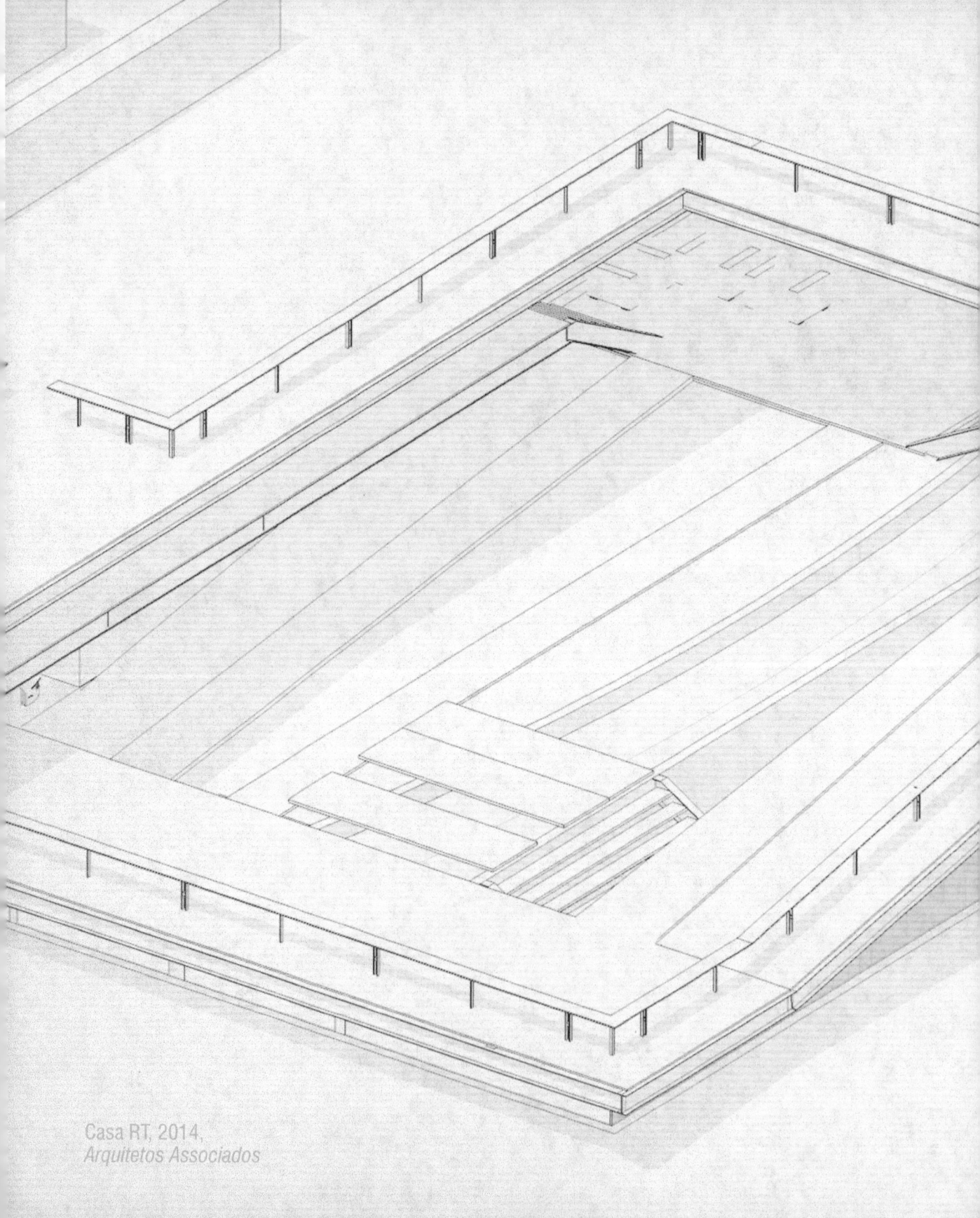

Casa RT, 2014,
Arquitetos Associados

1
O PÁTIO

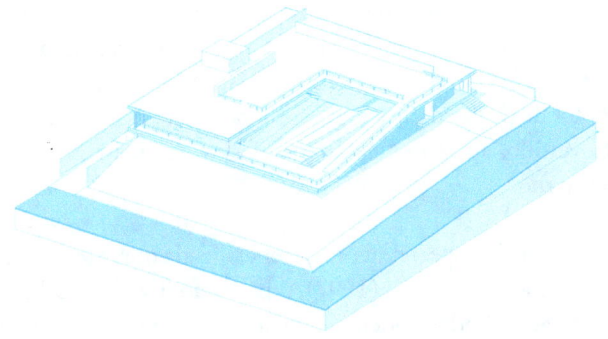

1.1

PÁTIO - TIPO E SÍTIO
UMA INTRODUÇÃO

Ana Elísia da Costa

Seja por seus atributos simbólicos, seja por seu potencial de adaptação a diferentes contextos geográficos e culturais, os arranjos organizados ao redor de um vazio central, o **tipo-pátio**[1], se mostram atemporais e replicáveis em diversos programas arquitetônicos – da casa à escola, do convento ao edifício público.

Em casas, o emprego desse arranjo ou esquema tipológico, tratado aqui genericamente como **casa-pátio**, já é tema exaustivamente estudado em todo o mundo, pois é parte integrante de várias culturas, principalmente das mediterrâneas (CAPITEL, 2005; RECASENS, 2009; SUSTERSIC, 2003; MARTÍ ARÍS, 1997; GAMBARDELLA, 1995). No Brasil, onde a casa-pátio não fez parte da tradição colonial portuguesa, o tema passou a ganhar destaque a partir de obras de alguns arquitetos da vanguarda moderna (COSTA, 2011), as quais, hipoteticamente, ainda são referências para as novas gerações, como será discutido ao longo do capítulo.

[1] O pátio, como arranjo tipológico, não é entendido aqui como o "fundo" da composição - resíduo da disposição de elementos de arquitetura ao seu redor; tampouco é a "figura", em que ele próprio seria um elemento de composição aberto ao exterior. O tipo-pátio é o próprio conjunto que emerge dessa relação figura-fundo.

O fato é que a possibilidade de se construir modos de vida que desfrutem cotidianamente de "porções idealizadas da natureza" e/ou "porções recortadas de céu" exerceu (e exerce) grande fascínio investigativo junto aos programas domésticos (COSTA *et. al*, 2017; COSTA, 2016). Há nestes arranjos uma encantadora ambiguidade entre introversão e extroversão – se do ponto de vista formal, sugerem um caráter introvertido, promotor de privacidade e segurança; do ponto de vista do uso, assumem um caráter extrovertido, ao proporcionarem modos de vida com muita intimidade com o espaço externo.

A busca por essa ambiguidade foi especialmente potencializada durante a arquitetura moderna, quando, segundo Martí Arís (1997), o pátio, ao invés da reclusão, desenvolveu dispositivos formais voltados à ideia de espaço expansivo e centrífugo, buscando fluidez, dinamismo e abertura. Esse argumento talvez se relacione com os de Anelli (2001) que, ao analisar a arquitetura moderna paulista, sugere a justaposição do caráter introvertido do pátio com o caráter extrovertido da tradicional varanda brasileira[2].

Introvertidos e/ou extrovertidos, os arranjos tipológicos em pátio assumiram várias feições, quase todas muito arraigadas no lugar em que se inserem. Como trata Martí Arís (1993), esses arranjos configuram "topografias artificiais" que, também dialeticamente, deixam em dúvida a subordinação ou prevalência do tipo em relação ao sítio. Se, de um lado, o sítio impõe "ajustes e acordos" com o edifício, configurando variantes ou particularidades tipológicas que o singulariza e o vincula ao lugar; de outro, a persistência de modelos com uma mesma matriz tipológica em distintos lotes acaba por confirmar a recorrência da "ideia", a persistência do tipo.

No contexto da discussão sobre tipo-sítio, o capítulo aborda casas-pátio brasileiras implantadas em *lotes estreitos e de meio de quadra e em lotes de grandes dimensões*. A partir de contextos e configurações muito distintas - lotes praianos, rurais ou urbanos; terrenos planos ou íngremes, com pequenas ou grandes dimensões -, busca-se reconhecer os persistentes esquemas tipológicos das casas-pátio, genéricos e abstratos, bem como suas particularidades, singularidades, que emergem, em grande parte, do desejo do arquiteto de estreitar a relação do edifício com o lugar.

Os arranjos em *lotes estreitos e de meio de quadra* foram adotados em larga escala no país, visto ser a configuração deste lote recorrente no tecido urbano brasileiro e desde onde se observa inúmeras soluções de adaptação do tipo ao sítio, condicionadas principalmente pela topografia e pela largura do lote. O estudo é panorâmico - analisa e confronta onze casas modernas das décadas de 1940 e 1950 e treze casas contemporâneas construídas após 2000. Neste sobrevoo, são encontradas soluções comuns entre os dois universos, particularmente no modo de ocupar o lote, de articular o programa e de relacionar interior e exterior, construindo um movimento concomitante de continuidade e descontinuidade, em que o "novo" emerge do "velho".

Não muito numerosos e justamente pela excepcionalidade, são destacados os exemplares em *lotes de grandes dimensões*. Neles, o arranjo tipológico é mais preva-

2. Considera-se que essa justaposição só pode se dar no plano do caráter, já que, do ponto de vista tipológico, o pátio (Todo - arranjo tipológico) e a varanda (Parte - elemento de composição) não sejam comparáveis em sua essência compositiva.

lente em relação ao sítio, já que é adotado sem demandas explícitas de privacidade em relação a vizinhos ou sem a necessidade de configurar porções controladas da natureza, como ocorre em meios áridos ou urbanos. O elo comum entre os projetos – modernos e contemporâneos – é a proporção quadrada de suas plantas, a partir da qual se observa dois arranjos principais – os de procedência *clássica-tradicional* que se apoiam diretamente no solo; e os de procedência *lecorbusiana* que se erguem total ou parcialmente do solo e onde, por vezes, são mesclados distintos arranjos tipológicos.

Seja nos lotes estreitos e de meio de quadra ou nos de grandes dimensões, o pátio das casas contemporâneas brasileiras se sustentam como efetivos centros compositivos dos projetos, a partir dos quais a *promenade* doméstica é desenhada e desde onde são favorecidos o "*godimento della casa*" (CORNOLDI, 1994) e a "contemplação frente ao meio natural" (ALVAREZ *et. al*, 2003). São eles, em maior ou menor grau, os responsáveis por imprimir um caráter, uma atmosfera comum, que transcende e unifica as variações dos próprios esquemas-pátios adotados.

REFERÊNCIAS

ALVAREZ, F.; GRANELL, E.; PIZZA, A.; ROVIRA, J. M. Sobre Mediterrâneos. **DC**, Barcelona, n. 9-10, 2003.

ANELLI, R.; GUERRA, A.; KON, N. **Rino Levi - Arquitetura e cidade**. São Paulo: Romano Guerra, 2001.

CAPITEL, A. **La arquitectura del patio**. Barcelona: Gustavo Gili, 2005.

CORNOLDI, A. **L'architettura dei luogui domestici**. Milano: Jaca Book, 1994.

COSTA, A. E.; MENUZZI, A. C.; ONGARATTO, C. A. et al. Terra e céu, pátio e terraço: a natureza idealizada em casas contemporâneas brasileiras. *In*: **Anais do Seminário Internacional Academia de Escolas de Arquitetura e Urbanismo de Língua Portuguesa – AEAULP**. Belo Horizonte: AEALUP, 2017, v. 3.

COSTA, A. E. Mito Mediterrâneo: relações entre uma cultura e o desejo de exteriorização da casa moderna. *In*: **Anais do 11 Seminário Nacional do DOCOMOMO-BR**. Recife: UFPE, 2016.

COSTA, A. E. **O Gosto pelo Sutil**. Confluência entre as Casas-Pátio de Daniele Calabi e Rino Levi. Porto Alegre, 2011. Tese (Doutorado em Arquitetura) - Faculdade de Arquitetura, Universidade Federal do Rio Grande do Sul.

GAMBARDELLA, C. **La casa del mediterraneo**: Napole tra memoria e progetto. Roma: Officina, 1995.

MARTÍ ARÍS, C. **Las variaciones de la identidad**: ensayo sobre el tipo en la arquitectura. Barcelona: Colegio de Arquitectos de Cataluña, 1993.

MARTÍ ARÍS, C. La casa binuclear según Marcel Breuer. El patio recobrado. **DPA**: Documents de Projectes d'Arquitectura, Barcelona, n. 13, 1997.

PESQUISA CASA CONTEMPORÂ-NEA BRASILEIRA. Disponível em: www.ufrgs.br/casacontemporanea/

RECASENS, G. D. La tradición del patio en la arquitectura moderna. **DPA**: Documents de Projectes d'Arquitectura, Barcelona, n. 13, 1997.

SUSTERSIC, P. Moderna y mediterránea: la arquitectura a olliras de un mito. **DC**, Barcelona, n. 9-10, 2003.

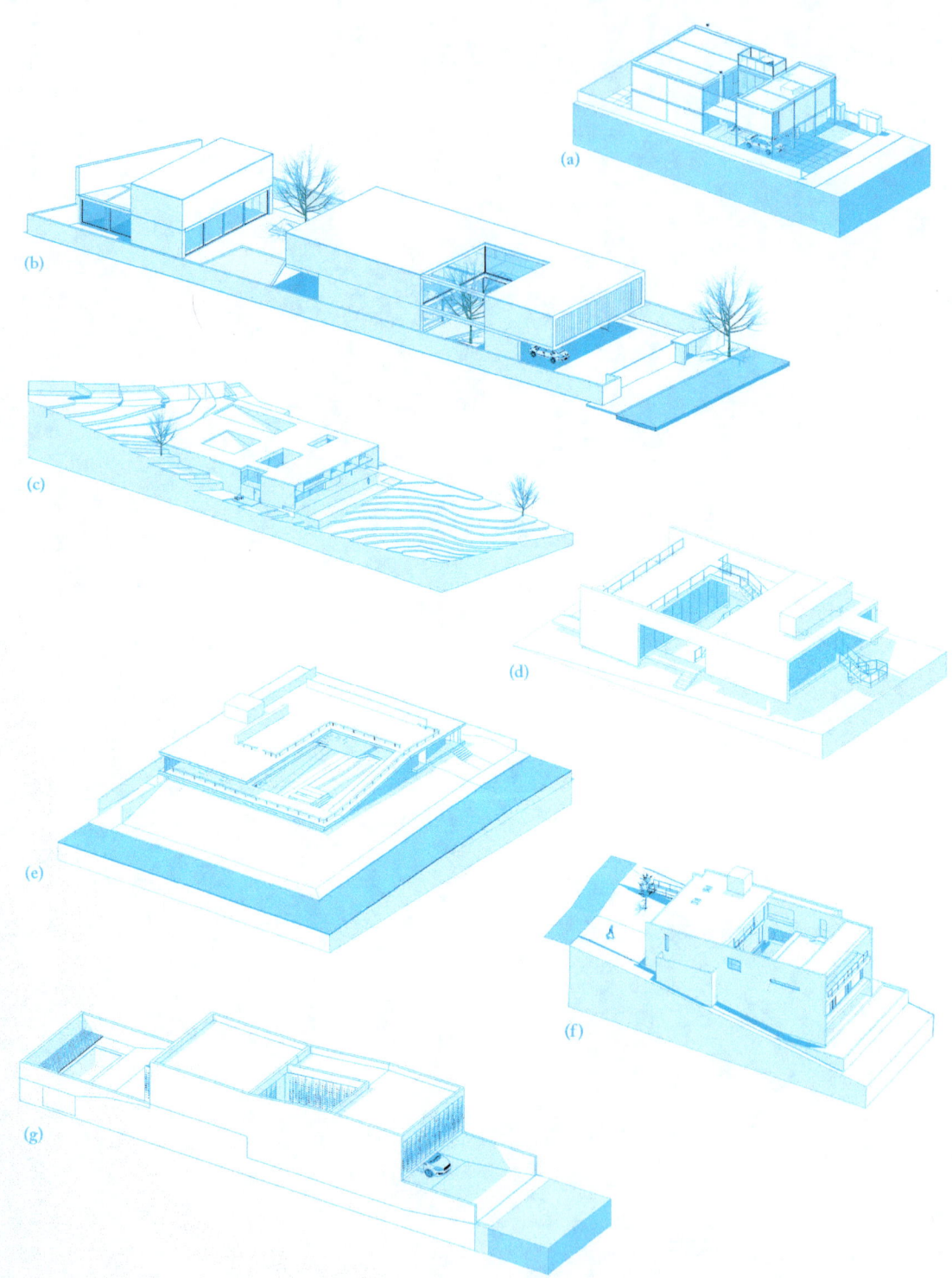

Casas contemporâneas com pátio: *(a) Casa AR, 2002, Arquitetos Associados; (b) Bacupari, 2012, UNA; (c) Itu, 2012, UNA; (d) Tibau, 2011, Yuri Vital; (e) RT, 2014, Arquitetos Associados; (f) Yamada, 2002, SIAA; (g) Porto do Sol, 2010, Mapa.*
Fonte: *Acervo Pesquisa Casa Contemporânea Brasileira (Desenhos: (a) DORNELLES, G.; (b) BRAGA, A.; (c) SCOTTÁ, M.; (d) OLIVEIRA, B.; (e) ONGARATTO, C.; (f) FREITAS, F.; (g) GERHARDT, T.).*

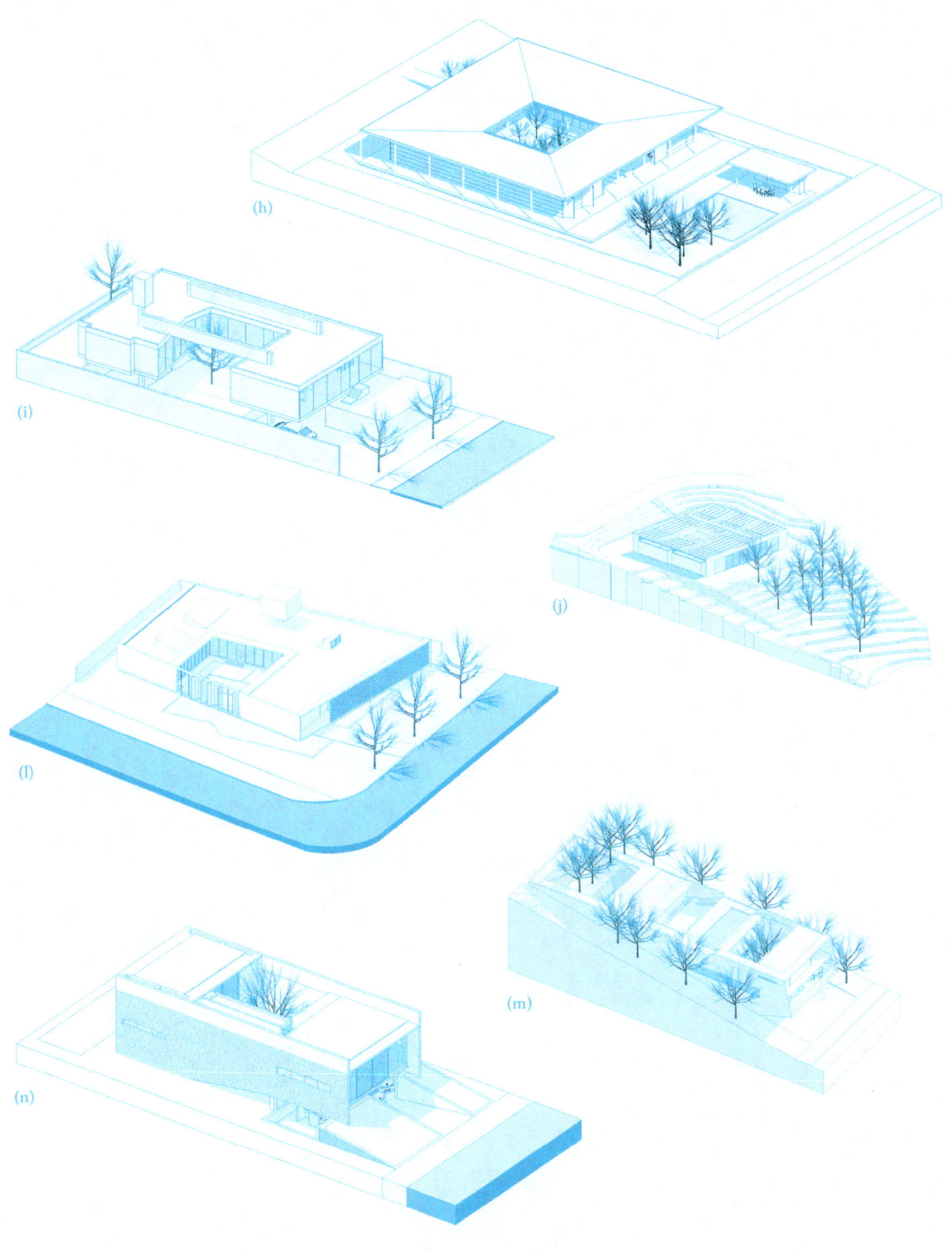

Casas contemporâneas com pátio: (h) ML, 2010, Bernardes Jacobsen; (i) Ribeirão Preto, 2000, SPBR; (j) RCM, 2009, Metro; (l) KG, 2012, Arquitetos Associados; (m) Casa Brasileira 2, 2011, Arquitetos Associados; (n) Bio Villa, 2012, Arquitetos Associados.
Fonte: Acervo Pesquisa Casa Contemporânea Brasileira (Desenho: (h) MEDEIROS DOS SANTOS, L.; (i) COSTA, G.; (j) SAMURIO, M.; (l) ONGARATTO, C.; (m) MENUZZI, A. C.; (n) WOLFFENBUTTEL, B.);

O PÁTIO NO BRASIL
DA CASA MODERNA À CONTEMPORÂNEA

Ana Elísia da Costa
Marcio Cotrim

O lote estreito, alongado e de meio de quadra é parte integrante do tecido urbano ordinário da maioria das cidades brasileiras. O desafio projetual de ocupar estes lotes define alguns tipos recorrentes, entre os quais destacam-se aqueles cujo pátio assume um papel fundamental. Na arquitetura contemporânea brasileira, este arranjo tipológico vem assumindo diversos modelos[1], condicionados principalmente: pela topografia do lote, se plana ou íngreme; pela largura do lote, impondo que o edifício seja colado em uma ou mais divisas laterais; e pela extensão do programa de necessidades, decisivo na definição do número de pavimentos.

Apesar da casa com pátio não fazer parte da tradição luso-brasileira, as suas possibilidades de uso não são novas no cenário nacional. As discussões sobre o uso do pátio na arquitetura residencial ganharam força no Brasil a partir do século 20, com as possibilidades abertas pelo ecletismo e a aceitação de arquiteturas de inspiração hispano-americanas, como servem de exemplo casas paulistanas dos anos 30 de Bratke e Botti ou Moya e Malfatti, construídas nos bairros-jardins que se proliferavam pela cidade. Entretanto, em São Paulo, as possibilidades foram ampliadas – em meio a uma discussão menos estilística e mais espacial – com a arquitetura moderna e esteve profundamente ligada à tradição italiana. Cabe lembrar que o pátio foi recorrente no cenário moderno italiano, que buscava conciliar o vocabulário vernáculo-mediterrâneo com o clássico e o moderno. Ilustra este argumento o artigo que Gio Ponti publicou em 1953 na revista Dommus, intitulado "Idea per la Casa dell dottor T a San Paolo", em que aborda as dificuldades de consolidar casas com pátios em lotes estreitos e profundos e com edifícios colados nas divisas.

Segundo Ponti, a configuração comum do lote paulistano condicionava duas tipologias: a ocupação de toda a largura do terreno, configurando dois jardins, um interno e um voltado para a rua; e a ocupação do inverso da fachada, com um jardim interno único. Como alternativa, propunha estabelecer dois grandes muros de divisa, um para apoiar diretamente a casa e outro para apoiar um jardim interno, como faz Barragan: "este espaço formado só de muro e de céu não é uma segregação, é um encanto" (PONTI, 1953). A partir desta solução, lançou volumes perpendiculares, estruturando duas alternativas: um volume que cria dois jardins ou dois volumes que criam três jardins. Em todas as soluções, os jardins são visíveis entre si através do fechamento da sala no térreo, feito por meio de grandes janelas ou da criação de pórticos e pilotis (COSTA, 2011) (Figura 01).

O projeto de Ponti vinha ao encontro de experiências que outros arquitetos italianos vinham desenvolvendo em São Paulo naqueles anos, como as casas de Daniele Calabi e Giancarlo Palanti, das décadas de 1940 e 1950. Na produção de Calabi destacam-se três casas, o pavilhão Médici (1946), Calabi (1945-46) e Cremisini (1947). Em terreno plano, merece menção o pavilhão Médici (1946), nitidamente inspirado no pátio tradicional, com átrio e peristilo. Calabi organiza a casa em duas alas principais orientadas para dois pátios de natureza distintas, uma mais social e outra mais íntima. Há na casa uma evidente ambiguidade marcada por um eixo de acesso assimétrico e circulações internas tratadas simetricamente (Figuras 03, 04 e 05). Em terrenos íngremes, Calabi cria um pódio que apoia as alas das casas Calabi e Cremisini, tratadas como se fossem térreas. Na primeira, duas alas conectadas

[1] O conceito de tipo tratado neste trabalho é o clássico, elaborado por Quatremère de Quincy no final do século XVIII. Para ele, o tipo é um conceito capaz de elucidar a razão "oculta" da arquitetura, tendo como base a natureza da obra e a satisfação estética. Assim, a ideia de tipo se aproxima de um ideal platônico, "[...] algo permanente e complexo, um enunciado lógico que está antes da forma e que a constitui" (ROSSI, 1995, p. 25). Essa razão oculta manifesta-se através da permanência de determinadas características dos edifícios ao longo da história. Como algo abstrato, o tipo não pode ser confundido com o modelo, passível de ser materializado e repetido; é, em vez disso, um princípio que serve de regra para um grupo de modelos ao longo do tempo (MONEO, 1999). De modo mais claro, Aldo Rossi esclarece: "É como uma espécie de núcleo em torno do qual se aglomeravam e se coordenavam em seguida os desdobramentos e as variações de formas de que o objeto era suscetível." (ROSSI, 1995, p. 26).

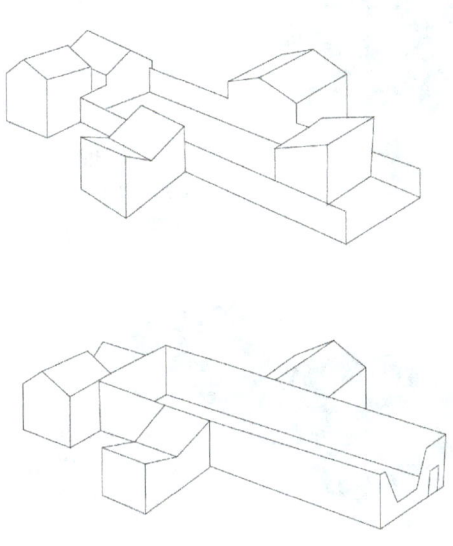
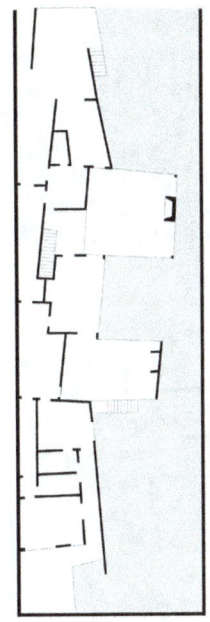
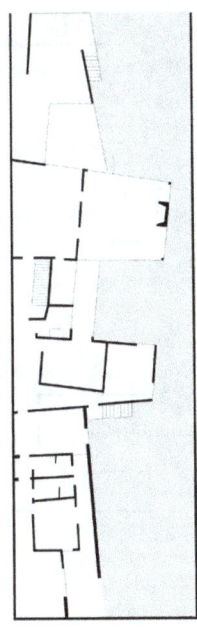

Casa dell Dottor T.
São Paulo-SP, 1953, Gio Ponti

Figura 01 – Projeto de Gio Ponti para casas-pátio em São Paulo. Fonte: Acervo Pesquisa Casa Contemporânea Brasileira (Desenho: OLIVEIRA, M. S.).

por um pequeno hall definem a forma de um "L", configurando assim um pátio, que é fechado artificialmente por um muro. Na segunda, duas alas paralelas são conectadas por um hall/circulação, que se abre para o pátio central. Em ambas, há uma ambiguidade entre a introspecção determinada pelo pátio e a extroversão com a qual o pátio e/ou a sala se ampliam com as visuais proporcionadas pela paisagem (Figura 02).

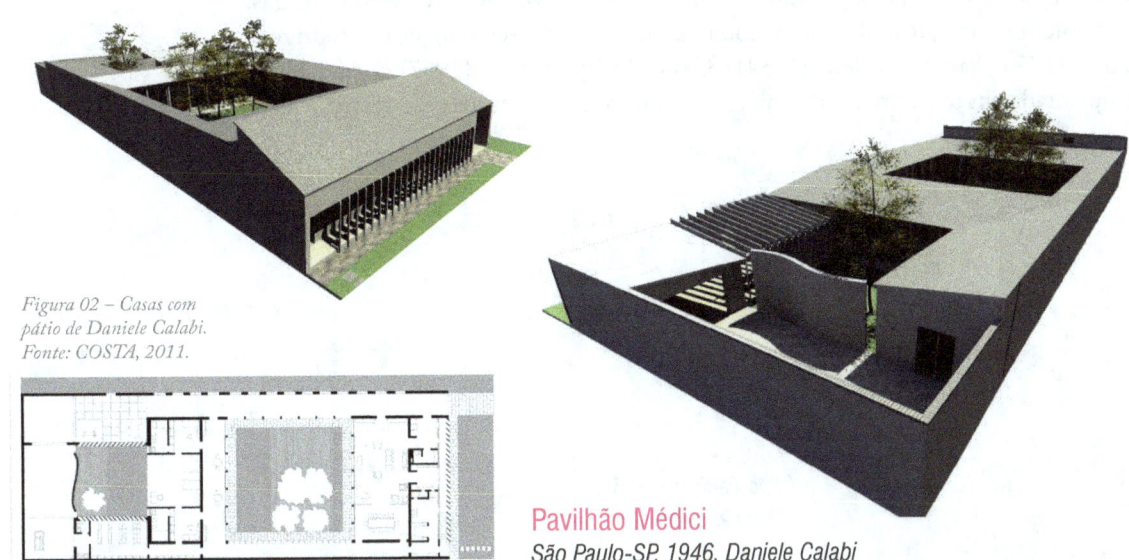

Figura 02 – Casas com pátio de Daniele Calabi. Fonte: COSTA, 2011.

Pavilhão Médici
São Paulo-SP, 1946, Daniele Calabi

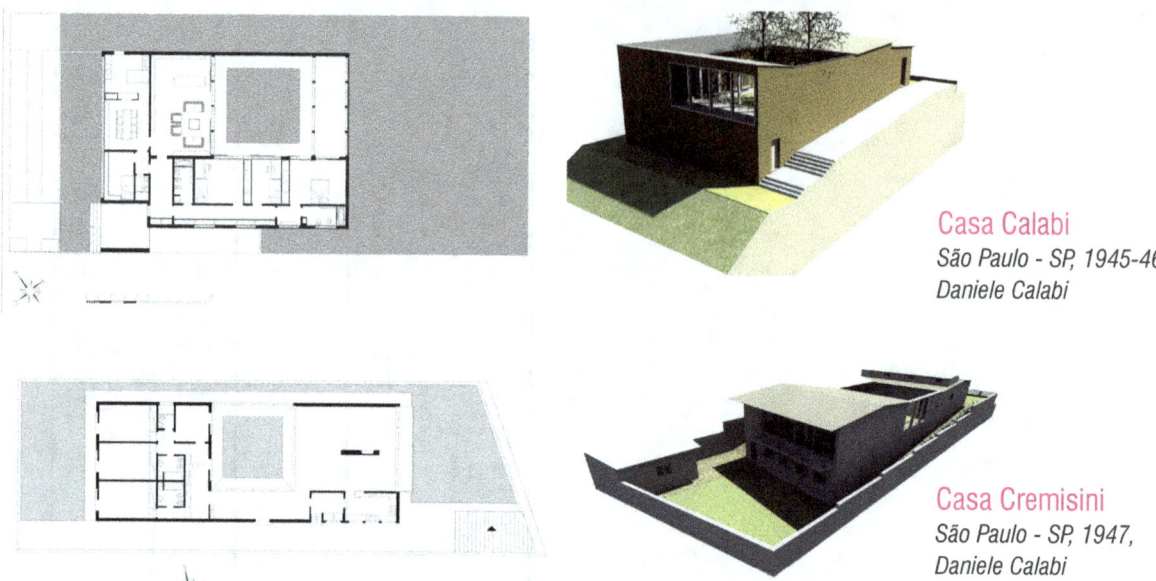

Casa Calabi
*São Paulo - SP, 1945-46,
Daniele Calabi*

Casa Cremisini
*São Paulo - SP, 1947,
Daniele Calabi*

As experiências de Daniele Calabi no Brasil durante a década de 1940 tiveram continuidade com Giancarlo Palanti na década de 1950. Em terrenos planos, destacam-se duas casas desenvolvidas para uma construtora[2] (1950) e, em terreno íngreme, a Residência Fontana (1955). Nos três casos observam-se alas em forma de "U", que configuram pequenos pátios centrais e o descolamento dos recuos laterais, um dos quais destinado à garagem. As alas principais – social e íntima – são paralelas à rua e conectadas pela ala de serviço, cuja circulação se volta para o pátio interno (Figuras 03). A casa Fontana, assim como outras casas de Calabi, se apoia em um pódio que abriga elementos secundários do programa (CORATO, 2004).

Simultaneamente às experimentações realizadas em solo brasileiro por arquitetos italianos, o pátio se fez também presente na produção residencial de arquitetos brasileiros em São Paulo, podendo ser destacados Rino Levi e Vilanova Artigas. Em lotes estreitos, Rino Levi projetou três casas que merecem menção: Rodrigues Alves (1950), Yara Bernedette (1954) e Castor Delgado Perez (1957). A casa Alves, implantada em um terreno íngreme, foi organizada em três alas: de serviço, que é

2. Construtora Segre e Racz e Aron Wolf Runin e Holzer.

*Figura 03 – Casas com pátio de Giancarlo Palanti.
Fonte: Dos autores.*

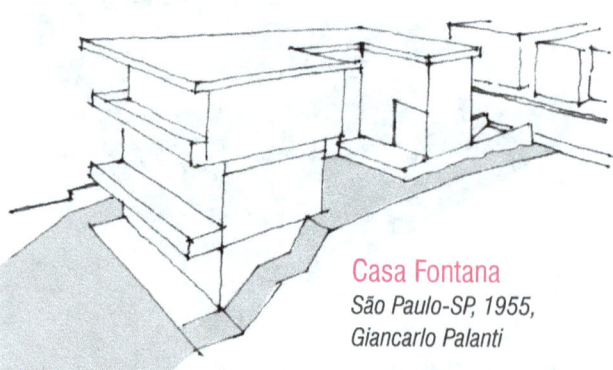

Casa Fontana
*São Paulo-SP, 1955,
Giancarlo Palanti*

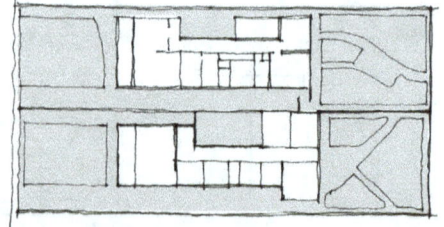

Casas para Construtora
São Paulo-SP, 1950, Giancarlo Palanti

3. A transgressão aqui é entendida como uma operação "transformação tipológica". O arquiteto começa a trabalhar associando um tipo ao seu projeto e, na sequência, intervém sobre esse tipo, seja respeitando-o, destruindo-o ou transformando-o, através de deformações e sobreposições de tipos diferentes ou de fragmentos de tipos. Assim, a estrutura tipológica é tensionada e não conduz a uma única estratégia formal (MONEO, 1999; MARTÍ ARÍS, 1993).

disposta em paralela à rua e apoia-se sobre pilotis, permitindo o acesso às outras duas alas, que ocupam uma cota de nível mais elevada; social e íntima, que são perpendiculares entre si, gerando pequenos pátios residuais e laterais. Esta proposta resulta de um longo estudo, no qual o arquiteto explora diversos arranjos das alas sobre o lote (COSTA, 2011). Nas casas Bernedette e Perez, em lotes planos, Levi dispõe duas alas paralelas à rua, articuladas ao redor de um pátio central. Na primeira, apenas uma circulação conecta as alas, estando esta colada em uma das divisas do lote. Na segunda, Levi promove grandes transgressões[3] com relação ao arranjo mais tradicional: migra o setor de serviços para uma das alas laterais e para um volume sobre pilotis, disposto na parte frontal do terreno; a circulação principal ocupa a outra ala lateral; desenha-se um grande pátio central, que é invadido pelo setor social, fragmentando–o em dois pátios menores (Figura 04).

Casa Rodrigues Alves
São Paulo - SP, 1950, Rino Levi

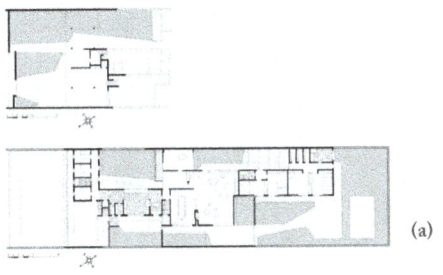

(a)

Casa Yara Bernedette
São Paulo - SP, 1954, Rino Levi

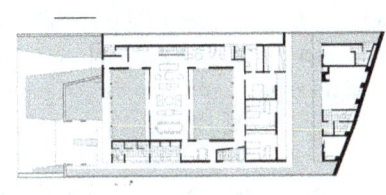

(b)

Casa Castor Delgado Perez
São Paulo - SP, 1954, Rino Levi

(c)

Figura 04 – Casas com pátio de Rino Levi. Fonte: (a; b) Plantas e perspectivas - COSTA, 2011; (c) Planta - COSTA, 2011; Maquete - LPPM - UFPB.

No caso de Artigas, dentre muitas outras, duas casas merecem destaque: a Geraldo D'Estefani (1950) e a Mario Taques Bitencourt II (1959). Em ambas, duas alas paralelas à rua e em diferentes níveis são conectadas por um conjunto de rampas. Na primeira, a natureza aditiva da composição se faz mais explícita, ao passo que, na segunda, as alas são articuladas por duas empenas cegas (com função estrutural) que conferem um caráter compacto à composição. Nesta segunda ainda se observa que a ala de serviço migra para uma das laterais, como Levi veio a fazer na casa Perez (1957). Nas duas casas, a distância que separa as alas paralelas é a necessária para que a rampa vença os diferentes níveis nos quais o programa foi organizado, operação que determina um pátio delimitado por três lados definido pelas rampas e pelas duas alas. Na casa D'Estefani (1950), o fechamento completo do pátio se dá por meio do muro que separa os lotes, enquanto na casa Bittencourt II (1959), a empena que substitui as vigas e os pilares assume este papel. Em termos gerais, esta solução se aproxima muito das utilizadas por Calabi, nas casas Cremisini e Fontana (Figura 05).

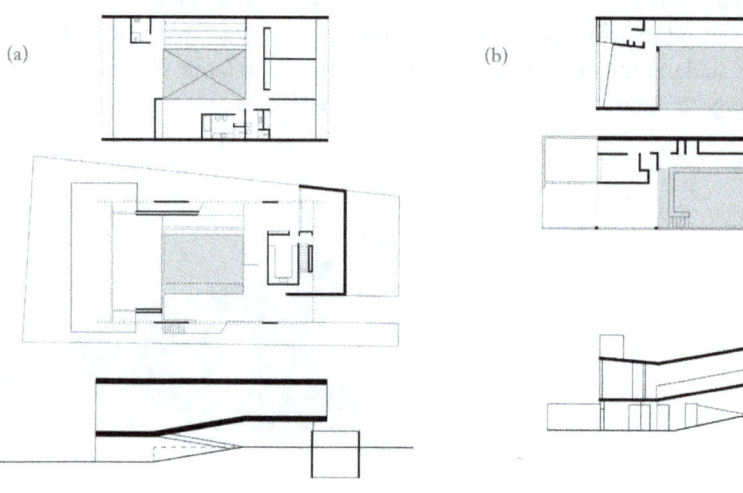

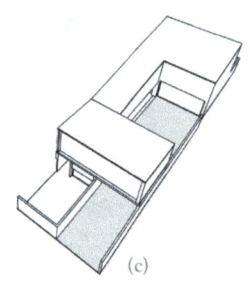

Casa Geraldo D'Estefani
São Paulo-SP, 1950, Vilanova Artigas

Casa M. T. Bittencourt
São Paulo-SP, 1959, Vilanova Artigas

Figura 05 – Casas com pátio de Vilanova Artigas. Fonte: (a; b) Acervo Pesquisa Casa Contemporânea Brasileira (Desenho: OLIVEIRA, M. S.); (c) perspectiva - dos autores.

Da observação destas onze casas, todas construídas nas décadas de 1940 e 1950, é possível destacar algumas soluções recorrentes:

• **Quanto às relações das alas e os limites dos lotes:** em seis casas, as alas tocam em uma ou duas divisas laterais do lote[4]; em outras cinco são mantidos os recuos laterais[5]. A estratégia de colar o edifício nas divisas não deriva necessariamente da largura do lote, mas também das pressões da extensão do programa de necessidades e da possibilidade de organizá-lo em um ou dois pavimentos. O afastamento lateral pode garantir a iluminação e ventilação natural dos ambientes, que migram para as alas laterais ou para o espaço da garagem (REIS ALVES; COSEN, 2004; GONSALES, 2001).

• **Quanto à topografia:** no caso de terrenos íngremes, em três casas foram criadas plataformas que apoiam o programa principal[6]; uma delas define uma ala em pilotis, garantindo a passagem para outro nível[7]; e duas articulam alas em níveis intermediários[8].

• **Quanto ao zoneamento e arranjo espacial:** com exceção dos projetos de Palanti, o zoneamento coincide com alas/volumes independentes, facilitando a geração de pátios diversos. O arranjo do setor íntimo sofre maiores variações em relação à disposição dos banheiros: entre os quartos; entre a circulação e os quartos; na periferia da circulação íntima.

4. Ponti (1953); Medici (1946); Bernette (1954); Alves (1950); Perez (1957); D'Estefani (1950).

5. Calabi (1945-46); Cremisini (1947); Casas para a construtora (1950); Fontana (1955); Bitencourt II (1959).

6. Calabi (1945-46); Cremisini (1947); Fontana (1955)

7. Alves (1950).

8. D'Estefani (1950); Bitencourt II (1959).

9. Medici (1946); Cremisini (1947); Bernedette (1954); D'Estefani (1950).

10. Casas desenvolvidas para a construtora (1950); Fontana (1955);

11. Perez (1957); Bitencourt II (1959).

Figura 06 – Diagramas das casas Medici (1946); Bernette (1954); Alves (1950); Perez (1957); D'Estefani (1950); Calabi (1945-46); Cremisini (1947); Casas para a construtora (1950); Fontana (1955); Bitencourt II (1959). Fonte: Dos autores.

• **Quanto ao acesso e à circulação:** em quatro casas as circulações periféricas conectam alas independentes e paralelas à rua[9]; outras três casas possuem áreas de serviço em uma ala lateral que, juntamente com as de circulação, se conectam às alas principais[10]; em duas casas, as áreas de serviço migram para uma ala lateral e outra ala paralela faz o papel de elemento conector principal entre as outras alas principais[11]. Na maioria das casas, os acessos são assimétricos e se articulam diretamente com a ala lateral que assume papel de circulação (CAPITEL, 2005; MARTINEZ, 2000; RECASENS, 1997).

• **Quanto à espacialidade:** o pátio, na maioria das casas, é a extensão visual e/ou física do estar e das circulações, estando os quartos orientados para o recuo frontal ou posterior do lote. Assim, na grande maioria dos casos, o pátio efetivamente se estabelece como centro compositivo e estruturador da forma do projeto (CORNOLDI, 1999).

Estas soluções recorrentes e os arranjos tipológicos delas derivados nos anos 1940 e 1950 (Figura 06) sedimentaram operações nas quais o pátio assumiu papel fundamental. Como hipótese, acredita-se que essas soluções ressonem na arquitetura produzida hoje no Brasil por jovens arquitetos, tal como será discutido a seguir.

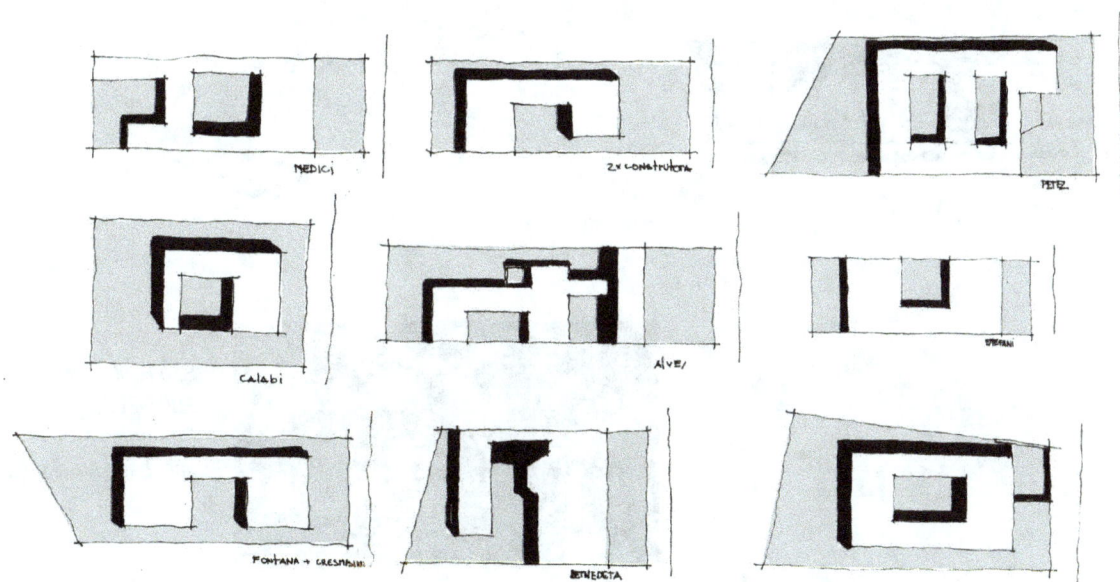

A CASA (COM) PÁTIO CONTEMPORÂNEA BRASILEIRA

A seleção em 2010, nas páginas da revista AU, de 25 escritórios brasileiros como representantes da "nova geração da arquitetura brasileira", serviu de ponto de partida para a definição de uma amostragem possível do novo cenário da arquitetura residencial unifamiliar no país (ANTUNES; HORTA, 2010). Cabe destacar que a arquitetura residencial unifamiliar destinada às classes média-alta e alta é a pauta predominante destes escritórios. Foram destacados treze projetos elaborados após o ano 2000 para lotes de meio de quadra, estreitos e compridos.

Em terrenos com **topografia plana**, volume compacto e circulação periférica conectando duas alas, destacam-se as casas Bacopari (2010-2012), do grupo Una, e a JH (2007-2008), de Jacobsen Arquitetos (Figura 07). Em ambas, duas alas são dispostas paralelamente à rua, estando conectadas por uma ala periférica, mais estreita, na qual se localiza a circulação horizontal e vertical, arranjo que, como visto, foi bastante explorado nos anos 1950 e 1960. O conjunto volumétrico de ambas as casas é compacto, estando afastado das divisas laterais na primeira e colado na divisa, na segunda. Na casa Bacopari, o zoneamento é organizado por níveis, mantendo o setor íntimo disposto no pavimento superior das duas alas e os quartos com a mesma orientação solar. Na JH, os quartos ocupam só o pavimento superior de uma das alas. Mezaninos nas alas sociais das duas casas dilatam a relação visual da casa com o pátio central, estratégia também comum desde os anos 1950. Nas duas situações, o pátio delimitado pelas três alas define o ritmo: interior/exterior/interior, presente, muito em particular em algumas das casas de Calabi e Palanti.

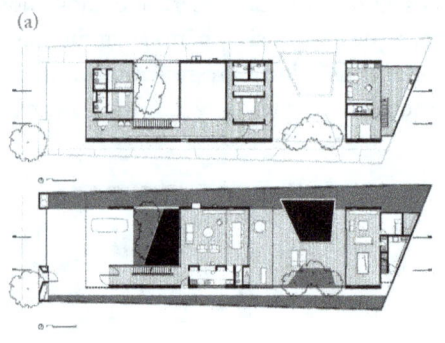
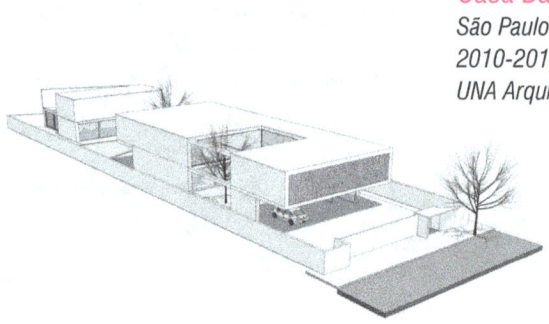

Casa Bacopari
*São Paulo - SP,
2010-2012,
UNA Arquitetos*

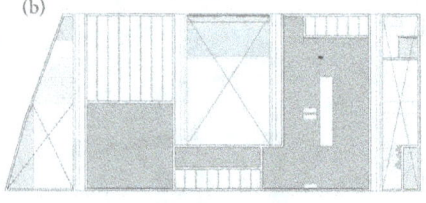

Casa JH
*São Paulo - SP,
2007-2008,
Bernardes e
Jacobsen Arquitetos*

Uma significativa variação pode ser observada nas casas AR (2002-2003), dos Arquitetos Associados, e Rubi (2006), de Frederico Zanelato (Figura 8). Nos dois casos, a ala de circulação horizontal e vertical, que conecta as outras duas, se desloca do alinhamento lateral (com relação às alas paralelas à rua), fragmentando o pátio central em dois vãos. Esse deslocamento compromete a integridade do pátio em favor de definição de um acesso e de uma linha circulatória mais centralizada em relação à testada frontal do lote. No entanto, esta estratégia permite hierarquizar os usos dos dois pátios, configurando uma solução incomum quando temos como referência os exemplos dos anos 1940/1950 utilizados neste texto.

*Figura 07 – Casas com pátios contemporâneas implantadas em lotes planos.
Fonte: (a) Plantas - Acervo Una Arquitetos; Perspectiva - Acervo da Pesquisa da Casa Contemporânea Brasileira (Desenho: BRAGA, A.); (b) Acervo Jacobsen Arquitetos. (Foto: Leonardo Finotti)*

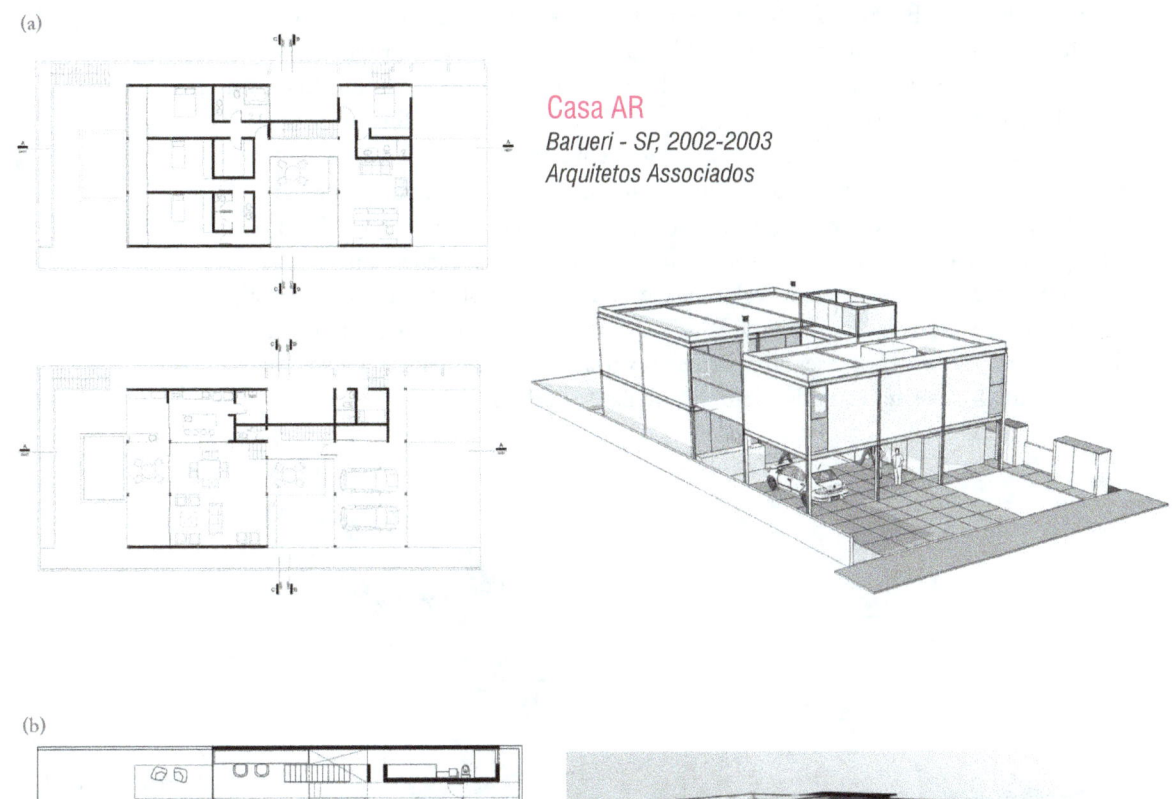

(a) **Casa AR**
Barueri - SP, 2002-2003
Arquitetos Associados

(b) **Casa Rubí**
Mogi das Cruzes - SP, 2006,
Frederico Zanelato Arquitetos

Figura 08 – Casas com pátios contemporâneas implantadas em lotes planos.
Fonte: (a) Acervo da Pesquisa da Casa Contemporânea Brasileira (Desenho: DORMELLES, G.); (b) Acervo Frederico Zanelato Arquitetos.

Em situações de **terrenos íngremes**, observa-se, de modo recorrente, a solução do pátio configurado por duas alas paralelas em relação à rua, sendo mantida a integridade de um volume compacto. Entretanto, quando comparadas com os terrenos planos, esses arranjos sofrem três variações: a) configuração de uma plataforma regularizadora do terreno e arranjo das partes principais da casa em um único pavimento, como visto em Calabi; b) organização de blocos em níveis intermediários, como se observa nos projetos de Artigas; c) tentativa de dissimulação do volume na topografia do terreno por meio de um procedimento mimético, no qual o volume compacto é "encravado" no aclive. Com raras exceções, essa solução foi pouco explorada na cidade de São Paulo nos anos 1940 e 1950. Também nestes casos são mantidas quase todas as estratégias observadas nos projetos anteriores.

A Residência NB (2007-2010), dos Arquitetos Associados, e a Casa Porto do Sol (2010), do Mapa Arquitetura (Figura 9), representam o primeiro grupo. Na primeira, um pódio apoia a ala dos setores social e de serviços, e a ala do setor íntimo se apoia diretamente sobre o terreno, com os quartos voltados para os fundos do lote. A volumetria compacta é definida por um vigamento, tal como Calabi desenvolve na Casa Cremisini. Na casa Porto do Sol, a plataforma regularizadora ocupa parte do térreo, deixando livre a passagem sob a ala frontal, que abriga o setor íntimo. Transposta a essa passagem, uma escada conduz à ala social, disposta na parte posterior do lote e em uma cota de nível mais elevada, solução esta que pode remeter ao arranjo observado na casa Alves de Rino Levi. Nas duas casas, as alas periféricas que conectam os setores apresentam pequenas variações: na primeira, a ala absorve apenas a circulação e, na segunda, além da circulação, os banheiros.

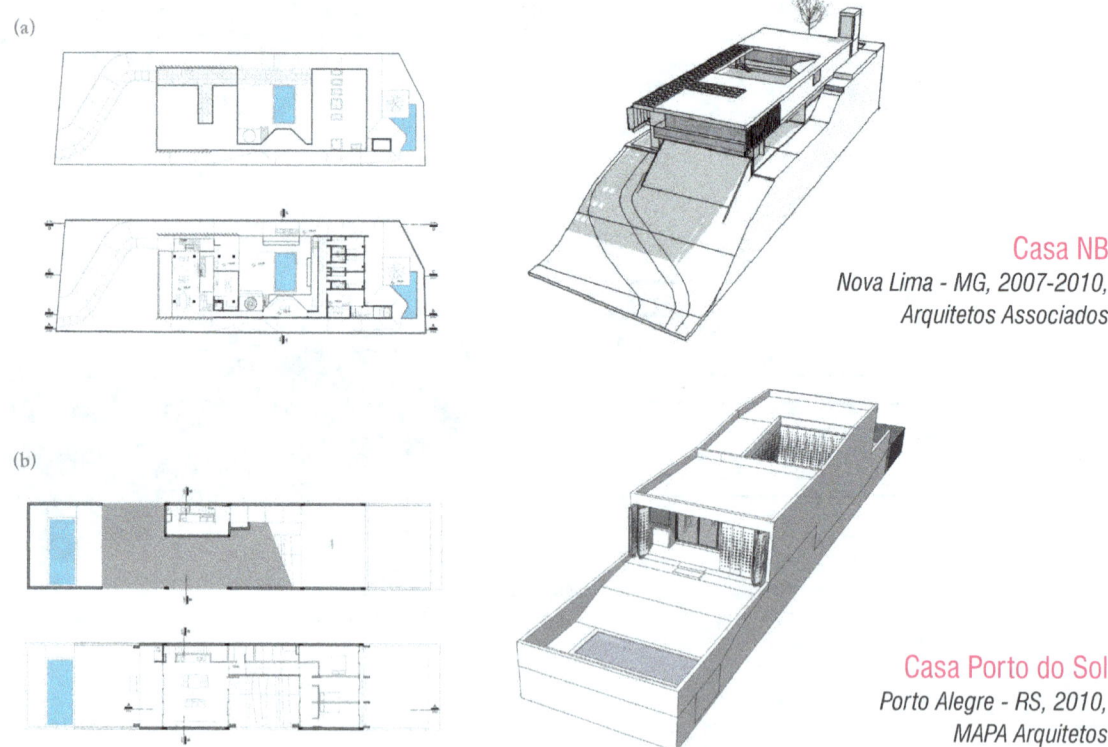

Casa NB
Nova Lima - MG, 2007-2010,
Arquitetos Associados

Casa Porto do Sol
Porto Alegre - RS, 2010,
MAPA Arquitetos

Com blocos em níveis diferentes merecem menção as casas Yamanda (2002 - SIAA Arquitetos), Biovilla Pátio (2012 - Arquitetos Associados), e Casa Tibau (2011 - Yuri Vital) (Figuras 10 e 11). Nelas, observa-se duas alas paralelas à rua, conectadas por rampas ou escadas. Em todos os casos, as casas não se colam nas divisas laterais do lote, mesmo havendo a sugestão de um volume introspectivo e de empenas laterais cegas. Como observado nos exemplos dos anos 1940/1950, salas e circulações se relacionam visualmente com os pátios internos e os quartos se voltam para a parte posterior ou frontal do lote. Diferente da casa Bitencourt II, de Artigas, o pátio, inserido no volume primático, não é coberto, garantindo o "godere il cielo". Cabe observar que na Biovilla a topografia é alterada artificialmente, a fim de gerar

Figura 09– Casas com pátios contemporâneas implantadas em lotes íngremes
Fonte: Acervo Pesquisa Casa Contemporânea Brasileira (Desenho: (a) BASTOS, B.; (b) GERHARDT, T.).

um pequeno subsolo e, na Casa Tibau, o desnível do terreno é manipulado, gerando taludes na parte frontal e posterior do lote, a fim de implantar a casa num grande platô. Mesmo neste grande platô desta última, os meio-níveis são explorados, gerando um pé-direito mais alto na sala e dilatando o pátio através de um pilotis.

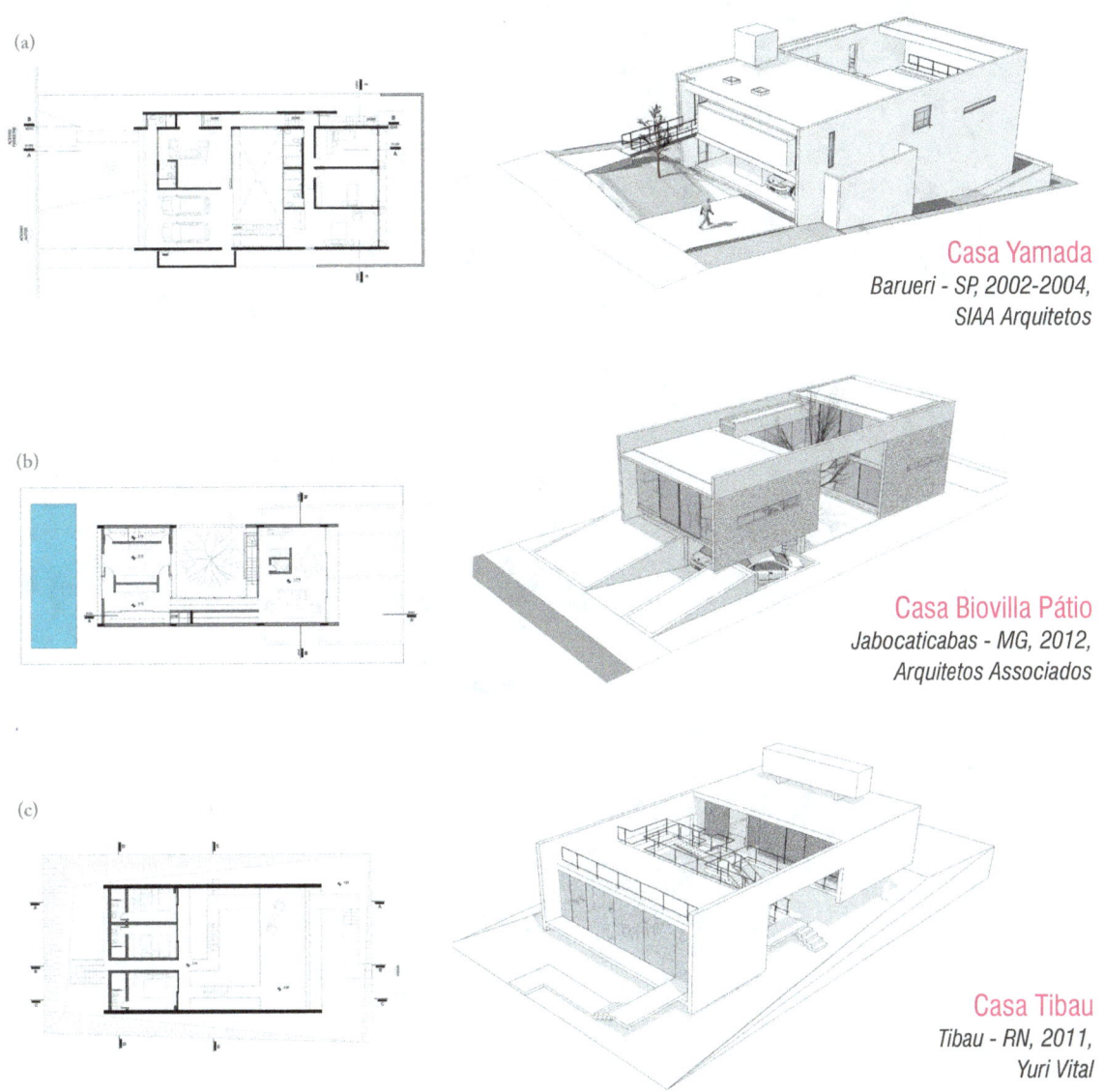

Casa Yamada
*Barueri - SP, 2002-2004,
SIAA Arquitetos*

Casa Biovilla Pátio
*Jabocaticabas - MG, 2012,
Arquitetos Associados*

Casa Tibau
*Tibau - RN, 2011,
Yuri Vital*

*Figura 10 – Casas com pátios contemporâneas implantadas em lotes íngremes
Fonte: Acervo Pesquisa Casa Contemporânea Brasileira (Desenho: (a) FREITAS, F.; (b) WOLFFENBUTTEL. B.; (c) OLIVEIRA, B.).*

Diferentemente das soluções anteriores, a Casa Brasileira 2 (2011), dos Arquitetos Associados, e a Casa em Itu (2011), do Una Arquitetos buscam mimetizar seus volumes na topografia íngreme. Sem aberturas nas laterais do volume, pátios são moldados para iluminar e ventilar os ambientes e a cobertura assume o papel de um grande terraço-mirante. Na primeira casa, observa-se um volume disposto perpendicularmente à curva de nível, dois pátios dispostos na sequência longitudinal do volume e duas circulações periféricas, que conectam os pavimentos dispostos em

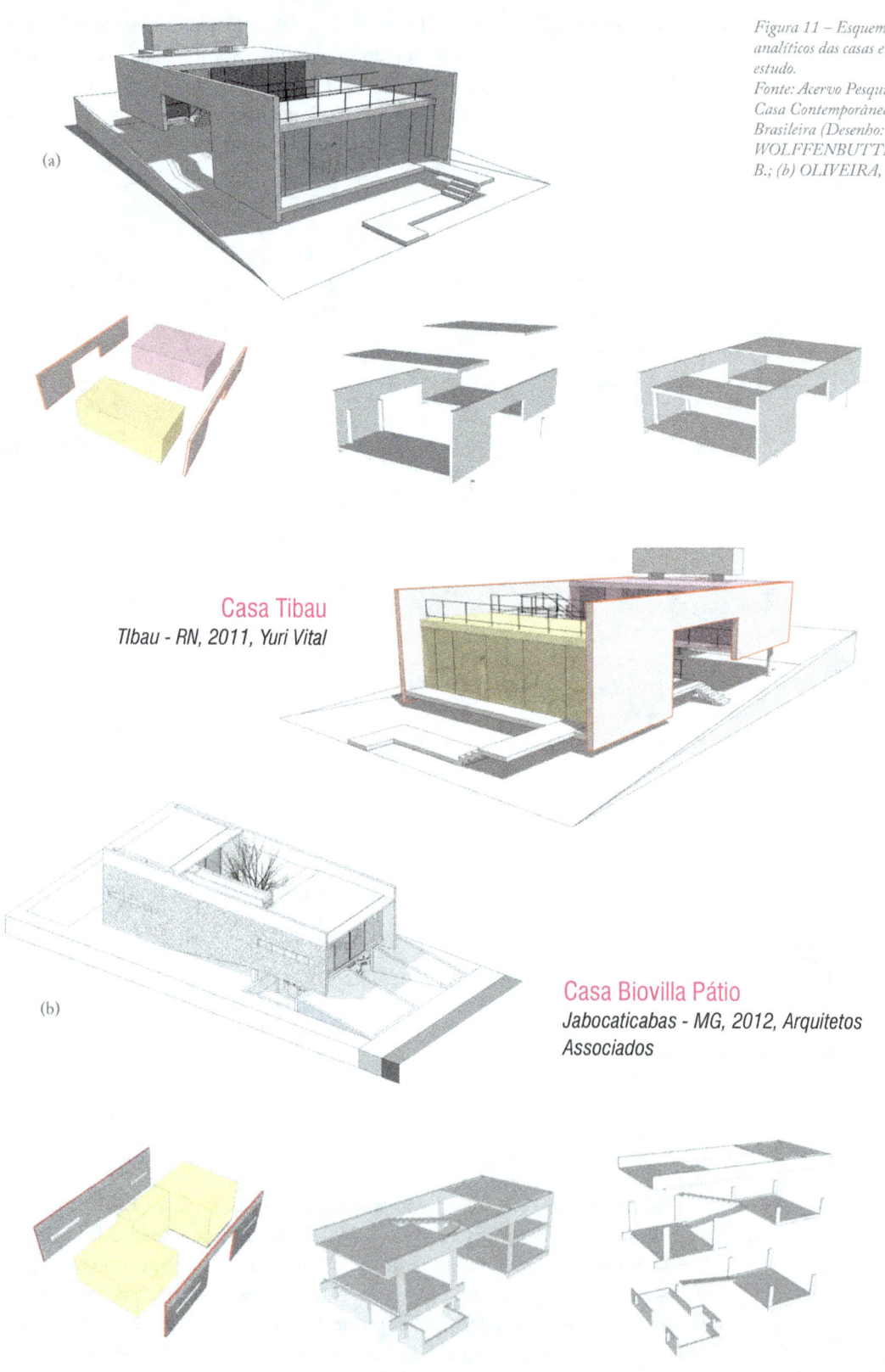

Figura 11 – Esquemas analíticos das casas em estudo.
Fonte: Acervo Pesquisa Casa Contemporânea Brasileira (Desenho: (a) WOLFFENBUTTEL, B.; (b) OLIVEIRA, B.).

Casa Tibau
Tibau - RN, 2011, Yuri Vital

Casa Biovilla Pátio
Jabocaticabas - MG, 2012, Arquitetos Associados

Figuras 12 – Casas com pátios contemporâneas implantadas em lotes íngremes
Fonte: (a) Planta e corte - Acervo Arquitetos Associados; Perspectiva - Acervo Pesquisa Casa Contemporânea Brasileira (Desenho: MENUZZI, A. C.); (b) Acervo Una Arquitetos.

níveis diferentes. No térreo, a configuração de um dos pátios sofre variações espaciais, derivadas da topografia íngreme e do deslocamento das lajes dos pavimentos superiores (Figura 12). Na segunda casa, o volume se coloca mais paralelo às curvas de nível e uma rigorosa grelha regula a disposição de quatro pátios, alguns que iluminam apenas o pavimento superior e outros que interpenetram os dois pavimentos. O arranjo espacial é dinâmico e não obedece aos esquemas tipológicos observados nos exemplos dos anos 1940/1950.

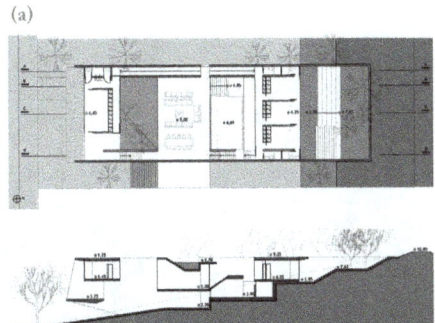

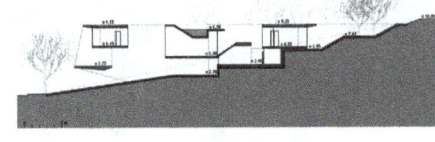

Casa Brasileira 2, *Reserva Real - MG, 2011, Arquitetos Associados*

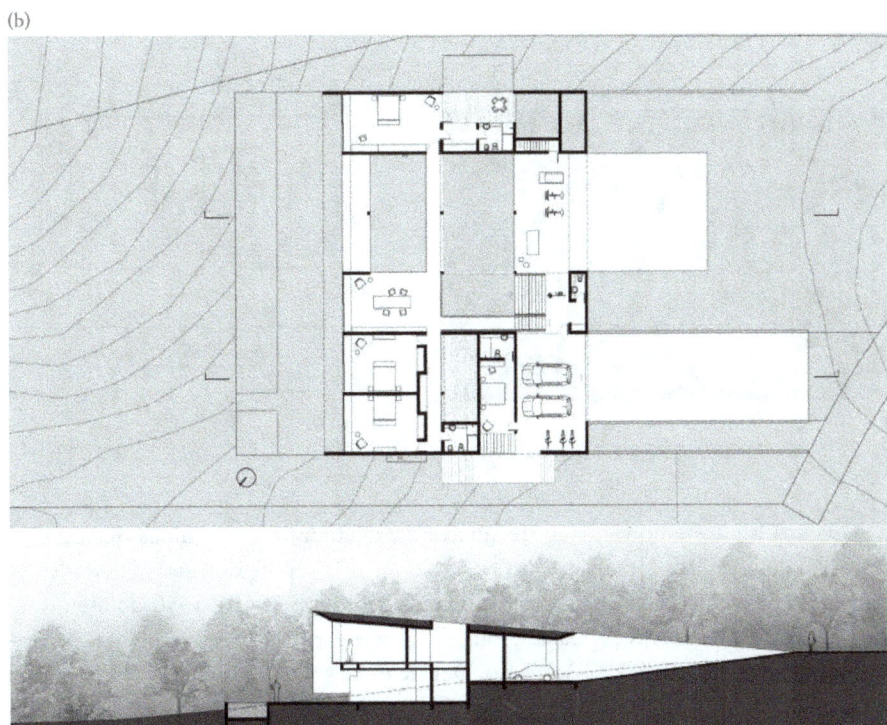

Casa em Itú, *Itú - SP, 2011, Una Arquitetos*

Duas casas do grupo SPBR ainda merecem menção pelo modo em que o terreno é tratado, provocando tensões tridimensionais até então pouco exploradas na arquitetura brasileira. Na Casa em Ribeirão Preto (2000-2001), o pátio é elevado em relação à rua por uma plataforma. Na Casa e Salão de beleza (2007-2012), o pátio é explorado apenas no pavimento superior, apoiando-se sob a laje do pavimento inferior, que é rebaixado em relação à rua. Nas duas casas, observa-se um arranjo em "U", estando o setor de serviços e o hall dispostos na ala que conecta a ala social e a íntima. Na primeira casa, o arranjo dos quartos obedece a uma mesma orientação solar, o que é ignorado na segunda casa (Figura 13).

(a)

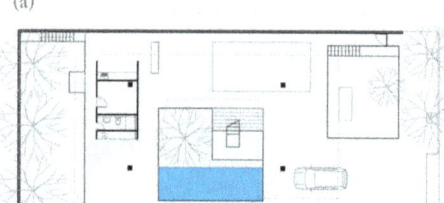

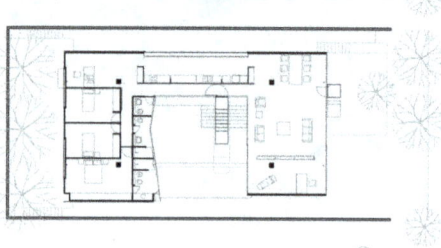

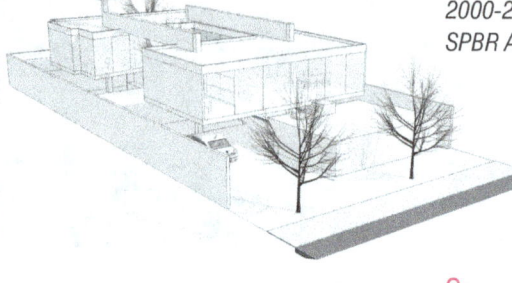

Figuras 13 – Casas contemporâneas com pátios tensionados. Fonte: (a) Acervo Pesquisa Casa Contemporânea Brasileira (Desenho: COSTA, G); (b) Acervo SPBR Arquitetos (Foto: Nelson Kon).

Casa em Ribeirão Preto
Ribeirão Preto - SP, 2000-2001, SPBR Arquitetos

Casa e salão de beleza em Orlândia
Orlândia - SP, 2007-2012, SPBR Arquitetos

(b)

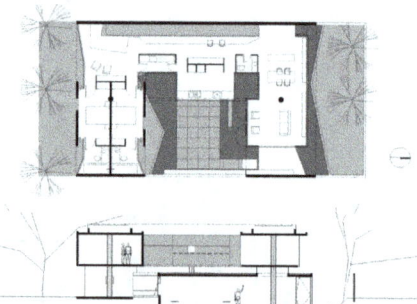

Da análise deste universo de treze casas[12] projetadas e construídas nos estados de São Paulo, Minas Gerais e Rio Grande do Sul[13], depois dos anos 2000, destacam-se várias soluções comuns, experimentadas nos anos 1940 e 1950, ao menos no que diz respeito às obras de Calabi, Palanti, Levi e Artigas, e desenvolvidas predominantemente na cidade de São Paulo. Dentre estas soluções podem ser agrupadas:

• **Quanto às relações das alas e os limites dos lotes:** de modo recorrente, a maioria das casas (09) não tocam os limites laterais do terreno, apesar dos volumes, em um número de casos significativos, serem definidos lateralmente por empenas cegas ou parcialmente cegas, uma clara alusão à solução utilizada por Artigas a partir da segunda metade dos anos 1950. Estes casos com recuos laterais podem se justificar por diversas razões: imposições legais; necessidade de garantir a iluminação e ven-

12. SBPR Casa em Ribeirão Preto (2010); Casa e Salão de beleza em Orlândia (2007); **UNA**: Itu (2011); Bacopari (2010-2012); **Frederico Zanelato**: Rubi (2006); **SIAA Arquitetos**: Yamanda (2002); **Berbarndes e Jacobsen**: JH (2007-2008); **Arquitetos Associados**: Biovilla Pátio (2012); Brasileira 2 (2011); NB (2007); AR (2002-2003); **Mapa**: Porto do Sol (2010).

13. Possivelmente a única exceção é a Casa Tibau (Yuri Vital).

tilação de ambientes de permanência provisória, que migram para a periferia lateral do volume; e necessidade de criar um acesso direto ao recuo posterior do lote. Estes recuos se viabilizam também porque, na maioria dos casos, o programa se organiza em dois pavimentos, o que reduz a projeção horizontal das casas. Ocupando os limites laterais de lotes muito estreitos, destacam-se a Casa Rubi (Frederio Zanelatto - 2006) e a Casa Porto do Sol (Mapa - 2010)

• **Quanto à topografia:** em terrenos íngremes, uma única casa define uma plataforma regularizadora, na qual se apoia a maior parte do programa, assim como foi visto em Calabi[14]; em outra casa, uma ala em pilotis garante a passagem para outro nível, como na casa de Levi[15]; e em outras três, as alas são articuladas em níveis intermediários e o programa organizado dentro de um invólucro volumétrico pré-definido, como nas soluções de Artigas[16]. Como contraponto aos arranjos até então também explorados nos anos 1940 e 1950, merecem menção quatro casas: duas delas "mimetizadas" na paisagem[17] e duas nas quais os pátios resultam da manipulação de níveis no terreno[18], observando nestas últimas arranjos tridimensionais que transgridem os esquemas vistos na primeira parte deste texto e que se consolidaram em torno à ideia de arquitetura moderna brasileira.

• **Quanto ao zoneamento e arranjo espacial:** apenas na casa Bacopari (2011-2012 - Una Arquitetos) e na Casa AR (2002-2003 - Arquitetos Associados), o setor íntimo ocupa todo o segundo pavimento, estabelecendo assim um zoneamento por níveis. Nas demais, o zoneamento se dá por alas isoladas, seja ela organizada em um pavimento, em dois pavimentos ou em níveis intermediários. O arranjo do setor íntimo sofre maiores variações em relação aos exemplos dos anos 1940 e 1950, quando eram recorrentes as soluções com os banheiros entre os quartos. Atualmente, as soluções em que os banheiros se internalizam nas plantas, liberando circulações e quartos para as visuais do pátio, são observadas com mais frequência[19]. Além disso, observa-se os seguintes arranjos: linha de banheiros separada dos quartos pela circulação[20]; banheiros dispostos na sequência dos quartos, provocando circulações em suite[21]; e banheiros dispostos nos extremos longitudinais da ala íntima[22].

• **Quanto ao acesso e circulação:** são identificados dois arranjos principais com relação à circulação: 1) na periferia do lote, como circulação isolada ou associada à área de serviço, cozinha e banheiros, conectando as alas social/serviço e íntima, dispostas paralelamente em relação à rua[23]; 2) numa posição mais centralizada no lote, fragmentando o pátio[24]. Apenas as casas Itu e Tibau possuem conexões dinâmicas, que fogem aos padrões identificados.

• **Quanto à espacialidade:** assim como nas casas dos anos 1940 e 1950 expostas na primeira parte deste texto, na maioria das treze casas contemporâneas comentadas, o pátio é a extensão visual e/ou física do estar e, em alguns casos, também das circulações. Trata-se, portanto, de pátios que efetivamente se estabelecem como centros compositivos dos projetos, com exceção da Casa Itu, em que os pátios são artifícios que garantem a iluminação e ventilação necessária, definindo padrões espaciais dinâmicos e imprevisíveis.

---

14. NB (2007)

15. Porto do Sol (2010).

16. Yamanda (2002); Biovilla Pátio (2012); Tibau (2011)

17. Brasileira 2 (2011); Itu (2011)

18. Ribeirão Preto (2010); Casa e Salão de beleza (2007)

19. Bacopari (2010-12); JH (2007-2008); AR (2002-2003); NB (2007)

20. Yamanda (2002); Itu (2011); Ribeirão Preto (2010)

21. Tibau (2011); Orlândia (2007);

22. Rubi (2006); Casa Brasileira 2 (2011); Yamanda (2002);

23. Bacopari (2011-12); JH (2007-2008); NB (2007); Yamanda (2002); Biovilla (2012); Brasileira 2 (2011); Ribeirão Preto (2010); Orlândia (2007); Porto do Sol (2010)

24. AR (2002-2003); Rubi (2006);

Os esquemas e as classificações propostas sugerem que as questões colocadas no início deste texto são pertinentes, na medida em que identificam, na arquitetura residencial unifamiliar produzida hoje no Brasil por jovens arquitetos, ressonâncias de algumas das soluções divisadas nos anos 1940 e 1950, nas quais o pátio assumiu papel fundamental. Tais ressonâncias são percebidas particularmente no modo de ocupar a parcela, no nexo entre as diferentes partes e setores ou ainda pela forma de relacionar interior e exterior.

De modo sintético, consolida-se um esquema com duas alas paralelas em relação à rua, conectadas por uma circulação periférica, que pode estar vinculada ao setor de serviços ou aos banheiros. Estas alas organizam os setores íntimo e social-serviços, cujos ambientes – estar e circulação – interagem física e visualmente com o pátio, formado pela disposição das três alas. (Figuras 14 e 15) O pátio, tanto nos anos 1940 e 1950, como nos últimos 20 anos, condicionado pelo tipo de parcela e pela extensão dos programas exigidos por determinados extratos sociais mais altos, é o centro que organiza a composição da casa, o centro que promove a privacidade doméstica e que proporciona uma vida em intensa relação com o exterior.

Contudo, o conjunto de obras exposto revela outro escopo de soluções que podem ser muito valiosas ao ensino e à prática do projeto. Certas transgressões do esquema descrito anteriormente potencializam as possibilidades visuais e espaciais: como na manipulação topográfica, observada nas casas Brasileira 2 e Itú; na articulação de níveis das casas do SPBR; no uso de mezaninos nas salas; na vinculação

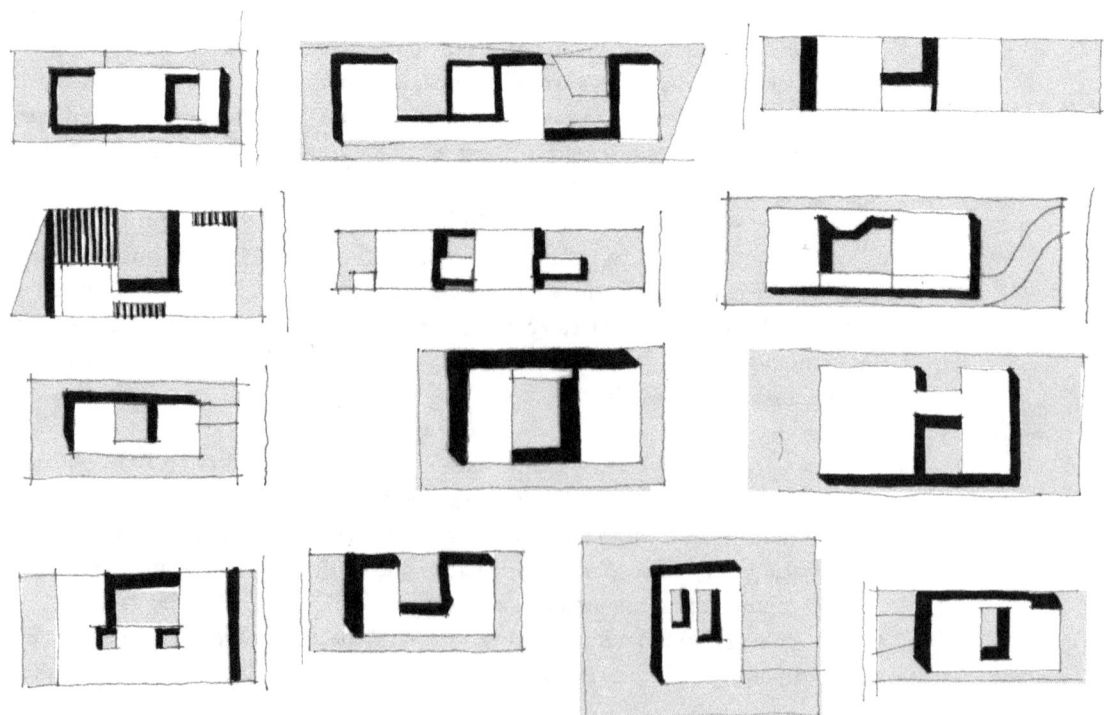

Figura 14 – Diagramas das casas em Ribeirão Preto (2010); Casa e Salão de beleza em Orlândia (2007); Itu (2011); Bacopari (2010-2012); Rubi (2006); Yamada (2002); JH (2007-2008); Biovilla Pátio (2012); Brasileira 2 (2011); NB (2007); AR (2002-2003); Porto do Sol (2010).
Fonte: dos autores

Figura 15 – Casa em Ribeirão Preto. Fonte: Acervo SPBR Arquitetos (Fotos: Nelson Kon).

dos pátios com terraços; bem como através do uso de um jogo de lajes nos seus limites verticais. Finalmente, o pátio segue tendo um papel essencial na definição do projeto, no entanto, atualmente, por meio dos exemplares selecionados, pode-se afirmar que suas dimensões horizontais e verticais se multiplicaram e os seus limites se tornaram imprecisos.

Casa em Ribeirão Preto
*Ribeirão Preto - SP,
2000-2001,
SPBR Arquitetos*

REFERÊNCIAS

ANELLI, Renato Luiz Sobral; GUERRA, Abílio; KON, Nelson. Rino Levi. **Arquitetura e cidade.** São Paulo, Romano Guerra Editora, 2001.

ANTUNES, B.; HORTA, M.. Diretório 25 Jovens Arquitetos. *In*: **Revista AU - Arquitetura e Urbanismo,** São Paulo, Pini, 2010, n. 197, p. 42-62.

CAPITEL, A. **La arquitectura del patio**. Barcelona: Gustavo Gili, 2005.

CORNOLDI, A. **Arquitectura de la vivenda unifamiliar**: Manual del espacio domestico. Barcelona: Gustavo Gili, 1999.

COSTA, A. E. **O Gosto pelo Sutil:** Confluência entre as Casas-Pátio de Daniele Calabi e Rino Levi. Tese (Doutorado em Arquitetura) - Faculdade de Arquitetura, Universidade Federal do Rio Grande do Sul, Porto Alegre, 2011.

_____ Processo e produto: documentação e análise das obras de Daniele Calabi e Rino Levi. *In*: **Anais do Segundo Encontro Ibero Americano Arquitetura e Documentação.** Belo Horizonte: Instituto de Estudos do Desenvolvimento Sustentável, 2011.

COTRIM, M.; GUERRA, A. Entre o pátio e o átrio. Três percursos na obra de Vilanova Artigas. **Vitruvius,** Arquitextos, São Paulo, ano 13, n. 150.01, nov. 2012. Disponível em: http://www.vitruvius.com.br/revistas/read/arquitextos/13.150/4591

CORATO, A. C. S. **A obra e a trajetória do arquiteto Giancarlo Palanti**: Itália e Brasil. São Carlos, 2004. Dissertação (Mestrado em Arquitetura e Urbanismo) - Escola de Engenharia de São Carlos, Universidade de São Paulo.

FERRAZ, M. C.; PUNTONI, Á.; PIRONDI, C.; LATORRACA, G.; ARTIGAS, R. (Orgs.). **Vilanova Artigas**. Série Arquitetos Brasileiros. São Paulo: Fundação Vilanova Artigas, Instituto Lina Bo e P.M. Bardi, 1997

GONSALES, C. H. C. Residência e cidade. Arquiteto Rino Levi. **Vitruvius,** Arquitextos, São Paulo, ano 01, n. 008.14, jan. 2001. Disponível em: http://vitruvius.es/revis-tas/read/arquitextos/01.008/939

MARTINEZ, A. C. **Ensaio sobre o projeto**. Brasília: UNB, 2000.

MONEO, R. **La solitudine degli edifici e altri scriti**. Questioni intorno all'architettura. Torino: Umberto Allemandi & C., 1999.

PONTI, G. Idea per la Casa dell dottor T a San Paolo. **Revista Dommus,** Milão, n. 282, maio de 1953.

RECASENS, G. D. La tradición del patio en la arquitectura moderna. **DPA 13**, Barcelona, 1997.

REICHILIN, B. Tipo e tradizione del Moderno. **Casabella**, Milano, n. 509-510, jan./fev. 1985.

REIS ALVES, L. A.;

COSEN, C. A. N. O que é o pátio interno? **Cadernos do PRO-ARQ,** Rio de Janeiro, v. 8, n. 08, dez. 2004.

ROSSI, A. **A Arquitetura da Cidade**. São Paulo: Martins Fontes, 1995.

WOLFF, S. **Jardim América**. São Paulo: Edusp/ Imprensa Oicial, 2001.

https://casasbrasileiras.wordpress.com

ACERVOS

Acervo Arquitetos Associados. Disponível: www.arquitetosassociados.arq.br

Acervo Frederico Zanelato Arquitetos. Disponível: www.fredericozanelato.com/

Acervo Jacobsen Arquitetos. Disponível: www.jacobsenarquitetura.com/

Acervo Mapa Arquitetos. Disponível em: https://mapaarq.com/

Acervo Pesquisa Casa Contemporânea Brasileira. Disponível em: www.ufrgs.br/casacontemporanea/

Acervo SIAA Arquitetos. Disponível em: http://siaa.arq.br/

Acervo SPBR Arquitetos. Disponível: www.spbr.arq.br

Acervo Una Arquitetos. Disponível: www.unaarquitetos.com.br

Acervo Yuri Vital. Disponível: http://www.yurivital.com.br/

DADOS AUTORAIS

ARQUITETOS ASSOCIADOS

CASA AR. *Barueri - SP, 2002-2003.*
Arquitetos: Paula Zasnicoff Cardoso.
Colaboradores: Alexandre Mirandez, César Shundi Iwamizu, Pablo Hereñú.

CASA NB. *Nova Lima - MG, 2007-2010.*
Arquitetos: Alexandre Brasil, Paula Zasnicoff.
Colaboradores: Mariana Bore.

CASA BRASILEIRA 2. *Reserva Real - MG, 2011.*
Arquitetos: Alexandre Brasil, Bruno Santa Cecília.

CASA BIOVILLA PÁTIO. *Jabocaticabas - MG, 2012.*
Arquitetos: Bruno Santa Cecília.

BERNARDES JACOBSEN ARQUITETURA

CASA JH.
São Paulo - SP, 2007-2008.
Arquitetos: Bernardes Jacobsen Arquitetura - Thiago Bernardes, Paulo Jacobsen, Bernardo Jacobsen.
Colaboradores: Henrique de Carvalho, Jaime Cunha Junior, Maurício Bicudo, Paulo Poch.

FREDERICO ZANELATO ARQUITETOS

CASA RUBÍ.
Mogi das Cruzes - SP, 2006.
Arquitetos: Frederico Zanelato, Marcelo Miua e Fernanda Kano.

MAPA ARQUITETOS

CASA PORTO DO SOL. *Porto Alegre - RS, 2010.*
Arquitetos: Luciano Andrades, Matías Carballal, Rochelle Castro, Andrés Gobba, Mauricio López, Silvio Machado, Álvaro Méndes.
Colaboradores: Emiliano Etchegaray, Gabriel Giambastiani.

SIAA ARQUITETOS

CASA YAMADA. *Barueri - SP, 2002- 2004.*
Arquitetos: Alexandre Mirandez de Almeida, Cesar Shundi Iwamizu, Marcelo Pontes de Carvalho, Ricardo Bellio.
Colaboradores: Eduardo Crafig, Márcio Henrique Guarnieri, Carolina Farias, Thiago Natal.

SPBR ARQUITETOS

CASA EM RIBEIRÃO PRETO. *Ribeirão Preto - SP, 2000-2001.*
Arquitetos: Angelo Bucci, Fernando de Mello Franco, Marta Moreira, Milton Braga.
Colaboradores: Anna Helena Vilella, Eduardo Ferroni, Eliana Mello, Maria Júlia Herklotz.

CASA E SALÃO DE BELEZA EM ORLÂNDIA. *Orlândia - SP, 2007- 2012.*
Arquitetos: Angelo Bucci.
Colaboradores: João Paulo M. de Faria, Juliana Braga, Tatiana Ozzetti, Nilton Suenaga, Victor Próspero, Fernanda Cavallaro, Lucas Nobre.

UNA ARQUITETOS

CASA BACOPARI. *São Paulo - SP, 2010-2012.*
Arquitetos: Cristiane Muniz, Fábio Valentim, Fernanda Barbara, Fernando Viégas.
Colaboradores: Ana Paula de Castro, Carolina Klocker, Eduardo Martorelli, Fabiana Cyon, Gabriela Gurgel, Enkte Winkel, Igor Cortinove, Marta Onofre, Miguel Muralha, Sílio Almeida.

CASA EM ITÚ. *Itú - SP, 2011.*
Arquitetos: Cristiane Muniz, Fábio Valentim, Fernanda Barbara, Fernando Viégas.

YURI VITAL

CASA TIBAU. *Tibau - RN, 2011.*
Arquitetos: Yuri Vital.

1.3

O PÁTIO EM LOTES DE GRANDES DIMENSÕES

Ana Elísia da Costa
Carolina A. Ongaratto

Publicado originalmente em Anais do 12º Seminário DOCOMOMO BRASIL, 2017.

Em diferentes contextos geográficos e temporais, os arranjos arquitetônicos com pátios ainda se fazem expressivos. Na arquitetura residencial, a solução pode ter diversas motivações, destacando-se as demandas de privacidade e segurança ou o desejo de criar porções domesticadas que representem a natureza (COSTA, MENUZZI, ONGARATTO, *et. al*, 2017).

Especificamente no Brasil, onde o pátio doméstico não fez parte da tradição cultural, casas-pátio passaram a ser propostas principalmente a partir do modernismo, persistindo o uso deste esquema tipológico[1] em exemplares contemporâneos. Essas soluções são exploradas em maior número em lotes estreitos e profundos, recorrentes no tecido urbano do país (COSTA; COTRIN CUNHA, 2015). Por outro lado, a excepcionalidade das soluções em lotes de grandes dimensões chama atenção e, talvez por isso, mereça uma análise detalhada, o que se pretende desenvolver no presente estudo.

Sem a pressão dos limites rígidos do terreno, a casa com pátio brasileira em **lotes de grandes dimensões**, quer moderna, quer contemporânea, ergue-se "solta" no lote e assume, recorrentemente, proporções quadráticas. E, mesmo sem demandas explícitas de privacidade em relação a possíveis vizinhos e em relação ao espaço público, a casa se "isola" no terreno, através da configuração de um intramuros – o pátio.

Nesse contexto, o uso de proporções quadráticas merece um olhar mais atento. Tais proporções podem remeter ao esquema pátio da tradição clássica renascentista, que se configurava como um sistema compositivo aberto e derivado do retângulo ou do quadrado[2]. A possível adoção desse esquema no modernismo pode parecer contraditória, já que o conceito de tipo foi hipoteticamente "abolido", baseando-se na convicção de que a forma deveria resultar de procedimentos lógicos, da confrontação das necessidades e dos meios técnicos, e não de uma simples intenção formal (ROSSI, 1995). Contudo, mesmo diante desse discurso, Moneo (1999) e Colquhoun (1989) observam que as formas tradicionais jamais foram abandonadas no modernismo, mas transformadas e acentuadas através da exclusão de elementos iconográficos que possuíam um valor ideologicamente questionável.

Por outro lado, o uso de tais proporções pode também ter como referência o arranjo da Villa Savoye (1928), de Le Corbusier, que também "solta e isola" no terreno um prisma de proporções quadráticas. Esse prisma, com alas em "L" e pátio fechado por muros, faz claras referências ao esquema pátio tradicional, o qual é "tensionado" ou "transgredido" pela sobreposição de um novo tipo ou de um fragmento de tipo[3], o pilotis (CAPITEL, 2005; MONEO, 1993).

Neste contexto, sustenta-se a hipótese de que as casas-pátio brasileiras em lotes de grandes dimensões assumem dois esquemas tipológicos principais – casas com **pátios quadráticos tradicionais** que se apoiam diretamente no solo e possuem referências clássicas; e casas com **pátios quadráticos tensionados** que, ao hibridizarem distintos arranjos tipológicos, se erguem total ou parcialmente do solo, buscando alguma relação com as soluções de Le Corbusier.

1. O conceito de tipo neste trabalho se relaciona com o clássico de Quatremère de Quincy, discutido por diversos autores (MONEO, 1999; ROSSI, 1995; MAFHUZ, 1995). Sinteticamente, pode ser entendido como um "esquema formal" abstrato que permite infinitas possibilidades de variação, expressas em "modelos específicos". Para a conceituação de esquemas formais, recorre-se a Corona Martinez (1991), para quem o tipo pode atingir tal grau de abstração que se constitua como um "esquema". Este ponto de vista é discordante do de Martí Arís (1993), que considera que tipo e esquema nunca são coincidentes, sendo o primeiro um conceito e o segundo, uma representação gráfica de um conceito, uma imagem. Neste contexto, o "esquema pátio/átrio" é entendido como aquele que, esquematicamente, organiza seus espaços em torno de um ambiente central, o qual tem igual ou menor importância que os demais ambientes adjacentes. (MAHFUZ, 1995)

2. Para Alberti (1988), os pátios deveriam se expressar através de "áreas" em pequenas, intermediárias e grandes proporções. As áreas de pequenas proporções deveriam derivar do quadrado ou de retângulos, com proporção de 2x3 ou 3x5; os de proporções intermediárias, do duplo quadrado ou de retângulos com proporção de 4x9 e 4x16; e os de grandes proporções, das relações de 1x3, 1x4 ou 3x8. Quase um século depois do lançamento do tratado de Alberti, Serlio voltou a discutir a proporcionalidade dos pátios, representando graficamente o que Alberti textualizou.

3. Fragmentos de tipo são entendidos aqui como estruturas arquitetônicas elementares (tipos elementares), formas que possuem uma clara identidade e que podem interagir com outras formando estruturas mais complexas (MARTÍ ARÍS, 1993).

4. Ainda nas décadas de 1930 e 1940, Lucio Costa ensaia o uso de proporções quadráticas em casas arrematadas por telhados - Fábio Carneiro de Mendonça (térrea e sem pátio - 1930), Ernesto Gomes Fontes (com dois andares e pátio - 1930), Hungria Machado (com dois andares e pátio - 1941) e Paulo Candiota (com dois andares e sem pátio - 1946).

Tendo como objeto de estudo tais casas, o artigo tem como objetivo principal identificar características recorrentes em casas-pátio quadráticas modernas brasileiras implantadas em lotes de grandes dimensões. Para tanto, são revisitadas cinco casas com as referidas características, buscando ilustrar e/ou sustentar preliminarmente a hipótese aqui apresentada.

Acreditando na possibilidade de que tais características possam representar um "legado arquitetônico", que vem sendo incorporado e/ou interpretado na arquitetura contemporânea brasileira, também é feita uma breve apresentação e análise de casas que atualmente recorrem a soluções semelhantes.

Ao confrontar as soluções destas casas – modernas e contemporâneas - conclui-se que a hipótese sustentada pode ter consistência. Tendo como referência a tradição clássica, configuram-se soluções que partem da prefiguração do volume quadrático, por vezes respeitando-o, por vezes tensionando-o. Esse tensionamento ocorre através do arranjo adequado de "alas-setores", conforme imposições do contexto e do programa, e, como sugeria o ideário modernista, através da associação do pátio ao pilotis, construindo uma nova espacialidade e significado para o pátio. A presença de tais estratégias em casas modernas, replicadas em casas contemporâneas, revela assim uma "novidade continuada", em que o tipo pode ser ainda uma valiosa "chave" para a análise crítica e para a prática projetual da arquitetura.

EXPERIÊNCIAS MODERNAS

Neste contexto, são eleitas para análise obras de arquitetos de diferentes gerações. Os cariocas Lucio Costa e Oscar Niemeyer representam a vanguarda arquitetônica dos anos 30-40 e Sérgio Bernardes, a "continuidade" dessa vanguarda nos anos 40-50, quando a reconhecida importância da arquitetura da escola carioca começa a conviver com desejos de mudanças (BASTOS; VERDI, 2010). Em contraponto, Paulo Mendes da Rocha representa as mudanças de paradigmas arquitetônicos observadas em São Paulo nos anos 50-60, com a afirmação do brutalismo. Por fim, o paulista Eduardo de Almeida representa a geração que vivia a "crise da modernidade" dos anos 70, caracterizada pela simultaneidade de movimentos de continuidade, revisão e superação da tradição moderna (BASTOS; VERDI, 2010). A eleição desses arquitetos de diferentes gerações e origens, contudo, é ainda apenas uma amostragem, cuja análise se justifica pela possibilidade de gerar subsídios para estudos futuros que, efetivamente, poderiam compor uma mostra mais panorâmica.

Pátios quadráticos tradicionais

Dois projetos de casas-pátio, um de Lucio Costa e outro de Oscar Niemeyer, ao remeterem aos pátios quadráticos em lotes de grandes dimensões, merecem atenção. Trata-se de dois projetos que não foram executados e cujos dados sobre os terrenos são pouco claros. O projeto de Lucio Costa é desenvolvido logo no início do modernismo, ainda na década de 30, e o de Niemeyer, na fase projetual madura do arquiteto, na década de 60.[4]

A casa **Álvaro Osório de Almeida** (1932), projetada por Lucio Costa no Rio de Janeiro, está "solta" em um lote plano e de esquina. A partir dos poucos dados encontrados[5], sugere-se que a geometria da planta é quadrada e que seu pátio surge condicionado pela existência de uma árvore central. O arranjo assume uma configuração em "U" – duas alas com dois pavimentos e uma ala térrea -, conjunto este fechado por um muro recortado por grandes esquadrias (HECK, 2005). A cobertura da ala térrea é explorada como terraço e operações de subtrações volumétricas determinam o surgimento de varandas nas alas com dois pavimentos e no seu acesso principal. Tais terraços e varandas podem explicitar uma fusão do pátio tradicional com o pátio-mirante, assim como Le Corbusier ensaia na Vila Savoye (1928), apesar de recorrer a estratégias distintas. Por falta de maiores dados, não é possível avaliar a estratégia funcional adotada nessa casa (Figura 01).

5. O projeto, resumido a perspectivas foi publicado em 1934, na Revista da Diretoria de Engenharia, em COSTA (1995) e, em 2002, os originais foram exibidos na exposição "Um Século de Lucio Costa", no Rio de Janeiro. O terreno se localizava na Avenida Vieira Souto (HECK, 2005).

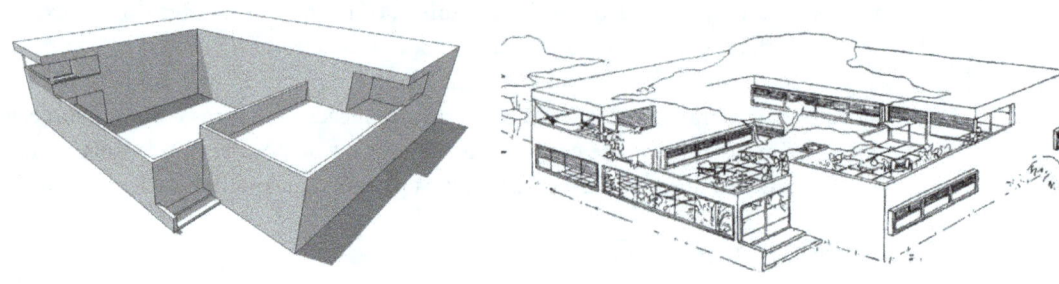

Casa Álvaro Osório de Almeida
Rio de Janeiro - RJ, 1932,
Lucio Costa

Figura 01 – Casa com pátio de proporção quadrática de Lucio Costa.
Fonte: Esquema Gráfico - Acervo Pesquisa Casa Contemporânea Brasileira (Desenho: COSTA, B.); Perspectiva - Revista da Diretoria de Engenharia 12, 1934, p. 88-89.

A casa **Edmond de Rothschild** (1965)[6], de Oscar Niemeyer, organiza-se em prisma de base quadrada, ligeiramente elevado em relação ao solo. Pode-se considerar que o arranjo quadrático desta casa é ensaiado em outra casa que o arquiteto desenvolve ainda na década de 40, apesar de erguida em lote de pequenas dimensões e de apresentar uma setorização em alas ainda pouco clara – a casa **João de Lima Pádua**[7] (1943). (Figura 02a). Na Rothschild, um volume quadrático, prefigurado, é coberto por uma laje sinuosa, sendo o pátio, também quadrático, resultante da disposição de alas em "L" no interior deste invólucro. Cada ala organiza um claro setor – uma com o social-serviços e outra com o setor íntimo -, sendo o encontro de ambas o local do acesso principal. Na ala social, o arquiteto prioriza a relação do estar com o pátio, ficando a cozinha voltada para o exterior. Na ala íntima, em busca de privacidade, os quartos se voltam para um pequeno recuo, protegido por brises ou painéis pivotantes verticais, restando à circulação o privilégio da relação visual com o pátio (HECK, 2005). Painéis pivotantes verticais também são empregados em um dos muros do pátio, tornando indefinidos os limites entre interior e exterior e o desejo de introspecção e extroversão (Figura 02b), como ocorre na referida casa Pádua, ao adotar elementos vazados para configurar o muro que encerra seu pátio.

6. O barão Rothschild conhece e convida Niemeyer para projetar sua própria residência em Tela Vive - Israel em 1965, quando o arquiteto desenvolvia em Paris um programa de habitação para Cesareia, financiado pelo barão em uma política de apoio a Israel. (HECK, 2005)

7. A casa Lima Pádua ocupa um lote de esquina – plano e de proporções quadráticas - entre as ruas Araguari e Bernardo Guimarães, em Belo Horizonte. Em lotes de pequenas dimensões e com arranjos quadráticos que incorporam pátios, outros projetos da arquitetura moderna brasileira podem ainda ser destacados, tais como: de Álvaro Vital Brasil - casa do Arquiteto (1961) e casa Cláudio Jessurow (1964) (HECK, 2005); de Vilanova Artigas - Casa Antônio Barbosa de Sousa (1971) (COTRIM, 2017).

(a)

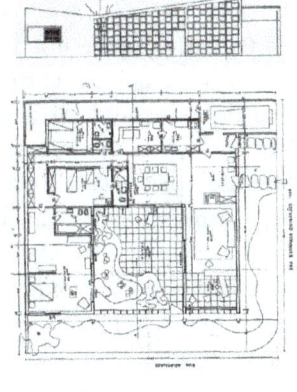

Casa João de Lima Pádua
Belo Horizonte - MG, 1943, Oscar Niemeyer

(b)

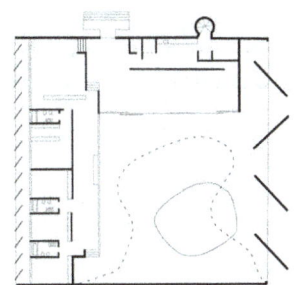

Casa Edmond de Rothschild
Cesaréia - Israel, 1965, Oscar Niemeyer

*Figura 02 – Casas com pátio de proporção quadrática de Oscar Niemeyer.
Fonte: (a) Esquema gráfico - Acervo Pesquisa Casa Contemporânea Brasileira (Desenho: COSTA, B.); Planta e fachada - Revista Arquitetura, 4, 1946; (b) Acervo da Pesquisa da Casa Contemporânea Brasileira (Desenho: Perspectiva - COSTA, B.; Planta - OLIVEIRA, M. S.).*

Assim, nos dois casos destacados, observa-se o uso de um volume prefigurado de proporções quadráticas, a partir do qual são dispostas duas ou três alas-setores conectadas por muros, um dos quais, presumivelmente, fazendo interface direta com a rua ou espaço externo. Ao recorrer do uso de esquadrias e painéis pivotantes nesses muros, as casas adotam mecanismos de expansão visual, construindo um pátio dialeticamente introspectivo e extrovertido, estratégia essa correspondente a outras casas-pátio modernas. Como observa Martí Arís (1997), o pátio moderno, ao invés da reclusão, desenvolveu dispositivos formais para configurar espaços expansivos e centrífugos, que buscam a fluidez, o dinamismo e a abertura.

Pátios quadráticos hibridizados

Ainda no auge da arquitetura moderna, outras casas-pátio com arranjo quadrático sofrem uma série de operações que envolvem deformações e/ou sobreposições de fragmentos de outros tipos, alterando ou mesmo negando a configuração tipológica inicial. Tal procedimento, segundo Moneo (1999) e Martí Arís (1993), está diretamente ligado ao modo como o tipo passou a ser tratado no modernismo, entendido como uma estrutura flexível o suficiente para ser desconectada das referências do passado. Surge assim o que é tratado neste trabalho como **pátios tensionados**, os quais podem ser ilustrados no modernismo brasileiro por projetos de Sérgio Bernardes e Eduardo de Almeida.

A casa **1948-2** (1948)[8], de Sérgio Bernardes, ocupa um lote plano e de esquina, cuja presença de uma frondosa árvore parece condicionar a adoção do pátio. O diálogo com a esquina e a extensão do programa, aparentemente, justificam o arranjo em dois pavimentos e as deformações que o prisma de proporções quadráticas sofre. Bernardes sobrepõe alas em "L" no pavimento inferior, onde o pátio assimétrico se abre para a rua, e alas em "U" no pavimento superior, com uma das alas apoiada em pilotis, também aberto para rua (HECK, 2005).

Abrindo mão da configuração quadrática que presumivelmente orientou o arranjo original, Bernardes estende os limites da ala sobre pilotis até um dos limites laterais do lote e agrega um volume de serviços junto ao outro limite lateral. Assim, entre as fachadas frente e fundo, o arranjo assume extensões distintas e uma geometria ambígua. Na fachada frontal, a adoção do telhado borboleta, com a viga que fecha o vão do pátio, busca proporcionar uma maior unidade formal ao conjunto e, ao mesmo tempo, reestabelecer a *gestalt* de um presumível prisma compacto (Figura 03).

8. Publicada em *Arquitetura Contemporânea no Brasil 2* (1948), juntamente com a Casa 1948-1, a propriedade e a localização da obra não foram identificadas. Neste mesmo ano, contudo, observa-se que Bernardes recebe o título de arquiteto pela Faculdade Nacional de Arquitetura da Universidade do Brasil, então, com 29 anos (HECK, 2005).

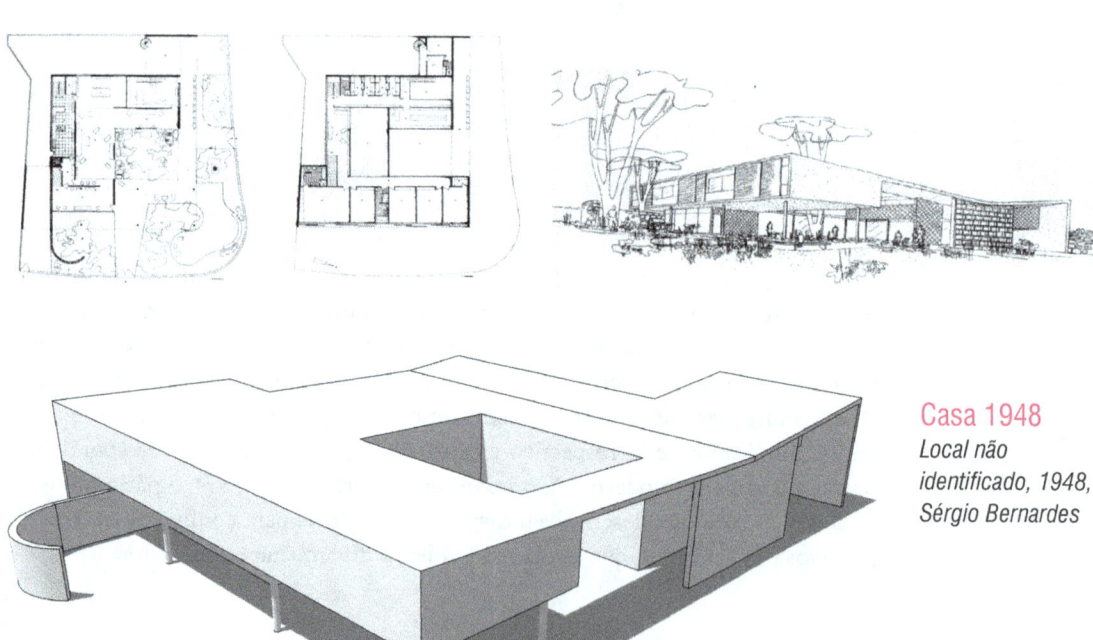

Casa 1948
Local não identificado, 1948, Sérgio Bernardes

Figura 03 – Casa com pátio de proporção quadrática e pilotis de Sérgio Bernardes. Fonte: Esquema gráfico – Acervo Pesquisa Casa Contemporânea Brasileira (Desenho: COSTA, B.); Plantas e Prespectiva – Arquitetura Contemporânea no Brasil 2, 1948.

O arranjo funcional da casa, assim como na Rothschild de Niemeyer, também parece buscar a relação visual da sala com o pátio, impondo aos serviços o diálogo com o recuo lateral. No setor íntimo, também é a circulação que se relaciona visualmente com o pátio, ficando os quartos voltados para a rua. A disposição destes quartos no segundo pavimento, bem como uso de painéis deslizantes junto às suas aberturas, podem ser entendidas como estratégias que procuram promover privacidade ao setor íntimo.

9. Prudente de Mores Neto era escritor e diretor da revista *Estética*, juntamente com Sérgio Buarque de Holanda. Desenvolvida no Rio de Janeiro, a casa, segundo Heck (2005), é uma adaptação da primeira versão de Niemeyer para a casa Juscelino Kubitschek (1943), a ser construída na Pampulha, em Belo Horizonte.

Figura 04 – Casa com pátio de proporção quadrática e pilotis de Oscar Niemeyer. Fonte: Plantas - Arquitetura Contemporânea no Brasil 2, 1948; Perspectiva - Acervo Pesquisa Casa Contemporânea Brasileira (Desenho: OLIVEIRA, M. S.).

10. Na produção de **Paulo Mendes da Rocha** (ZEIM, 2000), as seguintes casas possuem tais características: Gaitano Minani 2 (1961); Edmundo de Freitas 1 E 2 (N.D.); Bento Odilon Ferreira (1963); Francisco Malta Cardoso (1964), Casas do Butantã (1964), Ligia e Newton Isaac Carneiro Jr. (1972), Antônio Gerassi Neto (1989). Na produção de **Vilanova Artigas** (COTRIM, 2017; COTRIM, GUERRA, 2012), por sua vez, o mesmo arranjo é observado nas casas: José David Vicente (1959), João Molina (1959); José Vietas Neto 2 (1968), Antenor Mansur Abud (1969), Newton Bernardes (1969), Telmo Porto (1969), Jorge Edney Atalla (1971), Renato Faucz (1975) Geraldo Camargo Demétrio (1976).

O pátio, portanto, não surge de um volume prefigurado, mas do arranjo de alas que tensionam uma possível ordem geométrica e que, provavelmente, são ajustadas para recompô-la. A adoção do pilotis em uma das alas voltadas para a rua também pode ser entendida como uma transgressão tipológica, visto que, como fragmento de outro tipo, o pilotis compromete a natureza privativa do pátio, expondo-o aos olhos do espaço público.

Deve-se observar que a casa **Prudente de Moraes Neto**[9] (1943), desenvolvida por Niemeyer para um lote estreito e de meio de quadra, possui estratégias muito similares ao projeto de Bernardes (HECK, 2005). Aqui também se observa a sobreposição de alas em "L" e "U", com uma ala apoiada em pilotis, e o uso de telhado em asa de borboleta, características estas que podem ter sido referendadas por Bernardes na elaboração da 1948-2 (Figura 04).

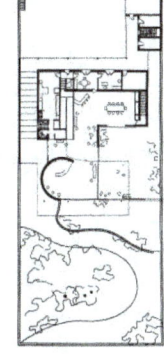
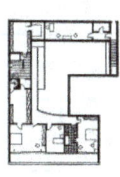

Casa Prudente de Moraes Neto
Rio de Janeiro - RJ, 1943, Oscar Niemeyer

A mesma estratégia de associar pátio e pilotis, embora seja mantido sobre este pilotis um volume prefigurado de proporções quadráticas, é observada na casa **James Francis King** (1972), de Paulo Mendes da Rocha, projeto este referendado na casa **Max Define** (1975), de Eduardo de Almeida (IWAMIZU, 2015) (Figura 05).

Com o programa principal organizado em um único pavimento, ambas as casas configuram o que Zein (2005) chama de "casa-apartamento" ao analisar a arquitetura da "escola paulista". Neste contexto, inúmeras são as casas com plantas de proporções quadráticas e apoiadas em pilotis, em que, contudo, os átrios prevalecem sobre os pátios como elementos organizadores da composição (COTRIM, 2017; COTRIM, GUERRA, 2012; ZEIN, 2000).[10]

No terreno íngreme e de grandes dimensões da James King, um volume é semienterrado para ampliar o platô sobre o qual o corpo principal da casa é assentado. No volume superior, alas dispostas em "U" envolvem o pátio periférico, sendo o conjunto arrematado por uma pequena ala-circulação. A ala conectora é agigantada para organizar em faixas paralelas dois setores - *íntimo*, voltado para o afastamento lateral mais generoso, com banheiros internalizados no intermeio dos quartos; e *social*, que usufrui do contato visual voltado para o pátio. As outras duas alas menores são dedicadas ao hall de entrada e dependências de serviço, ambas ainda isoladas visualmente do pátio.

O pilotis da Max Define é adotado para apoiar parcialmente o volume principal na cota mais alta do terreno. Nele, o pátio de pequenas dimensões e assimétrico resulta da disposição de alas em "O" que organizam setores claramente definidos e que, por demandas do extenso programa, assumem distintas larguras. Neste arranjo, três estratégias chamam atenção por se distinguirem das casas anteriores – no setor social, a relação entre o pátio e a sala, intermediada por uma circulação envidraçada; no setor de serviços, a relação direta da cozinha com o pátio, ganhando status de área de permanência prolongada; no setor íntimo, os banheiros internalizados entre o corredor e os quartos, liberando uma das fachadas para a livre disposição dos ambientes.[11]

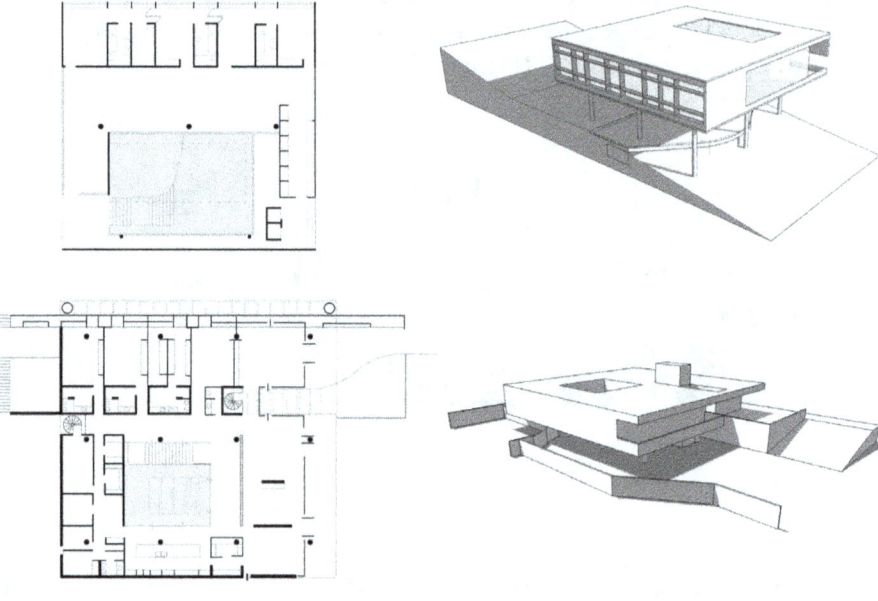

Figura 05 – Casas com pátio de proporção quadrática e pilotis de Paulo Mendes da Rocha e Eduardo de Almeida. Fonte: Acervo da Pesquisa da Casa Contemporânea Brasileira (Desenho: Planta - OLIVEIRA, M. S.; Perspectiva - COSTA, B.).

Casa James Francis King
São Paulo - SP, 1972, Paulo Mendes da Rocha

Casa Max Define
São Paulo - SP, 1975, Eduardo de Almeida

Nos dois casos - King e Define -, os pátios resultantes são penetrados pelas circulações verticais e assumem dupla altura. Assim configurados, os pátios promovem não só visuais do céu, mas também do pilotis e/ou do jardim[12], indefinindo seus limites. Por consequência, tensões visuais multidirecionais são estabelecidas, bem como é construída uma espacialidade dinâmica que se distancia da espacialidade estática e controlada dos pátios tradicionais.

Por tais características, as casas de Mendes da Rocha e Almeida se relacionam com as casas de Bernardes e, por consequência, com a referida casa de Niemeyer de 1943. A partir de arranjos quadráticos, essas casas promovem a hibridização do pátio com o pilotis, recorrendo tanto ao arranjo de um volume prefigurado que absorve distintas disposições e configurações das alas, quanto ao arranjo de alas sobrepostas que configuram um pilotis parcial. Tais estratégias evidenciam o modo flexível como o esquema tipológico passou a ser tratado e, principalmente, a deformação da configuração tradicional do pátio, quer geométrica, com dupla altura e tratado como uma extensão do exterior; quer espacial, assumindo uma natureza dinâmica e pouco intimista. O pátio passa assim a ser assumido dialeticamente introspectivo e extrovertido, aberto e fechado, horizontal e vertical.

11. Após o projeto da Max Define (1975), Eduardo de Almeida desenvolve várias casas com proporções quadráticas. Algumas com pátio e outras sem, a maioria dessas casas são sedes de fazenda arrematadas por telhados tradicionais - Patrimônio do Carmo 01 (1976), Fazenda Jatobá (1977), Fazenda Campo dos Bois - Proposta 01 (1978), Haras Santa Edwiges (1994), Casa em Laranjeiras (1997), Fazenda Água Comprida (1997).

12. Na casa Max Define, parte do pilotis é ocupado por estacionamento e áreas de serviços e parte por um exuberante jardim, assinado por Fernando Chacel.

EXPERIÊNCIAS CONTEMPORÂNEAS

A partir de tais referências, é possível identificar casas-pátio contemporâneas implantadas em lotes de grandes dimensões que também recorrem aos arranjos quadráticos. No universo da produção de 25 escritórios eleitos em 2010 como a "nova geração da arquitetura brasileira" pela Revista AU (ANTUNES; HORTA, 2010), destacam-se cinco casas.

Como exemplos de pátios quadráticos tradicionais, podem ser citadas as casas – **São Roque** (2009), do escritório paulista Tacoa[13]; **ML** (2010), do escritório carioca Bernardes e Jacobsen[14]; e **KG** (2012), do escritório mineiro Arquitetos Associados[15], esta última com geometria quadrática deformada parcialmente pela irregularidade imposta pelos limites do lote (Figura 06).

13. Em um terreno inclinado, a casa ocupa um platô artificial na cota mais elevada do terreno, explorando visuais da cidade.

14. A casa de final de semana foi projetada para um casal com filhos pequenos e pode ter relações com a sede da fazenda Jatobá (1977), de Eduardo de Almeida

15. Com poucas visuais a serem exploradas, segundo os arquitetos Alexandre Brasil e Paula Zasnicoff, o partido busca garantir privacidade aos moradores.

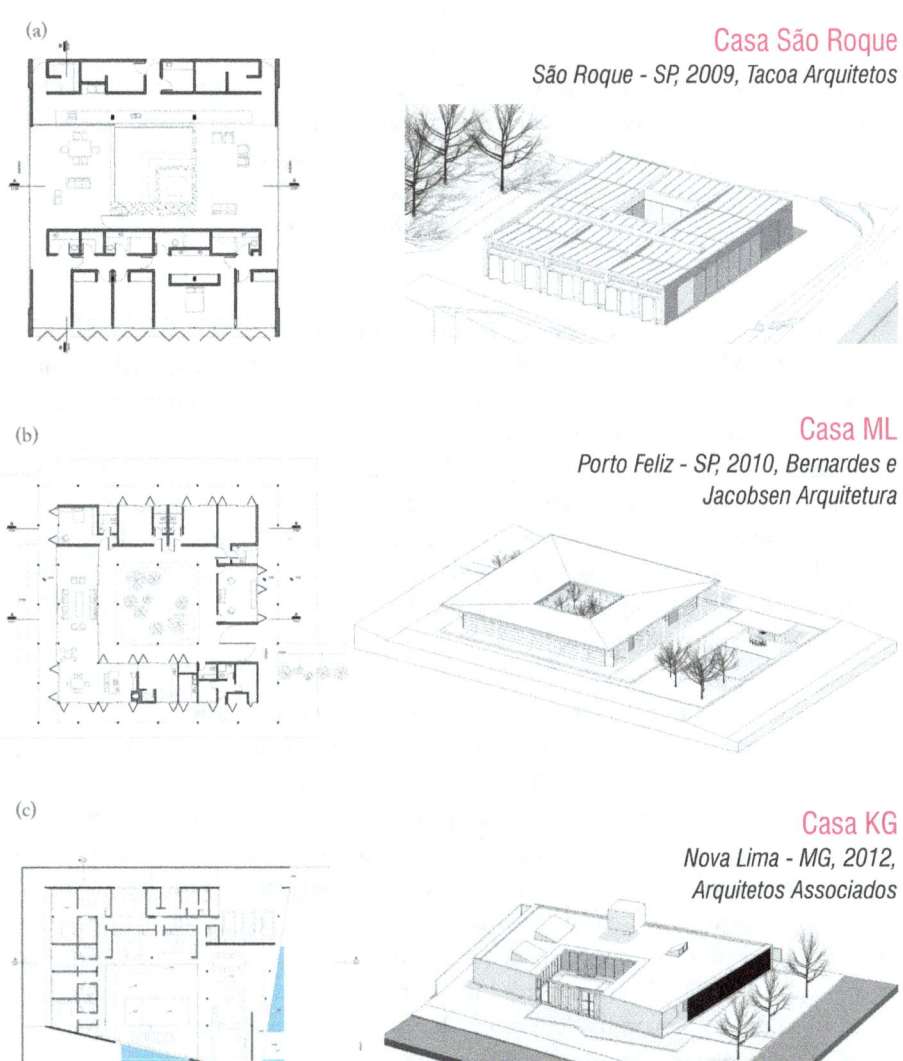

Casa São Roque
São Roque - SP, 2009, Tacoa Arquitetos

Casa ML
Porto Feliz - SP, 2010, Bernardes e Jacobsen Arquitetura

Casa KG
Nova Lima - MG, 2012, Arquitetos Associados

Figura 06 – Casas–pátio contemporâneas com proporções quadráticas e implantadas em lotes de grandes dimensões. Fonte: Acervo da Pesquisa Casa Contemporânea Brasileira (Desenhos: (a;b) MEDEIROS DOS SANTOS, L.; (c) ONGARATTO, C.).

O arranjo em "O" da São Roque e da ML, ao contrário dos casos modernos analisados, isolam seus pátios em relação ao exterior, sendo esta relação mediada pelas suas salas que, por sua vez, expandem-se para fora através de grandes esquadrias (São Roque) e painéis deslizantes (ML). Com o pátio isolado, essas soluções retomam o caráter privativo que lhe era atribuído na tradição clássica. Apenas na KG, com arranjo em "U", o muro do pátio que faz interface com o espaço público recebe painéis pivotantes que ampliam os seus limites espaciais, como na Casa Rothschild (1965) de Niemeyer.

De qualquer modo, as três casas são concebidas a partir de volumes prefigurados, onde são arranjadas alas que buscam corresponder à setorização modernista. Essa estratégia é mais evidente nas casas São Roque, que transforma a ala social numa zona de passagem, e na KG, cuja ala de serviços faz a conexão entre as alas social e íntima. Nessas, assim como na Max Define, a cozinha se relaciona diretamente com o pátio, e os banheiros se internalizam na ala íntima, abrindo os quartos para a área residual do terreno.

Na ML, o sistema de circulação periférico e externo junto ao pátio, bem como a disposição das colunatas aparentes nas fachadas externas e no interior do pátio são estratégias compositivas que podem remeter à linguagem clássica. Na São Roque e na KG, por sua vez, os volumes puros e brancos, o sistema de fenestração e o uso de elementos vazados (KG) explicitam referências ao vocabulário abstrato da arquitetura moderna.

Como exemplos de casas com **pátios quadráticos tensionados**, merecem menção a casa **RCM** (2009), do escritório Metro[16] e a casa **RP** (2004-2010), dos Arquitetos Associados[17] (Figura 07). A RCM, ao adotar o prisma quadrático apoiado em pilotis e um pátio ladeado por circulações e invadido pela escada, possui explícitas relações com as referidas casas King e Define.[18] Contudo, ao orientar as alas social e íntima nos lados opostos do volume, retoma o arranjo "frente-fundos" observado em casas com átrio quadráticas e retangulares de Vilanova Artigas e Paulo Mendes da Rocha (COTRIM, 2017; ZEIM, 2000), esquema este já clássico entre casas-pátio brasileiras contemporâneas inseridas em lotes estreitos e profundos (COSTA; COTRIN CUNHA, 2015).

A RP, com alas em "L", remete ao arranjo bidimensional da Rotschild de Niemeyer, alterando sensivelmente o arranjo da ala íntima, aqui invadida por parte do setor de serviços e com a disposição dos quartos voltados para o pátio central, mesmo em detrimento da possível perda de privacidade. Contudo, formal e espacialmente, essa casa experimenta transgressões sem precedentes no modernismo - os muros que configuram o pátio são substituídos por passarelas e rampa que conduzem ao terraço-mirante sobre as duas alas; o volume compacto perde peso visual ao ser estratificado por lajes em balanço; o pilotis não se explicita em plenitude; o pátio com piscina é explorado em um nível inferior ao das alas principais da casa, afim de acomodá-la na topografia do terreno. Assim, a casa propõe uma nova tipologia espacial relacionada ao pátio, tanto no que se refere ao seu caráter recluso, que só é sugerido, quanto ao seu protagonismo, que é contraposto pela *promenade* que leva a um segundo centro de interesse compositivo - o terraço mirante.

16. Projeto não executado. Segundo os autores, a implantação buscou preservar ao máximo a conformação e a vegetação originais do terreno.

17. Segundo os autores, a proposta busca acomodar a casa na topografia, reduzindo a massa visível do volume.

18. Entre casas contemporâneas, a Aldeia da Serra (2001. SPBR) também possui arranjo quadrático apoiado em pilotis, mas por não possuir pátio é excluída desta análise.

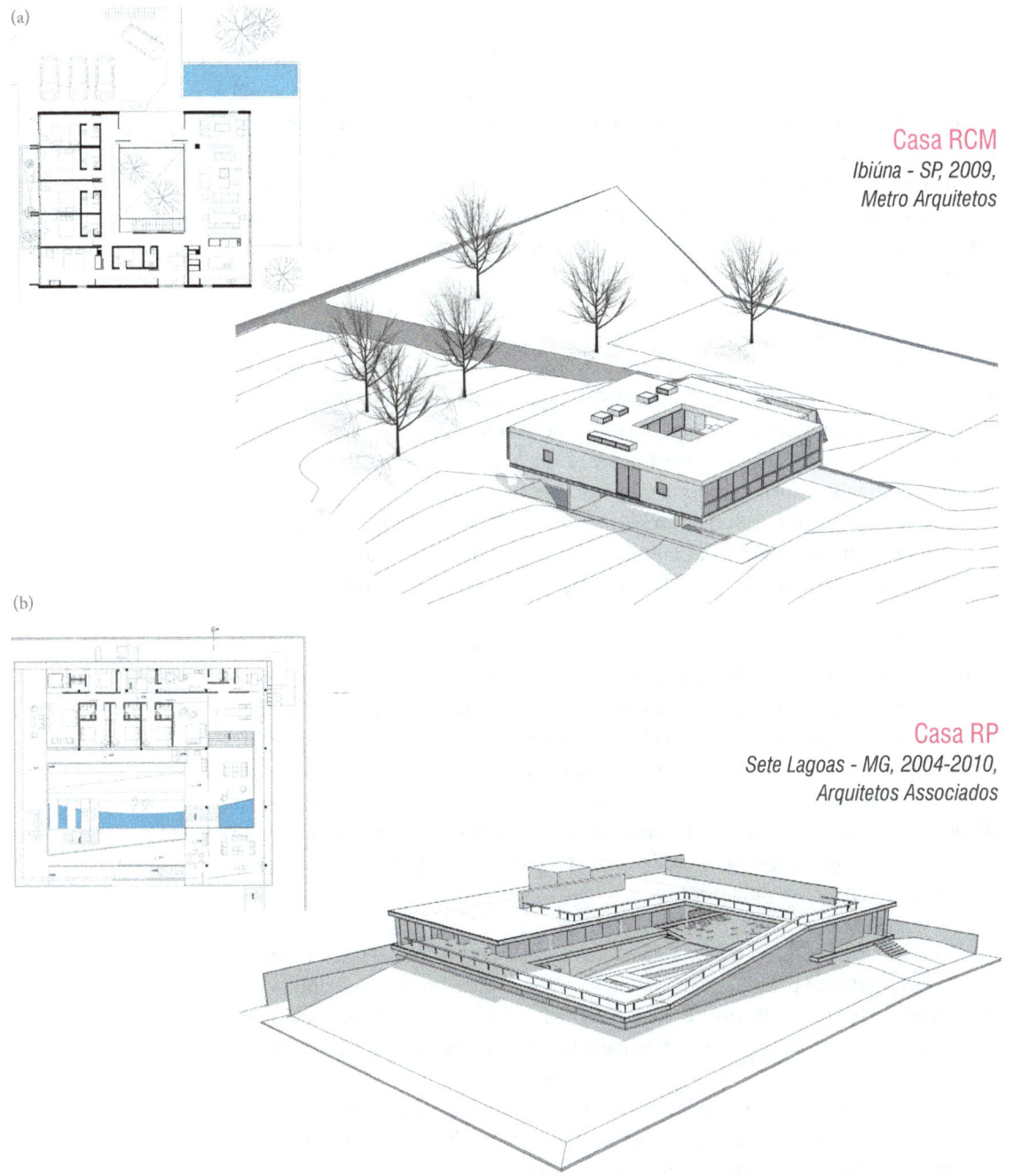

Casa RCM
*Ibiúna - SP, 2009,
Metro Arquitetos*

Casa RP
*Sete Lagoas - MG, 2004-2010,
Arquitetos Associados*

*Figura 07 – Casas-pátio contemporâneas com proporções quadráticas e implantadas em lotes de grandes dimensões.
Fonte: Acervo da Pesquisa Casa Contemporânea Brasileira (Desenho: (a) SAMURIO, M.; (b) ONGARATTO, C.).*

Assim, a partir das cinco casas contemporâneas analisadas, observa-se que várias estratégias empregadas nas casas modernas são aqui replicadas. Do ponto de vista funcional, a maior diferença está no diálogo do pátio com o exterior, passando em dois casos a ser mediado pela sala (São Roque e ML). E, do ponto de vista formal e espacial, merece menção a experiência isolada da ML, em que se o observa um maior distanciamento dos elementos iconográficos modernos, e da RP, em que novos contornos físico-espaciais são explorados para configurar o pátio.

CONSIDERAÇÕES FINAIS

A partir dos casos analisados, conclui-se que a hipótese sustentada no início do artigo pode ter consistência. As casas-pátio quadráticas brasileiras implantadas em lotes de grandes dimensões, ao menos no que circunscreve o universo estudado, podem ser abordadas a partir de dois esquemas tipológicos principais – casas com **pátios quadráticos tradicionais**, que se apoiam diretamente no solo e possuem referências clássicas; e casas com **pátios quadráticos tensionados** que, ao hibridizar distintos arranjos tipológicos, se erguem total ou parcialmente do solo, buscando alguma relação com as soluções de Le Corbusier.

Eliminando variantes formais dos projetos analisados, observa-se que o esquema abstrato - prisma de base quadrática com um pátio central ou lateral – pode ter sido adotado "a priori", como um todo prefigurado que determina o arranjo das partes, e/ou "a posteriori", onde partes, depois de articuladas, são ajustadas de modo a levar a um todo idealizado previamente. Destas estratégias resultam inúmeras variações formais - quer porque o esquema prefigura e/ou resulta da disposição flexibilizada de alas que assumem feições diversas ("L", "U", "O"); quer porque o esquema prefigurado se funde ao pilotis; ou ainda, porque é resultante da sobreposição controlada de alas (em "L" e "U"), configurando um pilotis parcial.

Considerando que tais variações formais podem levar à própria modificação estrutural do esquema original (MAHFUZ, 1995), observa-se que a casa RP possa estar ensaiando caminhos de uma investigação tipológica sem precedentes no modernismo. (Figura 08) Nela, o volume prefigurado apoiado em pilotis é "desmantelado" pelo fechamento do pátio por passarelas e rampa, pela estratificação do volume por lajes em balanço, bem como pelo pilotis semienterrado e pelo pátio com piscina implantado em um nível inferior ao das alas. Como um centro compositivo tensionado pelo terraço, o pátio oscila entre a reclusão e a expansão, entre o protagonismo e um papel secundário.

Em sentido oposto, na maioria das demais casas contemporâneas, a relação do pátio com o exterior passa a ser mediada pela sala, o que, em parte, retoma o caráter privado do pátio tradicional e nega o artifício moderno de adotar o pátio com mecanismos de expansão visual que tornam ambíguo o seu caráter introspectivo.

Assim, excetuando-se a casa RP, as investigações contemporâneas parecem desenvolver mais investigações relativas ao caráter do pátio do que relativas a possíveis transgressões tipológicas que o esquema permite. Experimentado na Antiguidade Clássica, revisado no Renascimento, hibridizado na arquitetura moderna, o pátio quadrático é replicado, de modo quase intocável, nas casas contemporâneas, o que pode revelar assim uma "novidade continuada".

Casa RP
*Sete Lagoas - MG, 2004-2010,
Arquitetos Associados*

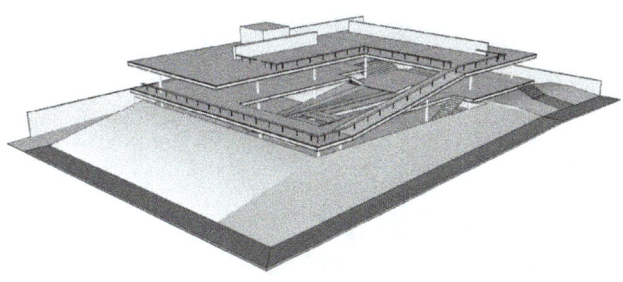

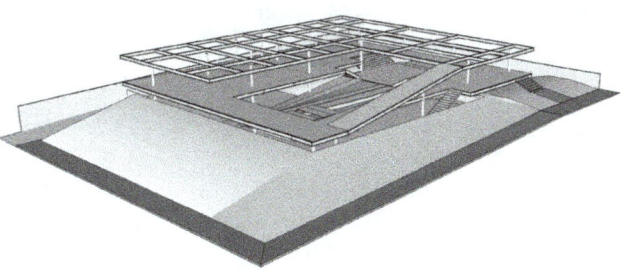

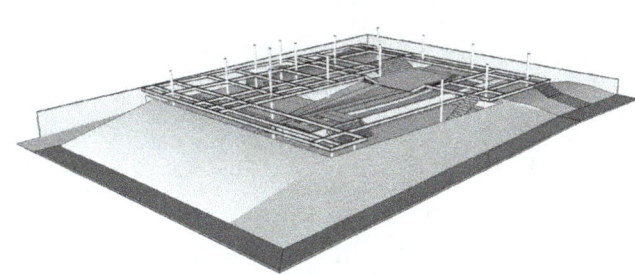

Figura 08 – Gráficos conceituais da Casa RP. Fonte: Acervo da Pesquisa Casa Contemporânea Brasileira (Desenho: ONGARATTO, C.).

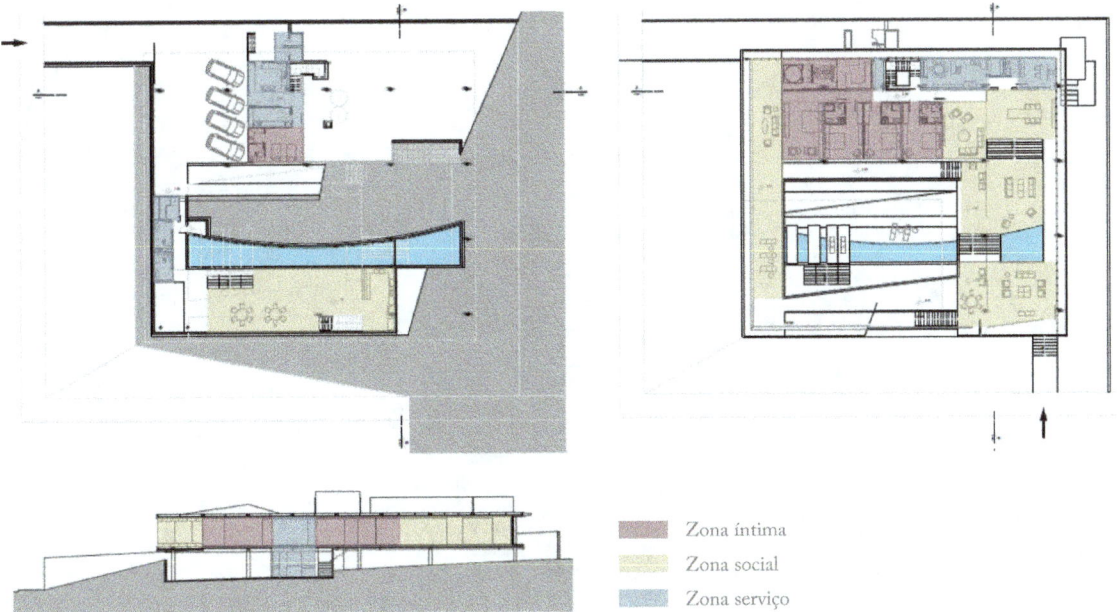

Zona íntima
Zona social
Zona serviço

REFERÊNCIAS

ALBERTI, L. B. **De re aedificatoria**: On the art of building in ten books. Cambridge, Mass.: MIT Press, 1988.

ANTUNES, B.; HORTA, M. Diretório 25 Jovens Arquitetos. In: **Revista AU – Arquitetura e Urbanismo**, São Paulo, Pini, n. 197, p. 42-62, 2010.

BASTOS, M. A. J; ZEIN, R. V. **Brasil:** arquiteturas após 1950. São Paulo: Perspectiva, 2010.

CAPITEL, A. **La arquitectura del patio**, Barcelona: Gustavo Gili, 2005

CORONA MARTINEZ, A. **Ensayo sobre el proyecto**. Buenos Aires: CP67, 1991.

COLQUHOUN, A. **Architettura moderna e storia**. Roma: Laterza, 1989.

COTRIM, M. **Vilanova Artigas.** Casas Paulistas. São Paulo: Romano Guerra Editora, 2017.

COTRIM CUNHA, M.; GUERRA, A. Entre o pátio e o átrio: Três percursos na obra de Vilanova Artigas. **Vitruvius**, Arquitextos, São Paulo, ano 13, n. 150.01, nov. 2012. Disponível em: http://www.vitruvius.com.br/revistas/read/arquitextos/13.150/4591

COSTA, A. E.; COTRIM, M. C. O pátio no Brasil. Da casa moderna à contemporânea. **Vitruvius**, Arquitextos, São Paulo, ano 16, n. 181.07, jun. 2015. Disponível em: http://vitruvius.com.br/revistas/read/arquitextos/16.181/5560

COSTA, A. E.; MENUZZI, A. C.; ONGARATTO, C., et. al. Terra e Céu, Pátio e Terraço: a natureza idealizada em casas contemporâneas brasileiras. In: **Anais do IV Seminário Internacional da Academia de Escolas de Arquitetura e Urbanismo de Língua Portuguesa**. Belo Horizonte: UFMG e AEALUP, 2017.

COSTA, L. **Registro de uma vivência**. São Paulo: Empresa da Artes, 1995.

GUERRA, A.; CASTROVIEJO RIBEIRO, A. J. Casas brasileiras do século XX. **Vitruvius,** Arquitextos, São Paulo, ano 07, n. 074.01, jul. 2006. Disponível em: http://www.vitruvius.com.br/revistas/read/arquitextos/07.074/335

HECK, M. **Casas Modernas Cariocas:** 1930-1965. Porto Alegre, 2005. Dissertação (Mestrado em Arquitetura) - Faculdade de Arquitetura, Universidade Federal do Rio Grande do Sul.

IWAMIZU, C. S. **Eduardo de Almeida:** Reflexões sobre estratégias de projeto e ensino. São Paulo, 2015. Tese (Doutorado em Arquitetura e Urbanismo) - Faculdade de Arquitetura, Universidade de São Paulo.

MAHFUZ, E. C. **Ensaio sobre a razão compositiva**. Viçosa: UFV; Belo Horizonte: AP Cultural, 1995.

MARTÍ ARÍS, C. **Las variaciones de la identidad**: ensayo sobre el tipo en la arquitectura. Barcelona: Colegio de Arquitectos de Cataluña, 1993.

MONEO, R. On Tipology. **Opositions 13**, Cambridge, MIT Press, 1978.

RECASENS, G. D. La tradición del patio en la arquitectura moderna. **DPA 13**, Barcelona, UPC, 1997.

ROSSI, A. **A Arquitetura da Cidade**. São Paulo: Martins Fontes, 1995.

ZEIN, R. V. **A Arquitetura da Escola Paulista Brutalista**: 1953-1973. Porto Alegre, 2005. Tese (Doutorado em Arquitetura) – Faculdade de Arquitetura, Universidade Federal do Rio Grande do Sul.

ZEIN, R. V. **Arquitetura brasileira, escola paulista e as casas de Paulo Mendes da Rocha**. Porto Alegre, 2000. Dissertação (Mestrado em Arquitetura) – Faculdade de Arquitetura, Universidade Federal do Rio Grande do Sul.

ACERVOS:

Acervo Arquitetos Associados. Disponível em: http://www.arquitetosassociados.arq.br/

Arquivo Eduardo Almeida. Disponível em: http://arquivoeduardodealmeida.com/86-residencia-max-define-2/

Acervo Jacobsen Arquitetura. Disponível em: https://jacobsenarquitetura.com/

Acervo Metro Arquitetos. Disponível em: http://www.metroo.com.br/

Acervo Pesquisa Casa Contemporânea Brasileira. Disponível em: <https://www.ufrgs.br/casacontemporanea/

Acervo Tacoa Arquitetos. Disponível em: http://www.tacoa.com.br/.

DADOS AUTORAIS

ARQUITETOS ASSOCIADOS

CASA RP. *Sete Lagoas – MG, 2004-2010.* **Arquitetos:** Alexandre Brasil, Carlos Alberto Maciel. **Colaboradores:** Juliana Barros, Michelle Andrade.

CASA KG. *Nova Lima – MG, 2012.* **Arquitetos:** Alexandre Brasil, Paula Zasnicoff Cardoso.

BERNARDES JACOBSEN ARQUITETURA

CASA ML. *Porto Feliz – SP, 2010.* **Arquitetos:** Bernardes Jacobsen Arquitetura - Thiago Bernardes, Paulo Jacobsen, Bernardo Jacobsen. **Colaboradores:** Christian Rojas, Daniel Vannucchi, Edgar Murata, Gabriel Bocchile, Jaime Cunha Junior, Ricardo Luna.

METRO ARQUITETOS

CASA RCM. *Ibiúna – SP, 2009.* **Arquitetos:** Martin Corullon, Anna Ferrari e Gustavo Cedroni

TACOA ARQUITETOS

CASA SÃO ROQUE. *São Roque – SP, 2009.* **Arquitetos:** Rodrigo Cerviño Lopez, Fernando Falcon. **Colaboradores:** Marcus Vinícius dos Santos, Eduardo Chalabi.

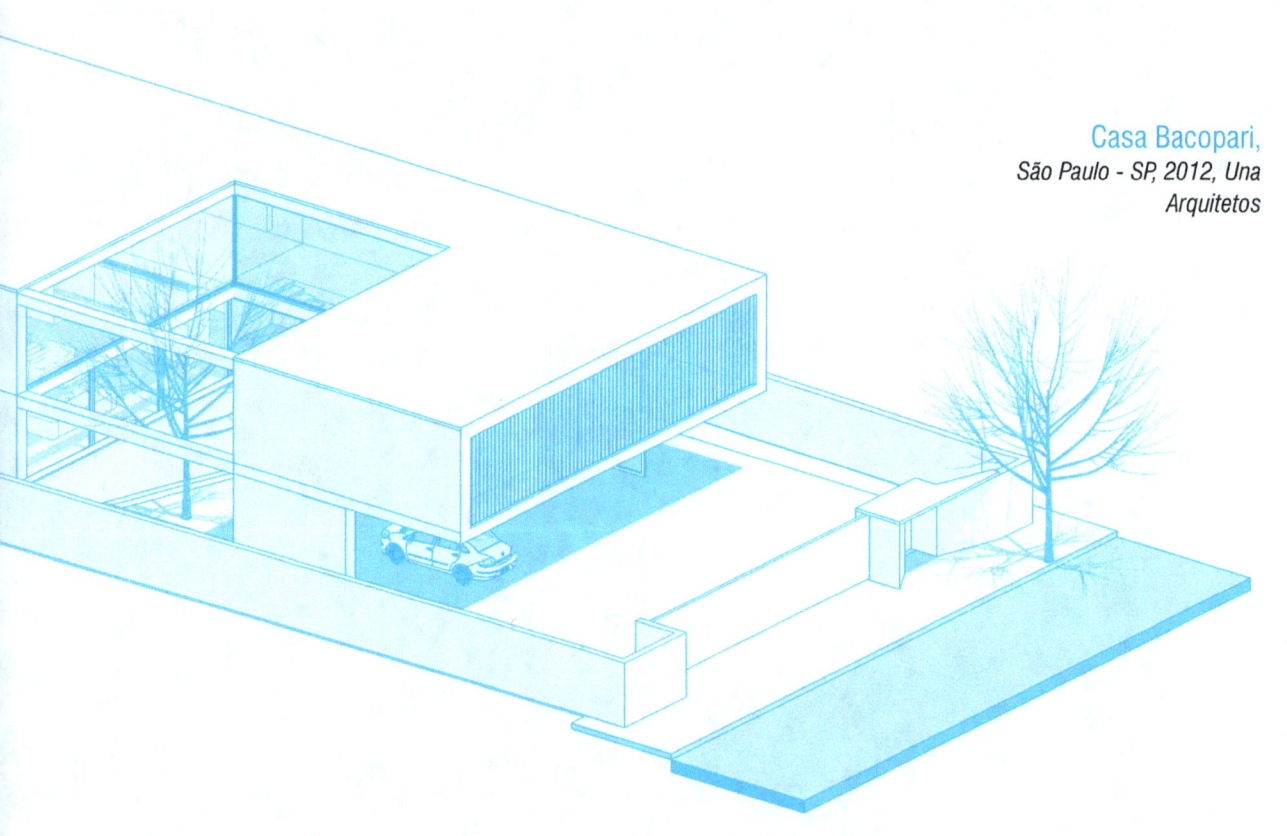

Casa Bacopari,
São Paulo - SP, 2012, Una Arquitetos

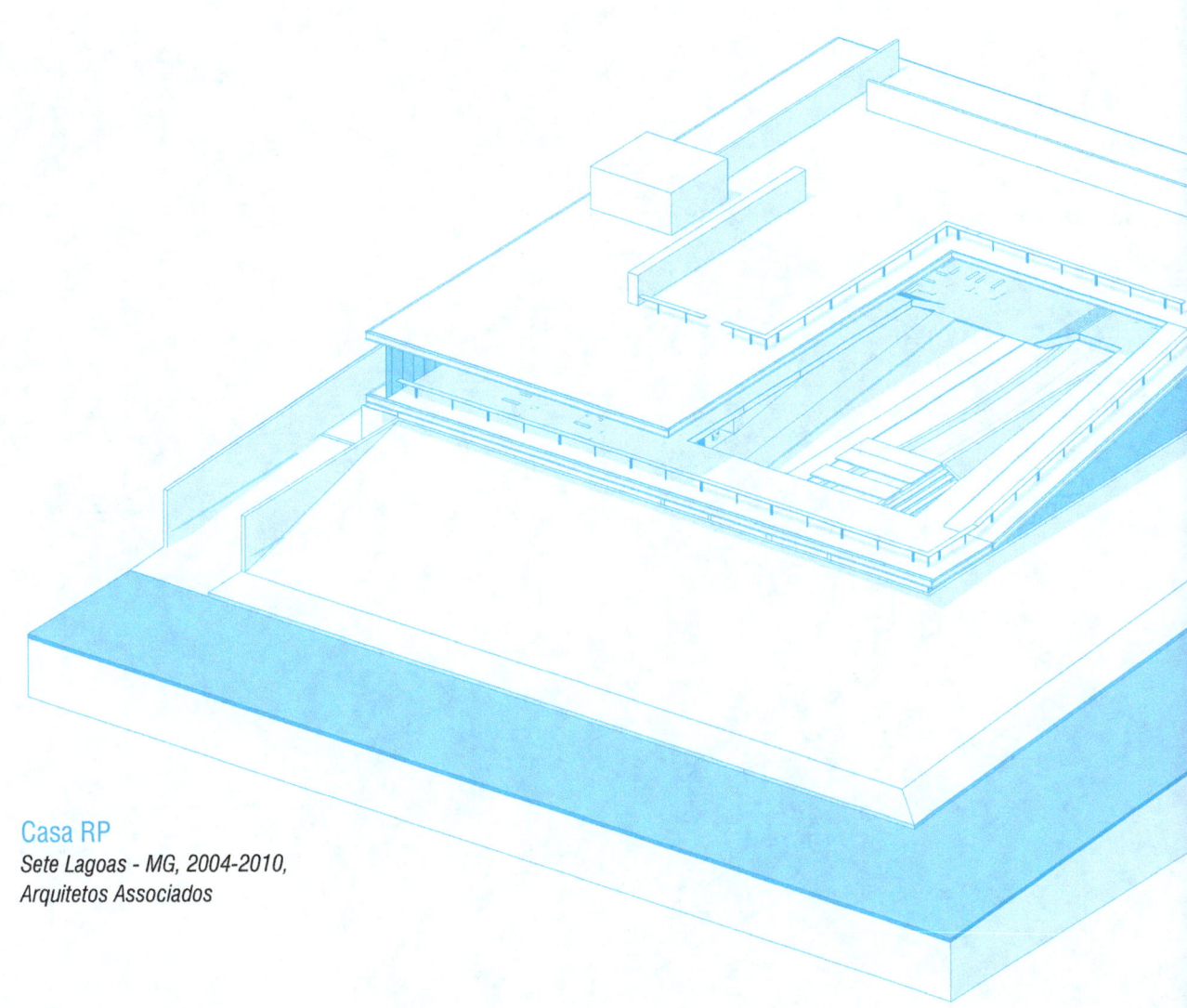

Casa RP
*Sete Lagoas - MG, 2004-2010,
Arquitetos Associados*

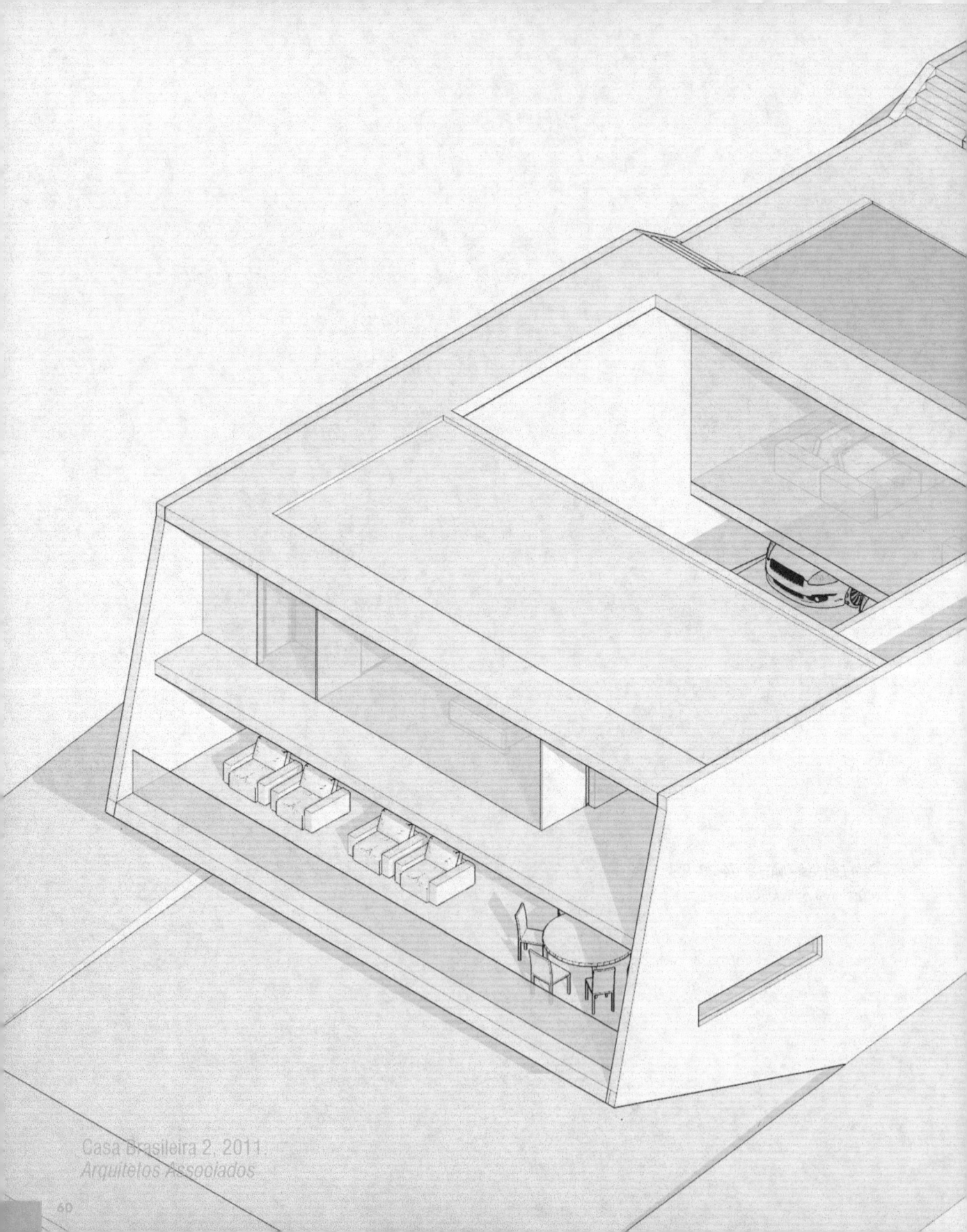

Casa Brasileira 2, 2011
Arquitetos Associados

2

ARRANJOS EM LOTES ÍNGRIMES

2.1

O DESAFIO DOS LOTES ÍNGREMES
UMA INTRODUÇÃO

Ana Elísia da Costa

Em distintos contextos - rurais, praianos, urbanos -, o enfrentamento de topografias íngremes e acidentadas sempre foi um desafio projetual para arquitetos. Economia, racionalização construtiva, respeito ao meio-ambiente são alguns dos argumentos que conferem à topografia íngreme o status de potente condicionante de projeto, ampliando a busca por soluções que permitam contornar o problema de seu enfrentamento e/ou que busquem preservar ao máximo, com pouca ou nenhuma movimentação de terra, a sua configuração original.

Nesse universo, duas soluções são recorrentes e ganham destaque – a conformação de *platôs* amparados por taludes e muros de arrimo, que buscam apoiar os pavimentos térreos dos volumes ou seus meios-níveis; e o alçamento dos volumes em relação ao solo, através do esquema *pilotis* ou potentes soluções estruturais que desafiam os efeitos da gravidade. Entre as duas soluções, surgem aquelas que as mesclam, ampliando o catálogo de soluções.

Atarracadas em platôs, suspensas em pilotis ou hibridizando soluções, casas modernas e contemporâneas implantadas em lotes íngremes permitem ser agrupadas em torno de algumas estruturas formais comuns. Sem pretender esgotar todas as soluções desenvolvidas, a análise tipológica dos agrupamentos evidencia alguns elos possíveis (explícitos ou ocultos) entre passado e presente (Tabela 1). Acredita-se, arquitetos contemporâneos referenciam precedentes modernos diante desse desafio, corroborando argumentações de autores como Comas (2013) e Bastos e Zein (2010).

Há, contudo, soluções que também, em maior ou menor grau, deformam e transformam estas mesmas referências com a sobreposição de outros tipos ou de fragmentos de tipos, podendo até quase chegar à constituição de uma estrutura formal outra. Assim, as soluções encontradas são "plurais" - arranjos compactos ou descompostos, definidos por volumes quadráticos e/ou retangulares, horizontalizados e/ou verticalizados - cumprindo, parcial ou integralmente, a árdua missão de minimizar os impactos da edificação sobre o terreno em declive. Essa pluralidade consolida o procedimento iniciado na academia do século XIX, quando o projeto emerge de uma associação de "partis", e no próprio modernismo, quando o tipo passou a ser entendido como uma estrutura aberta que permite a coordenação de diversas estratégias (MONEO, 1999; MARTÍ ARÍS, 1993). Assim, uma das possíveis chaves para a leitura da arquitetura contemporânea, como observa Comas (2013), é analisa-la por "diferentes graus de tipicidade", ao invés da simples oposição "típico e atípico".

Os referidos "graus de tipicidade" de casas implantadas em lotes íngremes são discutidos nos artigos que compõem o presente capítulo, mesmo que eles apresentem diferentes "motes" argumentativos. Constrói-se uma trama de conexões, como muitas derivas possíveis e indicações de outras tantas a serem exploradas.

A casa acomodada em **platôs** é abordada no artigo "O Espaço Doméstico e a Domesticação da Paisagem". Partindo da discussão sobre a expressão da casa na paisagem, o artigo revisa casas modernas e contemporâneas em que a cobertura é tratada como uma extensão da rua ou do terreno íngreme, "mimetizando-se" neles. A análise enfatiza casas que, ao invés de erguidas, são semienterradas entre empenas cegas e perfuradas por múltiplos pátios. Aqui, a releitura do repertório moderno da casa erguida entre empenas cegas se explicita e os platôs em meios níveis parecem transcender à simples estratégia de acomodação da casa na topografia íngreme, para também ser um importante artifício para a promoção de dinâmicas experiências espaciais.

As soluções que adotam o **pilotis** são tratadas no artigo "A negação da Terra", em que, com licença poética e ainda com viés tipológico, são traçadas relações entre as *As cidades invisíveis* de Ítalo Calvino (1990) e casas projetadas pelo escritório SPBR. O desejo de gerar novas experiências espaciais e de desafiar a gravidade, através do gesto de dependurar volumes ou apoiá-los em poucas colunas, parece determinar arranjos quase "atípicos", configurando verdadeiros "mundos domésticos fantásticos". A análise mais atenta, contudo, revela ainda a atuação sobre precedentes modernos, mesmo que aqui os pilotis "íngremes-palafitas" de casas modernas

– solução mais técnico-construtiva do que espacial – seja desmantelado por poucas colunas e arrojadas experiências estruturais.

Dois artigos abordam as soluções que **hibridizam platôs e pilotis**. O primeiro aborda o esquema tripartido denominado "Base/Pilotis/Mirante", em que o pilotis de um volume é o terraço de outro que se apoia no solo. O segundo - "Entre o enraizamento e o alçamento" -, confronta casas com alas em "L" ou "T" que, implantadas em cotas de nível diferentes, determinam que a cobertura de uma ala se configure como um terraço agigantado de outra (Figura 01).

base/pilotis/mirante
esquema

arranjo em "L
esquema

Figura 01 – Esquema Gráfico das soluções hibridizadas. Fonte: Acervo Pesquisa Casa Contemporânea Brasileira (Desenho: WOLFFENBUTTEL, B.).

Nos dois artigos, é dada ênfase à análise comparada de casas contemporâneas com arranjos similares, articulando as suas soluções com precedentes modernos e contemporâneos. Como numa pesquisa genética, em maior ou menor grau, busca-se mapear como um modelo pode ter interferido na construção do outro, sem pretender, contudo, chegar a uma abordagem totalizadora, que reduza o entendimento dos objetos de estudo e dos complexos processos projetuais em que se inserem. A complexidade projetual se traduz no fato de que os projetos parecem resultar de uma colagem, onde cada volume se constitui como um fragmento de tipo que, por sua vez, sofre distorções e sobreposição de outros tipos. Assim, as suas possíveis matrizes tipológicas das casas parecem não prefigurar os partidos adotados, pelo contrário, conduzem a resultados diversos e abrem perspectivas para inúmeras investigações projetuais.

Entre premissas e promessas

São estas possibilidades de investigações projetuais, quer nos arranjos em platôs, pilotis ou hibridizados, que fascinam e motivam a pesquisa. Na análise das casas, nos parece que o tipo é adotado como uma premissa aberta, que potencializa significativamente o processo criativo! Não há promessa de resultados seguros e inevitáveis (ARGAN, 1965), não há modelos a serem seguidos! Desenha-se uma teia, um rizoma, cuja trama se dá no hoje, no ontem e sugere prospecções para o amanhã.

MODERNAS X CONTEMPORÂNEAS

Pilotis parcial[1]

(A)

(a)

Casa Manoel Mendes André
São Paulo - SP, 1966, Vilanova Artigas

Casa CT
Bragança Paulista - SP, 2008, Bernardes e Jacobsen Arquitetura

(B)

Casa Max Define
São Paulo - SP, 1975, Eduardo de Almeida

Casa RCM
Ibiúna - SP, 2009, Metro Arquitetos

(C)

Casa George Hime
Petrópolis - RJ, 1948, Henrique Mindlin

Casa FN
Bragança Paulista - SP, 2007, Bernardes e Jacobsen Arquitetura

(A) Fonte: (a) Acervo Biblioteca FAU – USP. (b) Acervo Pesquisa Casa Contemporânea Brasileira (Desenho: BAUMANN, R.).
(B) Fonte: Acervo Pesquisa Casa Contemporânea Brasileira (Desenho: (a)OLIVEIRA, M. S.; (b) SAMURIO, M.).
(C) Fonte: Acervo Pesquisa Casa Contemporânea Brasileira (Desenho: (a) OLIVEIRA, M. S.); (b) BAUMANN, R.).

---

1. Além das casas indicadas, também podem ser inseridas nos Grupos: **(A)** com volumes paralelos ou perpendiculares à curva de nível - Guilherme Brandi (1952. Sérgio Bernardes), Geraldo Baptista (1954. Olavo Redig de Campos); Cincinato Cajado Braga (1956. Sergio Bernardes); CT (2008) e CAA (2011), ambas de Bernardes e Jacobsen, e Marília (2007. Grupo SP); **(B)** José David Vicente (1959. Vilanova Artigas); **(C)** Lauro Souza Carvalho (1952. Henrique Mindlin) e casas do escritório Bernardes e Jacobsen - FN (2007) e MDT (2008).

Pilotis e alçamento[2]

(D)

(a)

Casa Vital Brazil
Rio de Janeiro - RJ, 1940,
Álvaro Vital Brazil

(b)

Casa Ubatuba II
Ubatuba - SP, 2011-2012, SPBR

(E)

(a)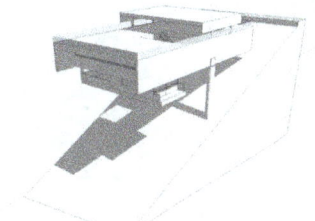

Casa G de Cristófero
1971, Paulo Mendes da Rocha

(b)

Casa Curitiba
Curitiba – PR, 2014, Grupo SP Arquitetos

(F)

(a)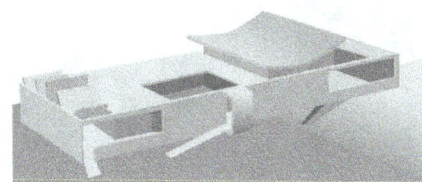

Casa Federmann
Hertzlia - Israel, 1964, Oscar Niemeyer

(b)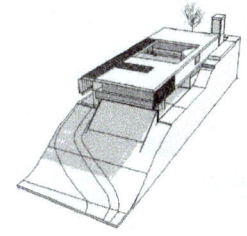

Casa NB
Nova Lima - MG, 2007, Arquitetos Associados

(D) Fonte: (a) Acervo Pesquisa Casa Contemporânea Brasileira (Desenho: OLIVEIRA, M. S.); (b) Acervo SPBR Arquitetos.
(E) Fonte: Acervo Pesquisa Casa Contemporânea Brasileira (Desenho: (a) RITTER, C.; (b) SAMURIO, M.).
(F) Fonte: Acervo Pesquisa Casa Contemporânea Brasileira (Desenho: (a) OLIVEIRA, M. S.; (b) BASTOS, B.).

2. Além das casas indicadas, também podem ser inseridas nos Grupos – **(D)** Stanislav Koslowski (1954. Jorge Ferreira), Ubatuba II (2011-12. SPBR), Mangabeiras (2012. Grupo SP) e Marassi (2012. Frederico Zanelatto), **(E)** Carmem Portinho (1950. Affonso Reidy), Casa de Vidro (1951. Lina Bo Bardi); ; casas de Paulo Mendes da Rocha - Lucia Francini (1975) e Helena Ometto (1978) - e do escritório SPBR - Ubatuba (2005-2006), Santana do Parnaíba (2013-14) e Aldeia da Serra (2001) **(F)** EC (2002. Arquitetos Associados); e, como variação do esquema, Piracaia (2009. Una).

Escalonamento e meios níveis[3]

(G)

(a)

Casa William Nordschild
Rio de Janeiro - RJ, 1931, Gregori Warchavchik

(b)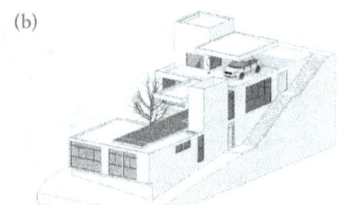

Casa ACPO
Mogi das Cruzes - SP, 2010, Frederico Zanelato Arquitetos

(H)

(a)

Casa Bernardes
Rio de Janeiro - RJ, 1960, Sérgio Bernardes

(b)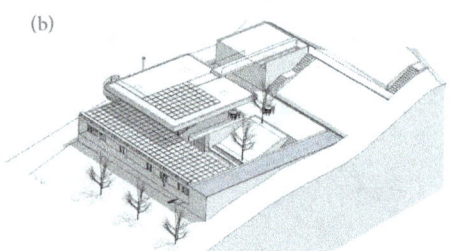

Casa LE
Santana de Parnaíba - SP, 2004, Arquitetos Associados

(I)

(a)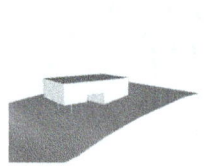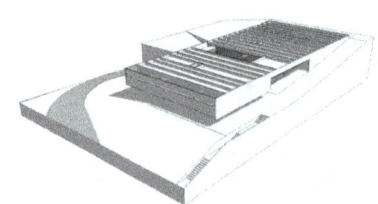

Casa Paulo e Lucia de Freitas
1975, Paulo Mendes da Rocha

(b)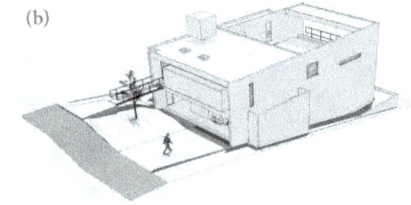

Casa Yamada
Barueri - SP, 2002-2004, SIAA Arquitetos

(G) Fonte: Acervo Pesquisa Casa Contemporânea Brasileira (Desenho: (a) OLIVEIRA, M. S., (b) BORTOLOTTO, D.).
(H) Fonte: Acervo Pesquisa Casa Contemporânea Brasileira (Desenho: (a) OLIVEIRA, M. S., (b) BORTOLOTTO, D.).
(I) Fonte: Acervo Pesquisa Casa Contemporânea Brasileira (Desenho: (a) RITTER, C.; (b) FREITAS, F.).

3. Além das casas indicadas, também podem ser inseridas nos Grupos – **(G)** RWL (2016. Jacobsen) e Praça (2011, Frederico Zanelato); **(H)** Canoas (1953. Oscar Niemeyer); Vale das Araras (2008. Arquitetos Associados); e duas casas de Nitsche - Iporanga (2005) e Jundiaí (2006) -, onde o "pódio" perde seu peso de massa para assumir feição de "bandeja"; **(I)** Oduvaldo Viana (1951) e Antônio Salin Curiarte (1978), ambas de Vianova Artigas; Edmundo de Freitas (n.d. Paulo Mendes da Rocha); Porto do Sol (2010. Mapa); Caruaru (2016. O Norte)

REFERÊNCIAS

ACRÓPOLE. São Paulo: Max Gruenwald & Cia, n. 184, 1954.

ACRÓPOLE. São Paulo: Max Gruenwald & Cia, n. 321, 1965.

ARGAN, G. C. Sul concetto di tipologia architettonica. **Progetto e destino**. Milano: Il Saggiatore, 1965.

BASTOS, M. A. J; ZEIN, R. V. **Brasil**: arquiteturas após 1950. São Paulo: Perspectiva, 2010

COMAS, C. E. Uma Domesticidade em Retrospectiva: 1993-2013. **Summa+**, n. 130, ago. 2013.

COTRIM, M. **Vilanova Artigas**: Casas paulistas 1967-1981. São Paulo: Romano Guerra, 2017

FERRAZ, G. **Warchavchik e a introdução da nova arquitetura no Brasil**: 1925/1940. São Paulo: MASP, 1965

MARTÍ ARÍS, C. **Las variaciones de la identidad**: ensayo sobre el tipo en la arquitectura. Barcelona: Colegio de Arquitectos de Cataluna, 1993.

MARTINEZ, A. C. **Ensaio sobre o projeto**. Brasília: UNB, 2000.

MONEO, R. On Tipology. **Opositions**, Cambridge, Mass, MIT Press, n. 13, 1978.

PAPADAKI, S. **Oscar Niemeyer**: Works in progress. New York: Reinhold, 1956.

PESQUISA CASA CONTEMPORÂNEA BRASILEIRA. Disponível em: <https://www.ufrgs.br/casacontemporanea/

ZEIN, R. V. **Arquitetura brasileira, escola paulista e as casas de Paulo Mendes da Rocha.** Porto Alegre, 2000. Dissertação (Mestrado em Arquitetura) - Faculdade de Arquitetura. Universidade Federal do Rio Grande do Sul.

ACERVOS

Acervo Arquitetos Associados. Disponível: www.arquitetosassociados.arq.br

Acervo Eduardo Almeida. Disponível em: http://arquivo-eduardodealmeida.com/86-residencia-max-define-2/

Acervo Frederico Zanelato Arquitetos. Disponível: http://www.fredericozanelato.com/

Acervo Grupo SP Arquitetos. Disponível: http://www.gruposp.arq.br/

Acervo Jacobsen Arquitetos. Disponível: www.jacobsenarquitetura.com/.

Acervo Metro Arquitetos Disponível: www.metroo.com.br

Acervo Pesquisa Casa Contemporânea Brasileira. Disponível em: www.ufrgs.br/casacontemporanea/

Acervo SIAA Arquitetos. Disponível: www.siaa.arq.br/

Acervo SPBR. Disponível em: http://www.spbr.arq.br/

DADOS AUTORAIS

ARQUITETOS ASSOCIADOS

CASA I.E. *Santana de Parnaíba - SP, 2004.*
Arquitetos: Eduardo Ferroni e Paula Zasnicoff Cardoso.

CASA NB. *Nova Lima - MG, 2007*
Arquitetos: Alexandre Brasil, Paula Zasnicoff Cardoso.
Colaboradores: Mariana Borel.

BERNARDES JACOBSEN ARQUITETURA

CASA FN. *Bragança Paulista - SP, 2007.*
Arquitetos: Bernardes Jacobsen Arquitetura - Thiago Bernardes, Paulo Jacobsen, Bernardo Jacobsen.
Colaboradores: Andrés Galvez, Edgar Murata, Gabriel Bocchile, Jaime Cunha Junior, Maurício Bicudo, Valesca Daólio.

CASA CT. *Bragança Paulista - SP, 2008.*
Arquitetos: Bernardes Jacobsen Arquitetura - Thiago Bernardes, Paulo Jacobsen, Bernardo Jacobsen.
Colaboradores: Edgar Murata, Jaime Cunha Junior, Valesca Daólio.

EDUARDO DE ALMEIDA

CASA MAX DEFINE. *São Paulo - SP, 1975.*
Arquitetos: Eduardo de Almeida.
Colaboradores: José Antônio Seixas, Antônio José de Oliveira Santos.

FREDERICO ZANELATO ARQUITETOS

CASA ACPO. *Mogi das Cruzes - SP, 2010.*
Arquitetos: Frederico Zanelato, Regina Sesoko, Regina Santos.

GRUPO SP ARQUITETOS

CASA CURITIBA. *Curitiba – PR, 2014.*
Arquitetos: Alvaro Puntoni, João Sodré, André Nunes.
Colaboradores: Alexandre Mendes, Gabriela Villas Bôas, Micaela Vendrasco, Ricardo Froes.

METRO ARQUITETOS

CASA RCM. *Ibiúna - SP, 2009.*
Arquitetos: Martin Corullon, Anna Ferrari e Gustavo Cedroni.

SIAA ARQUITETOS

CASA YAMADA. *Barueri - SP, 2002-2004.*
Arquitetos: Alexandre Mirandez de Almeida, Cesar Shundi Iwamizu, Marcelo Pontes de Carvalho, Ricardo Bellio.
Colaboradores: Eduardo Crafig, Márcio Henrique Guarnieri, Carolina Farias, Thiago Natal.

SPBR ARQUITETOS

CASA UBATUBA II. *Ubatuba – SP, 2011-2012.*
Arquitetos: Angelo Bucci.
Colaboradores: Tatiana Ozzetti, Nilton Suenaga, Ciro Miguel, Juliana Braga, Fernanda Cavallaro, Victor Próspero.

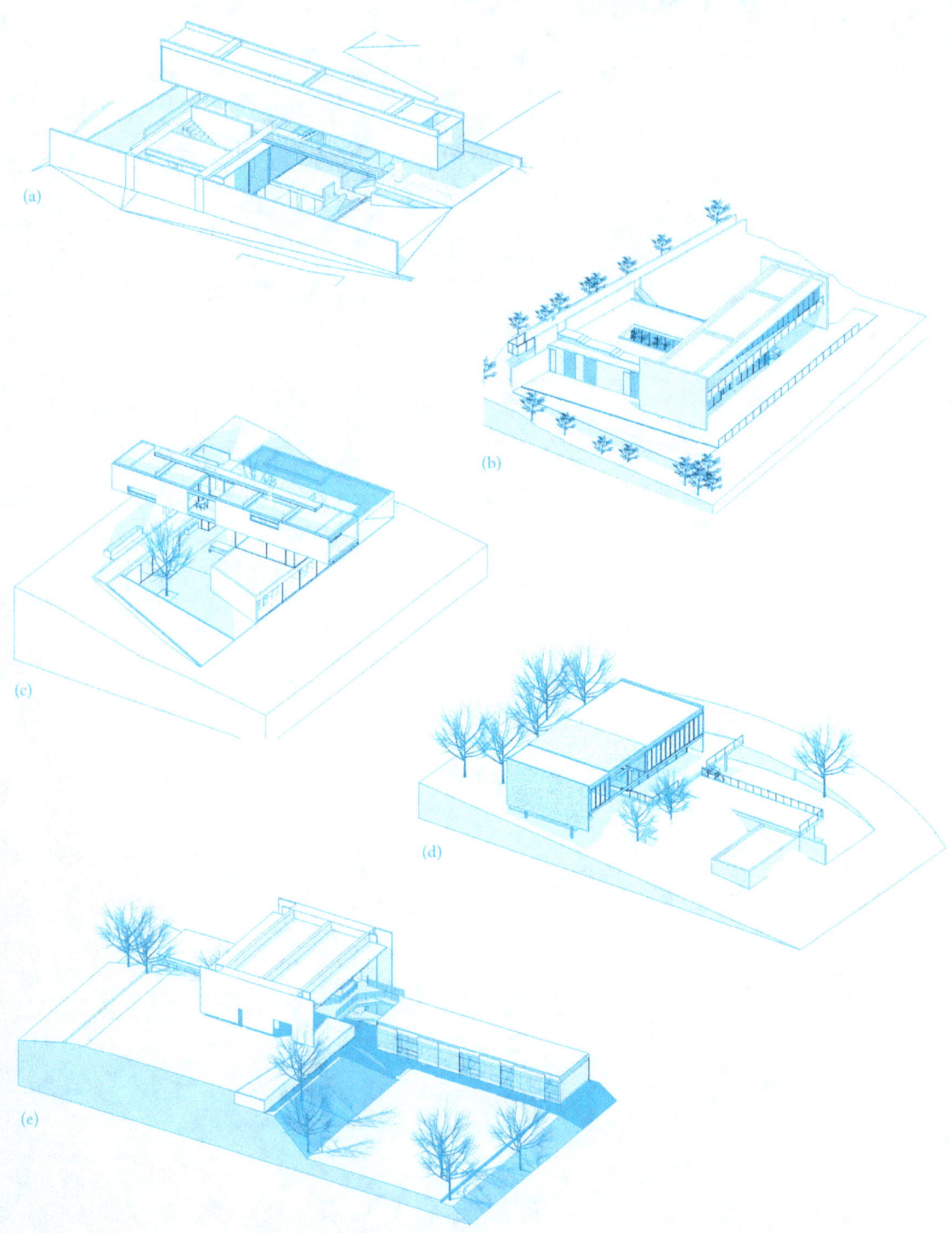

Casas contemporâneas em lotes íngremes: (a) Carapicuíba, 2003. Grupo SP/SPBR; (b) Ibirabitanga, 2009. Yuri Vital; (c) São Bento do Sapucaí, 2012. UNA; (d) Ilhabella, 2008. Nitsche; (e) Santa Tereza, 2004. SPBR.
Fonte: Pesquisa Casa Contemporânea Brasileira (Desenhos: (a) ANDREGHETTI, A.; SOARES, E.; WOOD, N.; MARQUES, R.; (b) OLIVEIRA, B.; (c) MEDEIROS DOS SANTOS, L.; (d; e) MENUZZI, A. C.

Casas contemporâneas em lotes íngremes: (f) Ubatuba, 2004-5. SPBR; (g) Brasileira 2, 2011. Arquitetos Associados; (h) Marassi, 2012. Frederico Zanelatto; (i) Itú; 2012. Una; (j) Maia, 2014. Yuri Vital.
Fonte: Pesquisa Casa Contemporânea Brasileira (Desenhos: (f e j) TONET, S.; (g) MENUZZI, A. C.; (h) MEDEIROS DOS SANTOS, L.; (i) SCOTTÁ, M.

A TRANSGRESSÃO
BASE/PILOTIS/MIRANTE

Ana Elísia da Costa
Marcio Cotrim
Célia Castro Gonsales

Na atualidade, a ideia de tipo em arquitetura se reveste de uma variedade de significados e usos, recaindo muitas vezes, de modo vulgar, na relação edifício/programa ou edifício/uso. Para além da discussão da vigência do conceito de tipo ou do seu suposto papel no ato de projetar, o tipo, como será tratado neste artigo, é um instrumento eficaz quando se tem por objetivo agrupar recorrências formais de diferentes ordens, mantendo-as em um âmbito genérico e abstrato, e portanto capaz de serem acionadas e devidamente transformadas. O essencial do pensamento tipológico em arquitetura é a ideia de se poder reunir projetos ou obras de arquitetura com aspectos em comum - com uma forma-base comum, como dirá Giulio Carlo Argan (1965), ou com uma estrutura formal em comum, como definirá Carlos Martí Arís (1993).

Detectar a presença desses grupos de objetos diversos, mas onde se manifesta uma invariante formal, tem implicações precisas: assumir que o projeto sempre é construído desde um conhecimento - arquitetônico - precedido por uma série de obras.

Quatremère de Quincy, teórico consagrado pela primeira formulação consistente da ideia de tipo em arquitetura, já definia esse termo nos dois caminhos tomados na atualidade: como instrumento classificatório e como instrumento de projeto - no caso de Quatremère, através do exercício da mímese. No entanto, o caminho que o trato com o tipo toma na academia do século XIX, flexibilizando-o em partis que se compõem desde um ou mais tipos, para atender à variedade de programas emergentes, vai dar começo a um processo de transformações profundas que incidirá de modo direto na arquitetura moderna.

> *O salto epistemológico que acompanha a eclosão da cultura moderna incorpora novas dimensões à noção de tipo que não permitem já entendê-lo como um princípio estático a que obedecem univocamente todos os componentes do edifício, senão como uma matriz ou uma estrutura aberta na qual se inscrevem coordenadamente as diversas estratégias que configuram a obra.*
> (MARTÍ ARÍS, 1993, p. 191)

Rafael Moneo (1978) também indica essas agudas mudanças no seio do Movimento Moderno ao indicar que alguns arquitetos reconheciam o valor do tipo como estrutura subjacente existente em todos os elementos arquitetônicos, mas um tipo com a flexibilidade suficiente para desconectá-lo de um elo inescapável com o passado.

A partir de então, a associação de um tipo específico ao projeto, como ação inicial - consciente ou inconsciente -, será seguida de uma série de operações/intervenções que preservam, desmontam, transformam, por meio de deformações e sobreposições completas ou de fragmentos de outros tipos que alteram a configuração tipológica inicial.

Diante dessa perspectiva de flexibilidade na qual a noção de tipo como matriz projetual passou a ser tratada na cultura arquitetônica moderna, seu estudo torna-se mais desafiador e, talvez por isso, mais necessário, levando-nos às questões que delimitam este trabalho: Estratégias de projetos que partem de estruturas formais presentes em obras precedentes são evidentes no panorama arquitetônico atual? O reconhecimento de "grupos" a partir da abstração dos aspectos particulares de obras, identificando suas estratégias gerais, pode nos mostrar os caminhos dos procedimentos projetuais contemporâneos?

Neste trabalho são analisadas comparativamente duas casas contemporâneas construídas na cidade de São Paulo que possuem em comum um arranjo tripartido – base/pilotis/prisma-mirante – ou, como afirma o Una, uma unidade bipartida: a Casa Carapicuíba, dos arquitetos Angelo Bucci e Alvaro Puntoni, e a Casa São Bento do Sapucaí (2011), do Una Arquitetos (Figura 01).

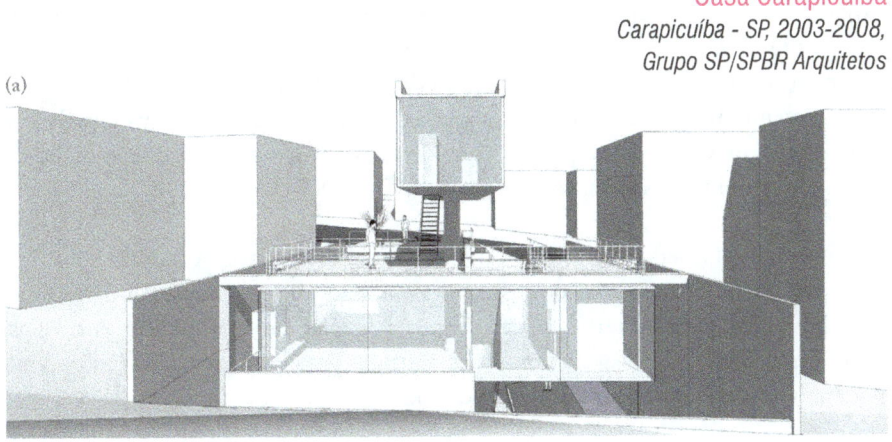

Casa Carapicuíba
Carapicuíba - SP, 2003-2008, Grupo SP/SPBR Arquitetos

(a)

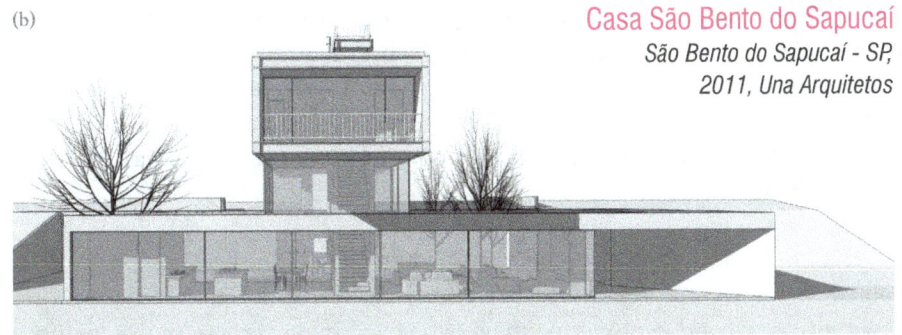

Casa São Bento do Sapucaí
São Bento do Sapucaí - SP, 2011, Una Arquitetos

(b)

Figura 01 – Casas em estudo.
Fonte: Acervo Pesquisa Casa Contemporânea Brasileira (Desenho: (a) ANDREGHETTI, A; SOARES, E.; WOOD, N.; MARQUES, R.); (b) MEDEIROS DOS SANTOS, L.).

Nas duas casas, observa-se que os prismas-mirante - estreitos, alongados e apoiados em pilotis - são explorados de modo poético como lugares desde onde se domina a paisagem. São territórios que exprimem o "inexcedível prazer de ver de cima, o inexcedível poder de ver de cima" (FARIAS, 2015).

Contudo, um olhar mais atento sobre as duas casas revela, além da motivação poética, semelhanças nas estratégias projetuais que regem estes edifícios como um todo. Tais semelhanças podem indicar a possibilidade de construção de um conhecimento depreendido de projetos desenvolvidos em sucessão e que recorrem a uma mesma forma-base. Uma forma-base que, a partir de táticas de deformações, deslocamentos e transgressões, se modifica e se deforma, mas mantém sua identidade.

O TIPO NA PERSPECTIVA MODERNA E (TALVEZ) CONTEMPORÂNEA

A ideia de tipo em arquitetura pode ser atualmente considerada em, ao menos, dois sentidos: como ferramenta classificatória e como procedimento projetual. As duas acepções envolvem questões que se tornaram polêmicas a partir da arquitetura moderna, principalmente no que diz respeito a estratégias projetuais.

Uma das polêmicas - a fundamental para nós - é a questão da repetição: "cada vez que se aborda o mesmo problema, se responde com uma solução previamente experimentada. Sem repetição dificilmente se pode falar de tipos", aponta Martí Arís (1993, p. 91). No entanto, a repetição inerente ao tipo está ligada ao conceito de imitação e não ao de réplica, que deriva do conceito de protótipo. O tipo, como procedimento projetual, faz referência à antiga noção de mimese, já sustentada por Quatremère de Quincy, em que a criação de algo novo, a partir da ideia inicial de tipo, admite um processo de transformação (MENINATO, 2015).

No marco do pensamento moderno, como destaca Martí Arís (1993), o tipo como matriz alcança um nível de abstração impensado anteriormente. A partir dele, percebe-se que, mais do que as partes, importa as relações estabelecidas entre elas, permitindo assim múltiplas combinações, infinitas possibilidades de variantes, que podem levar até mesmo à modificação do tipo.

Nesta perspectiva, Rafael Moneo (1978) afirma que o arquiteto moderno atua sobre o tipo, modificando-o, decompondo-o, podendo reunir partes de diferentes tipos. Desde este ponto de vista, tipo se aproxima de partido, o parti acadêmico que consistia na escolha de um tipo e na atuação sobre ele ou na apreensão de partes de diferentes tipos. Essas partes, na verdade, seriam tipos em sua definição mais estrita, estruturas arquitetônicas elementares, formas que possuem uma clara identidade e que podem interagir com outras, formando estruturas mais complexas (MARTÍ ARÍS, 1993).

Assim, o uso do tipo na arquitetura moderna não vai ocorrer como uma pura repetição formal, mas como uma referência, um "referente tipológico" – para ser continuado ou contraposto – em um projeto novo. Como afirma Corona Martinez

1. O conceito de modelo se relaciona ao conceito de tipo. Contudo, como algo abstrato, o tipo não pode ser confundido com o modelo, passível de ser materializado e repetido. O tipo é assim um princípio que serve de regra para um grupo de modelos ao longo do tempo (MONEO, 1999).

2. Para Corona Martinez (1991), o tipo pode atingir tal grau de abstração que se constitua como um esquema. Já para Martí Arís (1993), tipo e esquema nunca são coincidentes, sendo o primeiro um conceito e o segundo uma representação gráfica de um conceito, uma imagem.

(1991, p. 144), "um tipo tem um referente que é outro tipo, mas está separado dele por um número variável de transformações", ocorridas ao longo do processo de tomadas de decisões sobre o projeto.

A partir desses referentes, vão sendo construídas "séries tipológicas" que, segundo Martí Arís (1993), são conjuntos de exemplos ou modelos[1] que se refrem a uma mesma estrutura formal e que se constroem mediante operações de transformação dos exemplos precedentes.

A construção de um esquema[2] como o destacado neste trabalho - base/pilotis/mirante – é, de algum modo, fruto desses processos de transformação de um tipo, ou de tipos, no âmago da arquitetura moderna. Numa linha cronológica, as obras aqui apresentadas, juntamente com outras obras desenvolvidas pelos escritórios, podem ensaiar uma complexa "série tipológica", cujo entendimento pode ser muito valioso para a crítica, a prática e o ensino de arquitetura.

A BASE, O PILOTIS E O MIRANTE
Do belvedere ao terraço-jardim ao belvedere

O mirante ou belvedere está presente na história da arquitetura e das cidades de formas muito diversas, porém, de um modo ou de outro, sempre em ocasiões onde associam-se decisões projetuais e vistas (em geral em topografias elevadas), permitindo contemplar paisagens desde cima. É assim nos pórticos da Villa Rotunda de Palladio, em especial os com vistas para nordeste e sudeste; ou no Belveder Vyhlídka sobre as montanhas de Elba; e, já no século 20, na casa Malaparte em Capri (Aldalberto Libera, 1937-1938) (Figura 02).

Casa Malaparte
Capri - Itália, 1937-1938, Adalberto Libera

Figura 02 – Casa Mirante. Fonte: Creative Commons.

Carlos Martí Arís (1997, p. 46), ao tratar de explicar a casa moderna, associa-a ao mirante: "a casa que melhor representa as aspirações da arquitetura moderna é a casa mirante, a casa belvedere, concebida como refúgio desde o qual se domina a natureza".

De fato, no século 20, apoiado por aspectos técnicos (cálculo estrutural, o elevador e a impermeabilização), o mirante foi incorporado ao edifício moderno como terraço-jardim, a partir do qual o homem debruçado sobre a natureza podia controlá-la. Esse fascínio por contemplar e controlar a paisagem pode ser demonstrado nas casas projetadas por Le Corbusier ao longo dos anos 1920³ (Figura 03), nas quais a proporção vertical e o terraço-jardim são recorrentes, ou mesmo na Vila Savoye, em que funde os pátios tradicionais às villas palladianas, surgindo um terraço criado que conecta as salas diretamente ao céu e que, ao mesmo tempo, liga visualmente a casa à paisagem do seu entorno (CAPITEL, 2005).

No início dos anos 1930, Le Corbusier transforma (ou deforma) o prisma sobre pilotis, ao enfrentar a localização do projeto do edifício para alugar em Argel (1933) (Figura 03 e 04). O declive parece sugerir a criação de uma base sob os pilotis, percebida somente desde a lateral ou da cota mais baixa da topografia. Neste caso, os pilotis, no lugar de permitirem que a cidade flua ininterruptamente sob os prismas elevados, criam um belvedere a partir do qual o homem, tal como nos seus terraços-jardim, domina a paisagem. Os desenhos de Le Corbusier indicam claramente a função de mirante na medida em que desenha as linhas de visuais a partir de um hipotético observador. Ao se seguir esta argumentação, pilotis e terraço-jardim, dois dos cinco pontos fundamentais da arquitetura corbusieriana, fundem-se em um único: terraço-jardim da base e pilotis do prisma.

3. Maison Citrohan (1920); Maison Citrohan (1922); Maison Ozenfant (1922); Maison Dite Vrinat (1924); Maison "Minimum" (1926); Maison Cook (1926); Maison Guiette (1926)

Figura 03 – Fusão base-pilotis-mirante
Fonte: Acervo Pesquisa Casa Contemporânea Brasileira (Desenho: OLIVEIRA, M. S.).

Edifício para alugar em Argel
Argélia, 1933, Le Corbusier

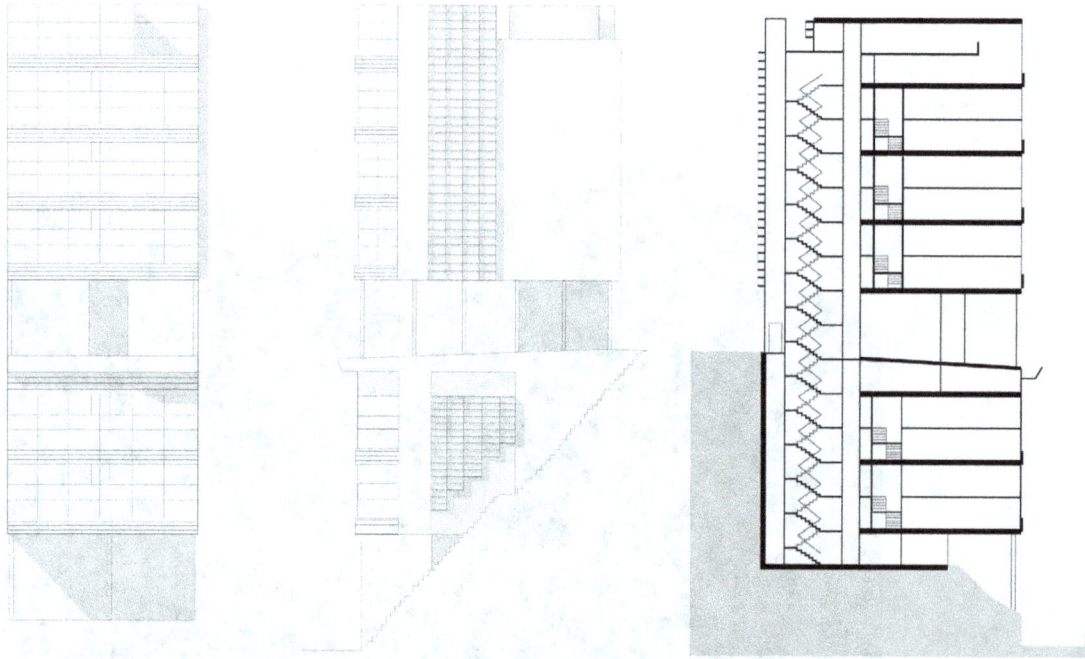

Edifício para alugar em Argel
Argélia, 1933, Le Corbusier

Figura 04 – Fusão base-pilotis-mirante
Fonte: Acervo Pesquisa Casa Contemporânea Brasileira (Desenho: OLIVEIRA, M. S.).

No contexto brasileiro, pode-se encontrar estratégias semelhantes em diferentes edifícios com escalas e programas variados. No MASP (1968), por exemplo, Lina Bo Bardi dividiu o programa em duas partes (base e corpo sobre pilotis), mantendo deste modo as vistas do antigo belvedere para o centro de São Paulo; ou na casa Cunha Lima (1957) de Joaquim Guedes, cujo corte longitudinal, salvo as diferenças de escala, sugere o mesmo esquema de separação entre os corpos. Outro exemplo é o edifício Otacílio Gualberto (1955) de Diógenes Rebouças, construído em Salvador, em que a diferença topográfica a partir da Praça da Sé permitiu uma solução muito próxima a de Le Corbusier em Argel (Figura 05).

No entanto, é no Conjunto Pedregulho (1952) no Rio de Janeiro, de Affonso Reidy e Carmem Portinho, que o esquema proposto por Le Corbusier para o edifício em Argel encontra maior ressonância. Assim como Corbusier na África, os projetistas definiram o acesso pela cota mais alta da topografia através dos pilotis, sob os quais há dois outros pavimentos (Figura 05).

A presença de soluções semelhantes em edifícios construídos e projetados ao longo da segunda metade do século 20 no Brasil legitima, em certo modo, o que se propõe aqui: averiguar em duas casas contemporâneas a manutenção e transformação do esquema tipológico exposto anteriormente.

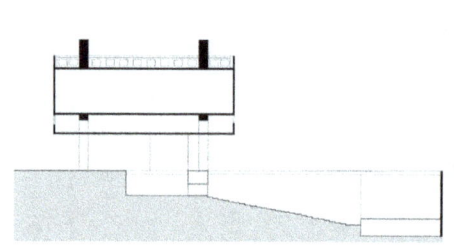

MASP
São Paulo - SP, 1968,
Lina Bo Bardi

Casa Cunha Lima
São Paulo - SP, 1957,
Joaquim Guedes

Figura 05 – Projetos com esquemas tripartidos
Fonte: Acervo Pesquisa Casa Contemporânea Brasileira (Desenho: OLIVEIRA, M. S.).

Edifício Otacílio Gualberto
Salvador - BA, 1955,
Diógenes Rebouças

Conjunto Pedregulho
Rio de Janeiro - RJ, 1952,
Affonso Reidy e Carmem Portinho

CARAPICUÍBA E SÃO BENTO DO SAPUCAÍ

A casa Carapicuíba foi projetada em 2003 e executada entre 2004 e 2008, sendo assinada por Angelo Bucci (USP-1987) e Alvaro Puntoni (USP – 1987). Hoje, Bucci coordena o SPBR, fundado em 2003, contando com a colaboração de jovens arquitetos. Puntoni, por sua vez, coordena o escritório Grupo SP, fundado em 2004, junto com João Sodré (USP – 2005) e André Nunes (USP – 2010).

A casa São Bento do Sapucaí (Sapucaí) foi projetada em 2011 e não executada, sendo assinada pelo escritório Una Arquitetos. O escritório, com sede em São Paulo, foi fundado em 1996, e é uma associação de quatro arquitetos formados pela FAU-USP: Fernando Viégas (1994), Cristiane Muniz (1993), Fernanda Bárbara (1993) e Fábio Valentim (1995).

Seis anos, aproximadamente, separam as duas gerações de arquitetos que possuem em comum a formação na USP, o que pode justificar parcialmente a similaridade na linguagem empregada em suas casas que remete à linguagem de uma das correntes da arquitetura moderna no Brasil, cuja gênese foi São Paulo e, em particular, a FAU-USP. Nessa linguagem paulista é possível observar o emprego de volumes claramente definidos, com empenas longitudinais cegas contrapostas a grandes aberturas transversais, assim como a exaltação da estrutura como elemento inerente à expressão formal do edifício e a exploração do uso do concreto aparente.

Neste artigo, contudo, mais do que a similaridade da linguagem arquitetônica empregada, chama a atenção a semelhança da estrutura formal das casas Carapicuíba e Sapucaí, cuja análise detalhará melhor.

A casa em Carapicuíba está implantada em um lote com seis metros de desnível e com características mais urbanas, porém, com limite posterior fronteiriço a um bosque. A casa em Sapucaí ocupa um amplo terreno e com menor inclinação, na Serra da Mantiqueira, próxima à um ribeirão caudaloso. Nos dois casos, as topografias condicionam o arranjo de seus volumes-base parcialmente encravados no terreno – mais verticalizado e com pátio lateral, na Carapicuíba; e mais horizontalizado e com pátio central, na Sapucaí. Em ambas, o conjunto é arrematado por terraços-pilotis que revelam a paisagem e as conectam com a rua e com o terreno, respectivamente. A clareza volumétrica do prisma-mirante que coroa o conjunto se impõe na paisagem e é ratificada nos dois casos como parte fundamental, e reconhecível, do esquema tipológico original (Figura 06).

Com diferentes usos, casa-escritório (Carapicuíba) e casa de fim de semana (Sapucaí), o arranjo funcional das casas adota um zoneamento em níveis. Na primeira, o volume superior abriga o escritório, conferindo independência em relação ao corpo da casa, e os setores social-serviços e íntimo, respectivamente, ocupam os dois pavimentos inferiores. Na segunda, o setor social-serviços, junto com os quartos de hóspedes, ocupa o pavimento inferior, e o setor íntimo é organizado no volume apoiado sobre o pilotis, o que confere privacidade e isolamento aos moradores em relação à zona ruidosa da casa (Figura 07).

(a)

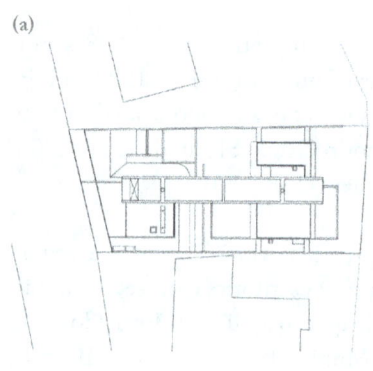
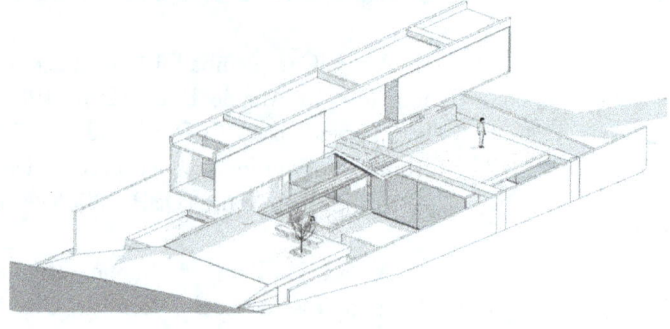

Casa Carapicuíba
*Carapicuíba - SP, 2003-2008,
Grupo SP/SPBR Arquitetos*

(b)

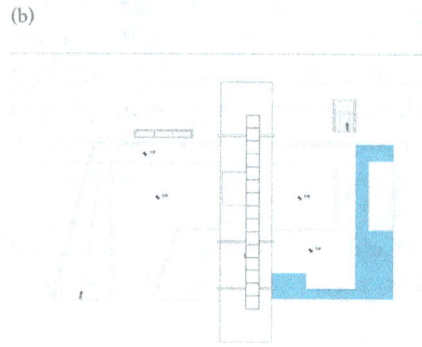
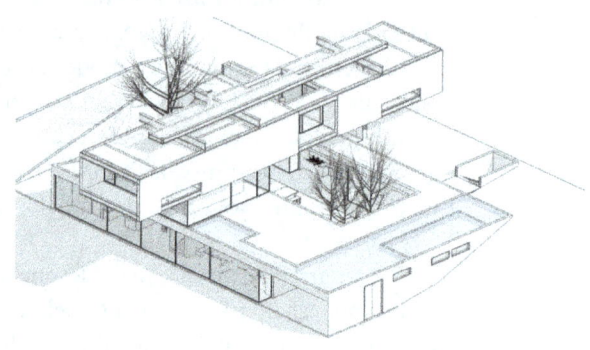

Casa São Bento do Sapucaí
*São Bento do Sapucaí - SP, 2011,
Una Arquitetos*

Nos dois casos, a escada ocupa uma posição centralizada na extensão longitudinal dos volumes, conectando os pavimentos entre si. Na Carapicuíba, esse sistema é complementado por uma passarela que conecta a rua ao terraço sob o volume do setor social e por uma escada que leva ao volume do escritório no pavimento superior (Figura 07).

Estruturalmente, dois apoios garantem a sustentação do prisma-mirante - colunas na Carapicuíba e pequenos volumes na Sapucaí -, sendo que um deles transpassa o volume-base. Esses dois apoios sustentam uma trama de vigas longitudinais e transversais - em concreto na Carapicuíba e metálica na Sapucaí -, que "dependuram" os prismas-mirante, configurando generosos balanços. Na Carapicuíba, as vigas longitudinais da sua cobertura são robustas, já que estas, através de tirantes, alçam a laje de piso. Na Sacupaí, as vigas transversais são as mais robustas, para alçar uma espécie de "gaiola metálica suspensa". Nos dois casos, as vigas mestres possuem grande expressão formal, explicitando a relação entre os elementos que "suportam" e os que são "suportados" (Figura 08).

Figura 06 – Acervo Pesquisa Casa Contemporânea Brasileira (Desenho: (a) ANDREGHETTI, A; SOARES, E.; WOOD, N.; MARQUES, R.); (b) MEDEIROS DOS SANTOS, L.).

Casa Carapicuíba
*Carapicuíba - SP, 2003-2008,
Grupo SP/SPBR Arquitetos*

Casa São Bento do Sapucaí
*São Bento do Sapucaí - SP, 2011,
Una Arquitetos*

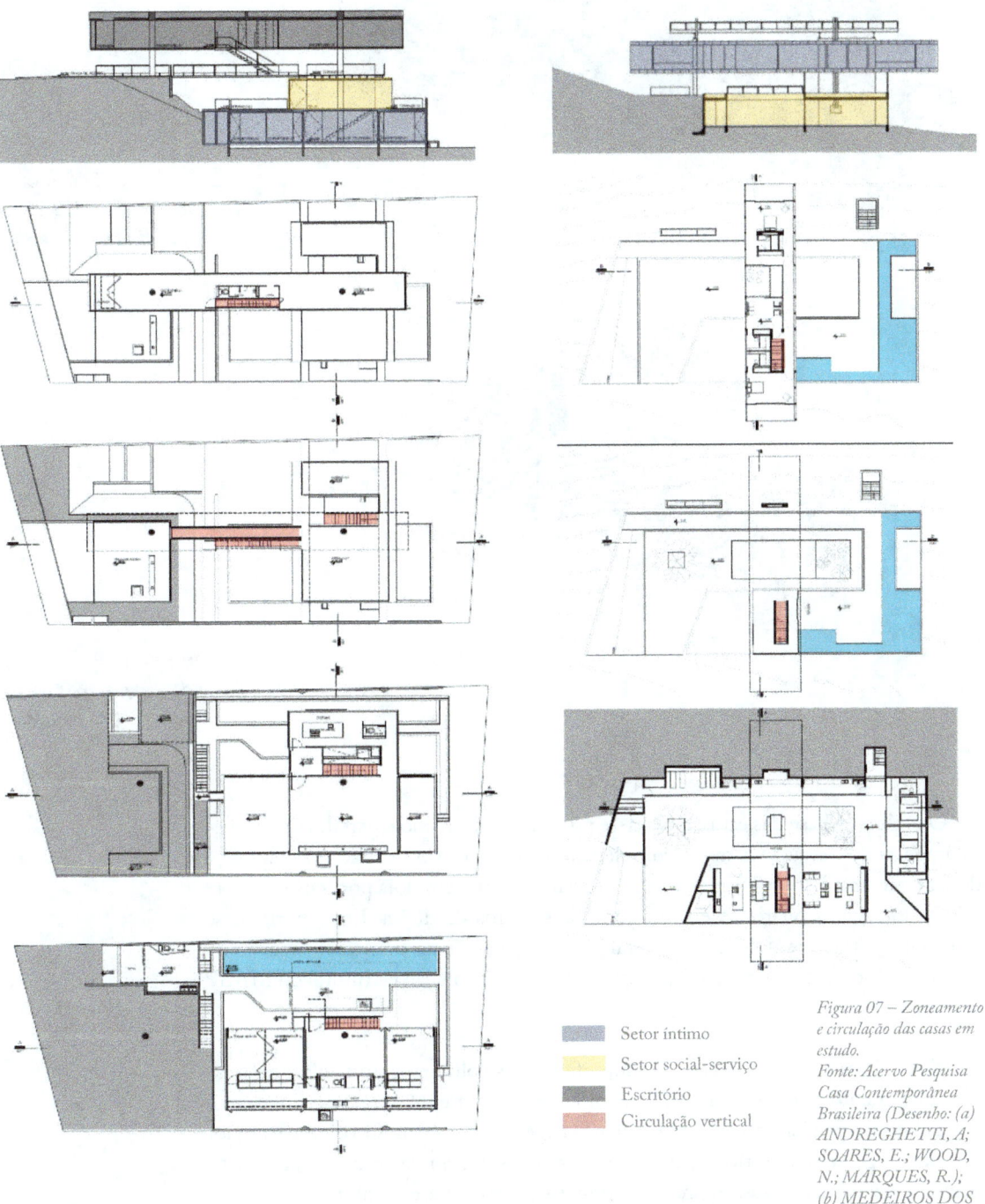

(a)

(b)

Setor íntimo
Setor social-serviço
Escritório
Circulação vertical

*Figura 07 – Zoneamento e circulação das casas em estudo.
Fonte: Acervo Pesquisa Casa Contemporânea Brasileira (Desenho: (a) ANDREGHETTI, A; SOARES, E.; WOOD, N.; MARQUES, R.); (b) MEDEIROS DOS SANTOS, L.).*

(a)

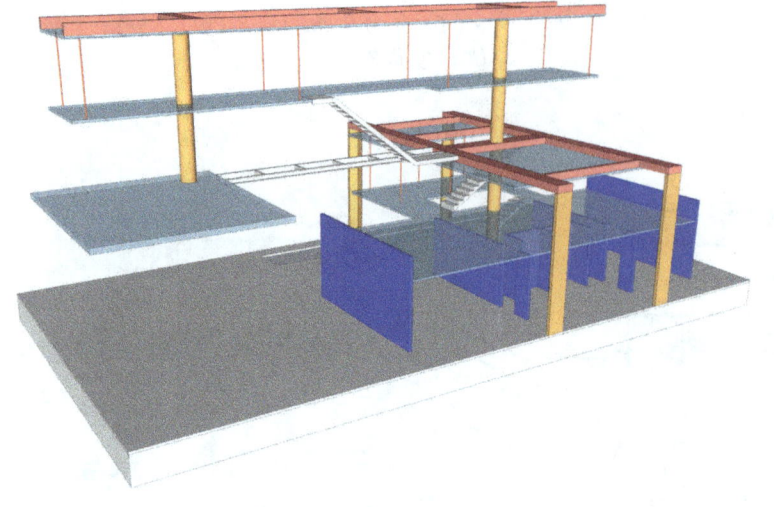

Casa Carapicuíba
*Carapicuíba - SP, 2003-2008,
Grupo SP/SPBR Arquitetos*

(b)

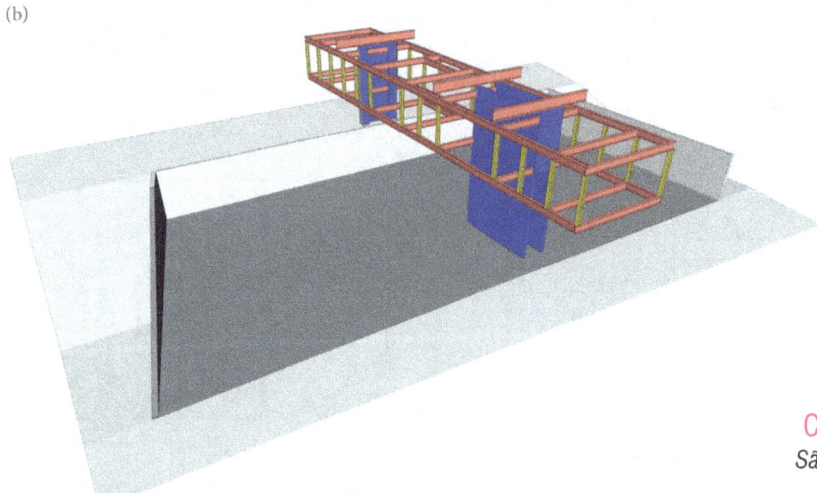

Casa São Bento do Sapucaí
*São Bento do Sapucaí - SP, 2011,
Una Arquitetos*

Os volumes-base das casas apoiam-se nos muros de arrimo e paredes de concreto, merecendo destaque a trama complementar que apoia o volume social-serviço da Carapicuíba. Este volume se apoia no pilar central e em dois pórticos transversais ao lote, cujos pilares se erguem junto aos muros de divisa. Esses pórticos se mostram visíveis nos dois recuos laterais e alçam, através de tirantes, o balanço da cozinha sobre o pátio lateral, solução esta que remete à solução estrutural do MASP (Figura 08).

Nos dois casos, o tratamento das superfícies dos volumes-base e mirantes buscam claramente se contrapor. A base, em concreto aparente, remete à linguagem do brutalismo paulista, recorrentemente usada pelos escritórios. O volume superior metálico foge do repertório até então usual entre os programas residenciais desenvolvidos pelos escritórios. Sobre a contraposição entre base e mirante, vale citar análises sobre a Carapicuíba e a Sapucaí, respectivamente:

*Figura 08 – Esquemas estruturais das casas em estudo
Fonte: Acervo Pesquisa Casa Contemporânea Brasileira (Desenho: MEDEIROS DOS SANTOS, L.).*

> *clara contraposição entre o volume suspenso - o protagonista de estrutura bem definida e delimitação simples - e o restante da moradia, aparentemente um labirinto complexo, de posição coadjuvante e emparedado por empenas* (SERAPIÃO, 2011).

> *Essa aproximação de opostos cria situações de contrapontos interessantes (...) a transparência dupla da sala em oposição ao volume mais opaco do vagão (...) o concreto aparente que define o volume inferior (...) como uma massa densa, em oposição à leveza inerente do vagão em aço e madeira que flutua sobre o primeiro* (UNA, n.d).

O volume-mirante, nos dois casos, assume o aspecto de uma espécie de vagão suspenso com aberturas generosas transversais que contrastam com o fechamento longitudinal em chapas de aço e poucas aberturas. Neles, destacam-se pequenas subtrações volumétricas centrais que configuram o acesso (Carapicuíba) e uma varanda (Sapucaí) (Figura 09).

Os volumes-base, no processo de tomadas de decisões, sofrem deformações a partir de uma possível matriz tipológica construída no movimento moderno, em que as bases destes esquemas tripartidos são recorrentemente configuradas por prismas bem definidos e compactos. Na Carapicuíba, a integridade (tipológica) é tensionada com a disposição perpendicular de dois volumes em níveis diferentes, resultantes do giro em torno de um dos pilares. Este giro sugere explorar a espacialidade do pátio lateral, definindo um arranjo formal complexo, de referências tipológicas pouco explícitas. Na Sapucaí, em um terreno mais generoso, a base é composta por quatro alas com geometrias irregulares organizadas ao redor de pátio (Figura 09).

Assim, nos dois casos, o esquema base/pilotis/mirante assimila, nas suas bases, deformações (Carapicuíba) e sobreposições de dois esquemas tipológicos diferentes - pátio e base compacta do esquema tripartido - (Sapucaí). Estas transgressões projetuais parecem ser guiadas pelo desejo de espacialização de pátios com perímetros tridimensionais irregulares e imprecisos. Na Carapicuíba, o pátio lateral e residual imposto no fragmento urbano tem sua "cubagem" tensionada acima pela rotação dos volumes. Na Sapucaí, o pátio central adotado, mesmo em meio à natureza, tem sua geometria regular tensionada pela sobreposição do prisma-mirante, pelo rampeamento de uma de suas alas, bem como pelo não fechamento total de seu perímetro. Na interface com estes pátios irregulares, as faces dos volumes são tratadas com planos envidraçados, o que sugere o desejo de explorar enquadramentos visuais dinâmicos, como será melhor discutido.

Casa Carapicuíba
Carapicuíba - SP, 2003-2008,
Grupo SP/SPBR Arquitetos

(a)

Casa São Bento do Sapucaí
São Bento do Sapucaí - SP, 2011,
Una Arquitetos

(b)

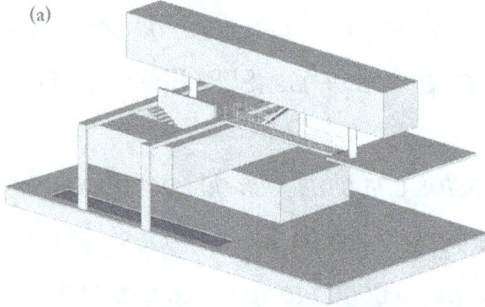
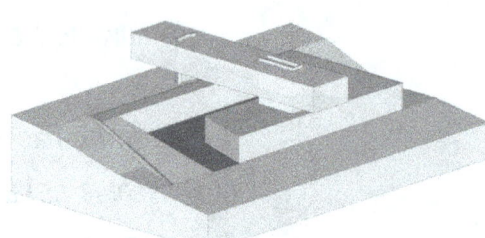

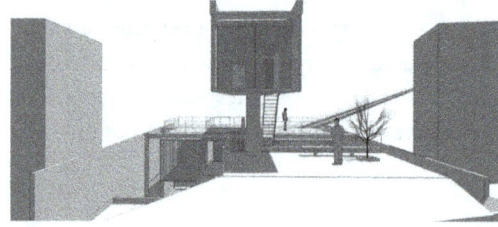
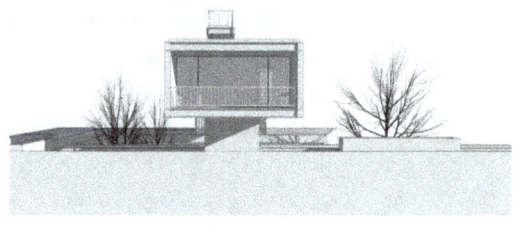
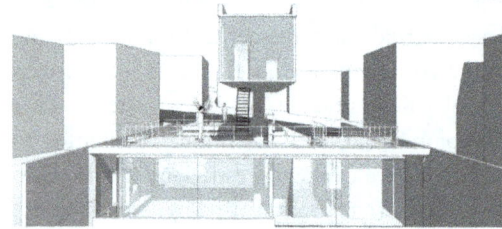

PERCURSOS INTERPENETRANTES...

A espacialidade das duas casas deve ser entendida a partir dos territórios de "observação" - praças-terraços e prismas-mirantes – que possuem arranjos tipológicos e espaciais muito semelhantes. Por outro lado, na introspecção dos volumes-base, os pátios com limites tridimensionais imprecisos promovem espacialidades muito dinâmicas, como já apontado.

Nas praças-terraços, o entorno penetra no edifício, seja ele urbano (Carapicuíba), seja ele natural (Sapucaí), criando um espaço de transição que prepara o fruidor para a experiência que a casa irá promover. Neste percurso, a percepção do vagão, que parece afrontar a gravidade, tensiona e comprime suavemente a experiência espacial (Figura 10).

Figura 09 – Esquemas volumétricos básicos e fachadas das casas em estudo.
Fonte: Acervo Pesquisa Casa Contemporânea Brasileira (Desenho: (a) ANDREGHETTI, A; SOARES, E.; WOOD, N.; MARQUES, R.); (b) MEDEIROS DOS SANTOS, L.).

Nos prismas-mirantes das duas casas, como "lunetas" para espiar o entorno, são sugeridas maiores visuais em seus extremos transversais, com pequenos espaços de espias – acesso (Carapicuíba) e varanda (Sapucaí) (Figura 10).

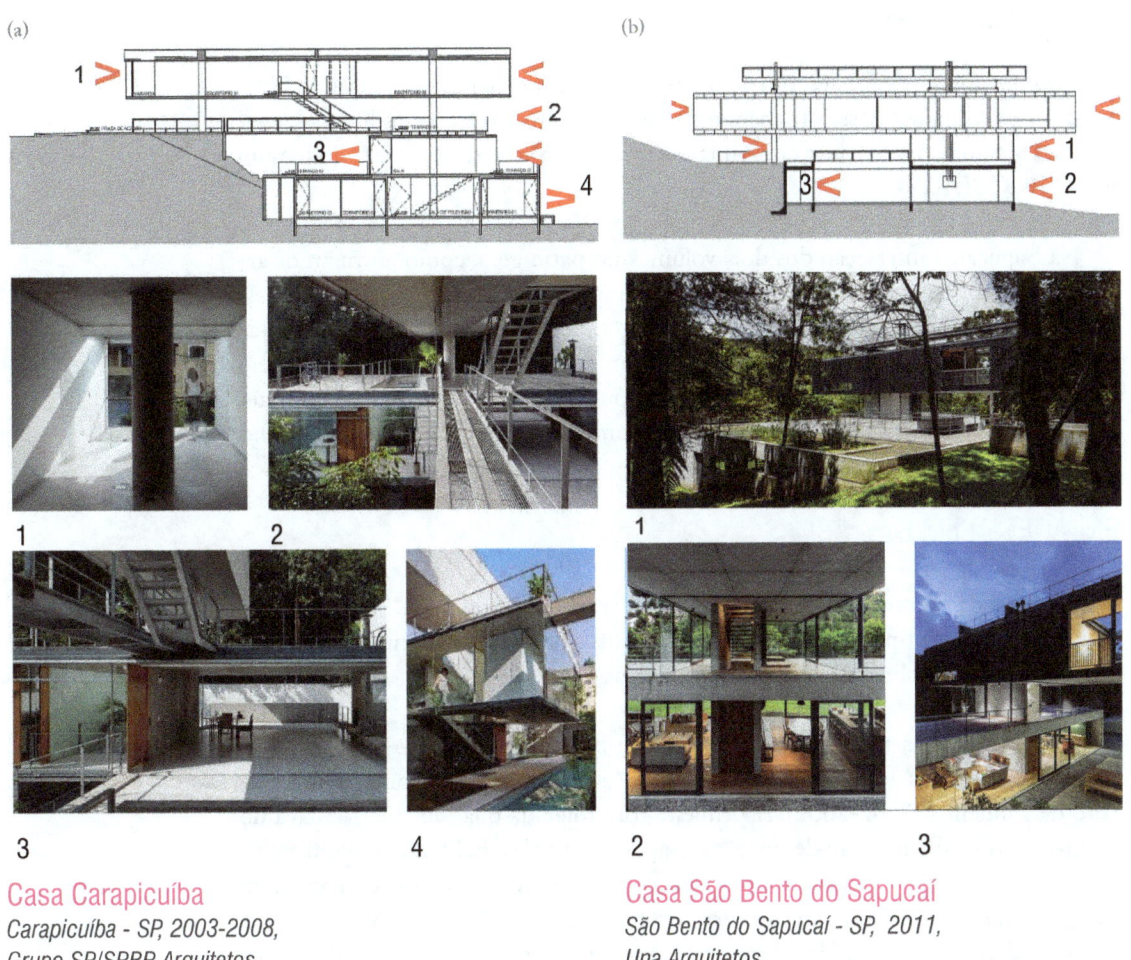

Casa Carapicuíba
*Carapicuíba - SP, 2003-2008,
Grupo SP/SPBR Arquitetos*

Casa São Bento do Sapucaí
*São Bento do Sapucaí - SP, 2011,
Una Arquitetos*

Figura 10 – Visadas das casas em estudo. Fonte: (a) Corte - Acervo Pesquisa Casa Contemporânea Brasileira (Desenho: ANDREGHETTI, A; SOARES, E.; WOOD, N.; MARQUES); Fotos - Acervo SPBR Arquitetos (Fotos: Nelson Kon); (b) corte - Acervo Pesquisa Casa Contemporânea Brasileira (Desenho: MEDEIROS DOS SANTOS, L.); Fotos - Acervo Una Arquitetos (Fotos: Nelson Kon).

Nos volumes-base, resultantes das manipulações volumétricas e das grandes superfícies envidraçadas, as espacialidades são dinâmicas, com difícil apreensão em uma visada só. As relações entre dentro-fora, entre acima-abaixo, entre o que seja o começo e o fim de seus percursos sugerem "uma dialética interpenetração espacial" (CAMARGOS, 2009; SAYEGH, 2009), uma tensão multidirecional, com diversos pontos focais e sensações.

Especificamente na Carapicuíba, os volumes rotacionados, detentores de uma "falta de ordenação confortável dos espaços" (SAYEGH, 2009), promove diversos pontos focais nos pavimentos. No setor social-serviços, a partir da cozinha envidraçada, revela-se o pátio lateral; e, a partir do estar, a frente e os fundo dos lotes, dilatados pelos terraços resultantes da rotação do volume inferior. Desenha-se uma tensão multidirecional que explora o horizonte e, ao mesmo tempo, a verticalidade dos espaços abertos em diferentes níveis - terraços e pátio. No setor íntimo, o pátio lateral é o ponto focal, com parte aberta para o céu e parte sombreada pelo pavimento superior em balanço, onde a cozinha envidraçada parece flutuar. Novamente, aqui, observa-se tensões visuais horizontais e verticais e a configuração de uma dinâmica espacialidade (Figura 10).

Esta dinamicidade foi descrita pelo próprio Bucci, ao falar sobre a casa: "às vezes é muito comum que a pessoa tenha um desejo meio esparramado em diversas cenas (...) mas aquilo não junta. Isso que é interessante, como você transforma aquilo num todo" (BUCCI, n.d.).

Na Sapucaí, a interseção dos dois volumes no pátio gera, como afirmam os arquitetos, uma "varanda em dupla altura" que impulsiona os olhos para cima. Esse impulso é contraposto pela horizontalidade sugerida pelas duas superfícies envidraçadas que delimitam a sala e que explicitam um espaço "além". Assim, a paisagem contraída do pátio é tensionada, quer pelos impulsos visuais horizontais e verticais, quer pela ala rampeada e pela lacuna que não completa seu perímetro (Figura 10).

ENLACES ALÉM DAS OBRAS...

Partindo da premissa de que a colagem de "fragmentos de tipos"[4] também rege a operação sobre o tipo a partir dos procedimentos da arquitetura moderna, vale a pena visitar outras obras dos escritórios em estudo.

Com o mesmo arranjo tripartido – volume-base/pilotis/volume-superior, destacam-se duas casas anteriores à Carapicuíba e à Sapucaí - Vila Romana (2006) e Alto de Pinheiros (2007-2009). A primeira foi projetada quando Bucci atuava no escritório MMBB. Trata-se de uma "casa-apartamento" (ZEIN, 2005), com todos os setores principais organizados no prisma compacto superior e uma base também compacta que assume a geometria curva do terreno, ambos em concreto aparente. Na segunda, projetada por Una Arquitetos, os setores são organizados verticalmente. Quatro pavimentos assumem tratamentos distintos, sugerindo uma estratificação volumétrica: no andar inferior, o bloco em concreto do setor social-serviço, ligado diretamente ao terreno; no térreo e no nível da rua, o volume envidraçado com hall, escritório e escada que conecta os pavimentos; no pavimento superior, a caixa de madeira que abriga o setor íntimo; e na cobertura, um volume preto com um quarto e acesso ao terraço.

Com a mesma estrutura formal e estrutural (quatro pilares que apoiam lajes em balanços), observa-se duas diferentes estratégias que o arranjo permite: quanto ao zoneamento - "casa-apartamento" e zoneamento em níveis; quanto ao tratamento das superfícies dos volumes - unidade formal e contraste pelo uso de diferentes materiais. (Figura 11)

No entanto, as duas casas ainda esboçam uma proporcionalidade volumétrica de suas partes (base e volume suspenso) que não se observa nas casas estudadas, onde

4. Como já indicado, fragmentos de tipo são entendidos aqui como estruturas arquitetônicas elementares (tipos elementares), formas que possuem uma clara identidade e que podem interagir com outras formando estruturas mais complexas (MARTÍ ARÍS, 1993).

(a) **Casa Vila Romana**
São Paulo - SP, 2006, MMBB Arquitetos

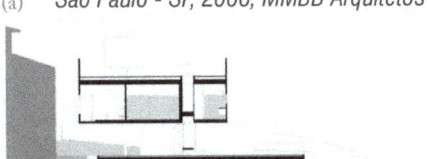

(b) **Casa em Pinheiros**
São Paulo - SP, 2007-2009, Una Arquitetos

Figura 11 – Casas com arranjo tripartido - volume-base/pilotis/volume-superior Fonte: (a) Acervo MMBB (Fotos: Nelson Kon); (b) Acervo Una Arquitetos (Foto: Bebete Viegas).

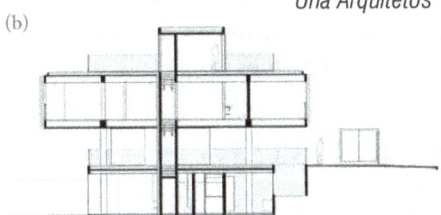

o volume superior assume a forma de uma barra longilínea que busca se diferenciar da sua base, seja por suas proporções, seja por sua materialidade. Esta característica sugere a colagem de "fragmentos de tipos", onde o conjunto é subordinado à tripartição, mas suas partes remetem a outros arranjos tipológicos, muitas vezes, empregados em usos distintos, como mesmo afirma Bucci em entrevista, ao falar sobre a Carapicuíba:

> *Por exemplo, aquele escritório lá em cima, eu tinha feito uma obra que me dava muita segurança pra fazer isso, que é a clínica de psicologia em Orlândia. Ali tem 3x25m, lá tinha 2x30m, muito mais radical que esse,* **então eu sabia o que era, já tinha feito, que tipo de espaço dava** (BUCCI, n.d – **grifo** nosso).

No que se refere ao volume superior da Carapicuíba, Sayegh (2009) e Serapião (2011) sugerem que este pode estar referendado em outros dois projetos anteriores de Bucci e Puntoni, destacando-se aqui a Clínica de Psicologia de Orlândia (1995) de Bucci junto ao MMBB, e o Projeto Residencial para o Concurso Elemental (2003), de Bucci e Puntoni. No primeiro, observa-se um estreito e alongado prisma, com 3 metros de largura, apoiado sobre pilotis conformado por pilares centralizados no volume. No segundo, as unidades habitacionais, com 2,5 x 12m, também configuram um pequeno pilotis que aqui se apoia em duas colunas transversais ao volume[5].

No universo de produção do Una, merece menção os inúmeros projetos lineares, configurando prismas que pousam sobre o terreno. Destacam-se os projetos para o Campus Universitário em Nazaré Paulista (2005), o ICFC de Campos do Jordão (2006) e o Alojamentos e Salas de Ensaio em Campos do Jordão (2009), este último organizado num arranjo claramente tripartido. Contudo, as referências para a Sapucaí parecem estar assentadas na série de estações de trem que o Una desenvolve entre 2005 e 2010, destacando-se a CTMP – linha F (2005) e a São Miguel (2010). Nelas, além da geometria alongada dos prismas que projetam generosos balanços, parecendo flutuar, chama atenção o emprego da estrutura metálica e o fechamento com elementos leves. Difere-se, contudo, o tipo de apoio que na maioria das estações se dá através de porticados e na Sapucaí, através dos dois apoios pontuais, o que pode remeter à solução da Carapicuíba. (Figura 12).

5. Sayegh (2009) cita, além da Clínica em Orlândia, a Casa em Aldeia na Serra (2001-2002) pelo fato do acesso principal ocorrer pela cobertura por meio de uma passarela. No entanto, acredita-se que a solução se distancia da tipologia em estudo. Serapião (2011) cita também outros dois projetos, cujas escalas diferem em muito deste estudo – a Casa Santa Teresa (2004) e a proposta para a Biblioteca da PUC no Rio de Janeiro (2006), concurso vencido por Bucci.

Figura 12 – Linha cronológica com arranjos pavilhonares e tripartidos dos escritórios MMBB, SPBR e Una. Fonte: dos autores (Imagens: Acervos MMBB, SPBR e Una).

ENFIM

Desenha-se assim um emaranhado de soluções entre obras contemporâneas brasileiras, nem sempre casas, que merece atenção, por sugerir a existência de uma série tipológica, em que se pode perceber a colagem de fragmentos tipológicos e, ainda, em que um modelo pode ter interferido na construção do outro, mesmo que de modo não linear (Figura 12).

A partir do estudo do uso do esquema tripartido no século 20, bem como de obras anteriores dos próprios arquitetos, revela-se o emprego de um arranjo tipológico "clássico", onde a base sofre deformações (Carapicuíba) e sobreposições de tipos diferentes (Sapucaí) e o prisma-mirante pode representar um "fragmento de tipo" que, previamente testado, é replicado nestes projetos.

A matriz tipológica original não é adotada como pré-figuração dos projetos, nem se pode classificá-los a partir desta suposta identificação, como tradicionalmente o uso do tipo foi entendido. Neste trabalho, o esquema adotado originalmente é entendido como um ponto de partida, consciente ou não, em um sentido quase etimológico, a partir do qual uma seqüência de bifurcações permitem resultados diversos.

REFERÊNCIAS

ARGAN, G. C. Sul concetto di tipologia architettonica. *In*: ARGAN, C. G. **Progetto e destino.** Milano: Il Saggiatore, 1965.

CAMARGOS, M. J. Casa de Carapicuíba: O Necessário Passo à Frente. **Revista AU – Arquitetura e Urbanismo,** São Paulo, Pini, n. 178, 2009.

CAPITEL, A. **La arquitectura del patio.** Barcelona: Gustavo Gili, 2005

CORONA MARTINEZ, A. **Ensayo sobre el proyecto.** Buenos Aires: CP67, 1991.

FARIAS, A. **O Olhar Vertical.** (Texto curatorial da exposição fotográfica de Tuca Reinés), 2015. Disponível em: https://www.santander.com.br/document/wps/030815-santander-cultural-inaugura-tuca-reines.pdf

MARTÍ ARÍS, C. **Las variaciones de la identidad**: ensayo sobre el tipo en la arquitectura. Barcelona: Colegio de Arquitectos de Cataluña, 1993.

MARTÍ ARÍS, C. La Casa Binuclear según Marcel Breuer. **DPA 13,** Barcelona, UPC, 1997.

MENINATO, P. **Sobre el tipo como procedimiento proyectual.** Porto Alegre, 2015. Tese (Doutorado em Arquitetura) - Faculdade de Arquitetura, Universidade Federal do Rio Grande do Sul.

MONEO, R. **La solitudine degli edifici e altri scriti.** Questioni intorno all'architettura. Torino: Umberto Allemandi & C., 1999.

MONEO, R. On Tipology. **Opositions,** Cambridge, Mass, MIT Press, n. 13, 1978.

SAYEGH, S. Sobre o vazio que preenche. **Revista AU – Arquitetura e Urbanismo,** São Paulo, Pini, n. 178, 2009.

SERAPIÃO, F. Residência, Carapicuíba, SP. **Projeto Design,** n. 342, 2008.

ZEIN, R. V. **A Arquitetura da Escola Paulista**: 1953-1973. Porto Alegre, 2005. Tese (Doutorado em Arquitetura) – Faculdade de Arquitetura, Universidade Federal do Rio Grande do Sul.

ACERVOS

Acervo MMBB Arquitetos. Disponível em: http://www.mmbb.com.br/

Acervo Pesquisa Casa Contemporânea Brasileira. Disponível em: www.ufrgs.br/casacontemporanea/

Acervo SPBR. Disponível em: http://www.spbr.arq.br/

Acervo Una Arquitetos. Disponível em: http://www.unaarquitetos.com.br/

DADOS AUTORAIS

MMBB/SPBR

CASA VILA ROMANA. *São Paulo - SP, 2006.* **Arquitetos:** Fernando de Mello Franco, Marta Moreira e Milton Braga.

SPBR ARQUITETOS/ GRUPO SP ARQUITETOS

CLÍNICA DE PSICOLOGIA DE ORLÂNDIA. *Olândia-SP, 1995.* **Arquitetos:** Angelo Bucci.

CASA CARAPICUÍBA. *Carapicuíba - SP, 2003-2008.* **Arquitetos:** Angelo Bucci, Alvaro Puntoni. **Colaboradores:** Ciro Miguel, Fernando Bizarri, Juliana Braga, Maria Isabel Imbronito, João Paulo M. de Faria.

ELEMENTAL. *Chile, 2003.* **Arquitetos:** Angelo Bucci, Alvaro Puntoni. **Colaboradores:** André Drummond, Jonathan Davies, Ciro Miguel, João Sodré, Juliana Braga.

UNA ARQUITETOS

CAMPUS UNIVERSITÁRIO EM NAZARÉ PAULISTA. *Nazaré Paulista – SP, 2005.* **Arquitetos:** Cristiane Muniz, Fábio Valentim, Fernanda Barbara, Fernando Viégas. **Colaboradores:** José Carlos Silveira Junior, Jimmy Liendo, Jörg Spangenberg, Ana Paula de Castro.

CTMP – LINHA F. *São Paulo-SP, 2005.* **Arquitetos:** Cristiane Muniz, Fábio Valentim, Fernanda Barbara, Fernando Viégas. **Colaboradores:** Ana Paula de Castro, Eliana Satie Uematsu, Fernanda Neiva, Fernanda Palmieri, Jimmy Jiendo, José Carlos Silveira Jr, Luis Eduardo Loiola de Menezes, Maria Cristina Motta, Pablo Hereñú.

ICFC DE CAMPOS DO JORDÃO. *Campos do Jordão -SP, 2006.* **Arquitetos:** Cristiane Muniz, Fábio Valentim, Fernanda Barbara, Fernando Viégas. **Colaboradores:** Ana Paula De Castro, Jimmy Liendo, José Carlos Silveira Jr.

ALOJAMENTOS E SALAS DE ENSAIO EM CAMPOS DO JORDÃO. *Campos do Jordão, 2009.* **Arquitetos:** Cristiane Muniz, Fábio Valentim, Fernanda Barbara, Fernando Viégas. **Colaboradores:** Ana Paula de Castro, Carolina Klocker, Fabiana W. Cyon, Gabriela Gurgel, Miguel Muralha, Sérgio Roberto Zancopé, Sílio Almeida.

CASA EM PINHEIROS. *São Paulo - SP, 2007-2009.* **Arquitetos:** Cristiane Muniz, Fábio Valentim, Fernanda Barbara, Fernando Viégas. **Colaboradores:** Ana Paula de Castro, Jimmy Liendo Terán, Jose Carlos Silveira Jr. , Luis Eduardo Loiola de Menezes, Maria Cristina Motta, Roberto Galvão de Carvalho Jr., Sílio de Almeida Borges.

ESTAÇÃO SÃO MIGUEL PAULISTA. *São Paulo-SP, 2010.* **Arquitetos:** Cristiane Muniz, Fábio Valentim, Fernanda Barbara, Fernando Viégas. **Colaboradores:** Pablo Hereñú, Fernanda Neiva, Fernanda Palmieri.

CASA SÃO BENTO DO SAPUCAÍ. *São Bento do Sapucaí - SP, 2011.* **Arquitetos:** Cristiane Muniz, Fábio Valentim, Fernanda Barbara, Fernando Viégas. **Colaboradores:** Ana Paula de Castro, Bruno Gondo, Carolina Klocker, Eduardo Martorelli, Igor Cortinove, Jimmy Liendo Terán, Joaquin Gak, Marcos Bresser, Marie Lartigue, Marta Onofre, Pedro Ivo, Roberto Galvão, Rodrigo Carvalho Pereira.

2.3

ENTRE O ENRAIZAMENTO E O ALÇAMENTO
CASAS CONTEMPORÂNEAS IMPLANTADAS EM LOTES ÍNGREMES

Ana Elísia da Costa
Ana Clara Lacerda Menuzzi

Um terreno com grande desnível e, sobre ele, implantar uma casa. O desafio é antigo e pode ser evidenciado tanto em soluções vernaculares, exemplificadas no escalonamento de volumes e terraços nas encostas das antigas cidades mediterrâneas, como em soluções eruditas que, recorrendo ao alçamento de volumes do solo, configuram uma versão "palafita" do pilotis moderno. Tais soluções, por sua vez, podem revelar duas atitudes conceituais antagônicas – a de apoiar, enraizar o edifício no solo, e a de erguê-lo, desafiando a gravidade –, havendo, entre elas, gestos que as hibridizam, buscando explorar uma possível "contradição" entre o apoio e o alçamento como mote conceitual.

Em terrenos íngremes, duas casas contemporâneas brasileiras - Casa Santa Teresa (2004), do escritório SPBR, e Casa Ilhabela (2008), do Nitsche Arquitetos- chamam a atenção por adotarem esquemas tipológicos[1] aparentemente semelhantes, mas com distintas intenções de expressão do apoio e/ou alçamento. Ambas possuem alas perpendiculares em "L" ou "T" que, implantadas em cotas de nível diferentes, determinam que a cobertura de uma ala se configure como um terraço agigantado de outra (Figura 01).

A primeira é uma obra construída e de reconhecido valor, expresso em publicações e premiações, e a segunda é um projeto não construído. Apesar de certo descompasso processual entre as mesmas - obra e projeto, notoriedade e inevidência -, ambas são entendidas como produto, no tempo e no espaço, de uma mesma cultura arquitetônica, ao envolver a participação de jovens arquitetos paulistas formados na Faculdade de Arquitetura e Urbanismo - USP.

Como produtos da cultura arquitetônica contemporânea, a análise comparada de tais casas é entendida como uma oportunidade de exercício crítico que, como sugere Leatherbarrow (2014), é entendido não só como o "registro" e "reconstrução" de obras isoladas, mas também de "reposicionamento" de obras similares. Acredita-se que, ao equiparar ou contrastar, com conceitos próprios da disciplina, a análise comparada pode evidenciar aspectos que uma análise isolada não explicitaria facilmente, aflorando novos e possíveis entendimentos.

1. O conceito de esquema tipológico se prende à abordagem clássica de "tipo" de Quatremère De Quincy, a partir do qual Argan define como a "estrutura interior", "princípio" ou "raiz formal comum" que é deduzida de um grupo de edifícios análogos, através da eliminação das suas características particulares ou da redução de suas variantes formais complexas. (ARGAN, 1965)

(a)

Casa Santa Tereza
Rio de Janeiro - RJ, 2004, SPBR Arquitetos

(b)

Casa Ilhabela
Ilhabela - SP, 2008, Nitsche Arquitetos

Figura 01 – Casas objeto de estudo. Fonte: (a) Acervo SPBR Arquitetos (Foto: Nelson Kon); (b) Acervo Nitsche Arquitetos

2. Argumento também presente em Bastos; Zein (2010).

A investigação parte da observação de que o suposto esquema compositivo/tipológico adotado pelas duas casas - alas perpendiculares em "L" ou "T" implantadas em cotas de nível diferentes – representa uma solução pouco evidente entre casas modernas, o que pode explicitar a consolidação de novas soluções na contemporaneidade. Entretanto, uma análise preliminar das casas permite levantar a hipótese de que as características de suas "partes" sejam debitarias de soluções parciais desenvolvidas na modernidade, o que, por sua vez, permitiria inferir a aceitação da arquitetura moderna como um legado patrimonial que é referendado sem se prender a "modelos rígidos".[2]

Diante disso, para fundamentar a análise pretendida e identificar possíveis matrizes tipológicas, são visitadas casas modernas, destacando-se exemplares que assumem alas independentes, perpendiculares e sobrepostas, variando entre aquelas implantadas em terrenos planos e em terrenos íngremes. À luz dessas possíveis referências, ou desse reposicionamento entre similares, é desenvolvido um ensaio analítico que compara as referidas casas contemporâneas, buscando identificar nas mesmas estratégias de "hibridizações de esquemas tipológicos" e/ou "colagem de fragmentos de tipos" consolidados na modernidade.

Sem esgotar discussões sobre a complexidade das obras estudadas e a capacidade criativa dos seus arquitetos (MONTANER, 1999), o artigo busca abrir espaço para novas investigações sobre a prática arquitetônica contemporânea. Revelam-se casas que, apesar de inúmeras variações, preservam a integridade do presumível esquema tipológico comum. A partir desse esquema, as variações decorrem da maior ou menor relação de suas "partes" com o legado moderno e do tensionamento na articulação do "todo" compositivo que, em última instância, se expressa em gestos distintos de enraizamento e alçamento.

ANTECEDENTES MODERNOS

O arranjo aditivo, com alas lineares independentes, foi uma solução largamente empregada na arquitetura moderna. Essa solução favorecia a autonomia de uso entre as partes ou setores, como propunha a premissa funcionalista, e acabou por favorecer a expressão formal dos setores no próprio arranjo compositivo. Especialmente a partir da prática de Mies Van Der Rohe, alas-setores de casas térreas foram tensionadas entre os limites do lote, configurando pátios entre elas, o que, no Brasil, também pode ser ilustrado por diversos projetos de Rino Levi desenvolvidos em terrenos de grandes dimensões (Figura 02).

Figura 02 – Casas modernas com alas em "L" e "T" térreas em terrenos planos. Fonte: COSTA, 2011.

Casa Rino Levi
São Paulo - SP, 1944, Rino Levi

Casa Kanner
São Paulo - SP, 1955, Rino Levi

O enfrentamento de lotes planos

Em lotes pequenos, estritos e compridos, predominantes no tecido urbano do país, a organização dos programas residenciais em alas-setores forçou o arranjo de duas alas paralelas à rua, orientadas "frente-fundos" e com pátio entre elas (COSTA; COTRIM, 2015), ou arranjos de alas perpendiculares entre si, organizadas em "L", "T", "Z" ou "Cruz". Imposições de índices urbanísticos que restringem a ocupação do solo, necessidades de acomodar extensos programas e criar áreas livres ou, ainda, desejos de promover privacidade ao setor íntimo num segundo pavimento condicionaram a sobreposição de alas, configurando, consequentemente, uma setorização também em diferentes níveis.

No caso das casas modernas com alas perpendiculares sobrepostas inseridas nesses lotes "ordinários", as coberturas dos volumes inferiores foram ainda pouco exploradas como terraços, provavelmente em decorrência de dificuldades técnicas do período de promover impermeabilizações de lajes. Nos anos 30, ilustra essa estratégia a casa Rio de Janeiro 1 (1935. Oscar Niemeyer), embora com a configuração das alas ainda não tão rígidas. Nos anos 1940 e 1950, as casas Faria Góes/F.E. (1947. MMM Roberto[3]), Álvaro Correa de Sá (1949. Vilanova Artigas) e Oswaldo Sant'Anna Jr (1958. Álvaro Vital Brasil) também são exemplares destacáveis. (Figura 03).

3. A casa FE (1947), também dos irmãos Roberto, pode ilustrar investigação semelhante, com planta em "L" no pavimento inferior, que é rebatida no pavimento superior, configurando um volume frontal sobre pilotis e um volume posterior ainda não explorado como terraço. (HECK, 2005).

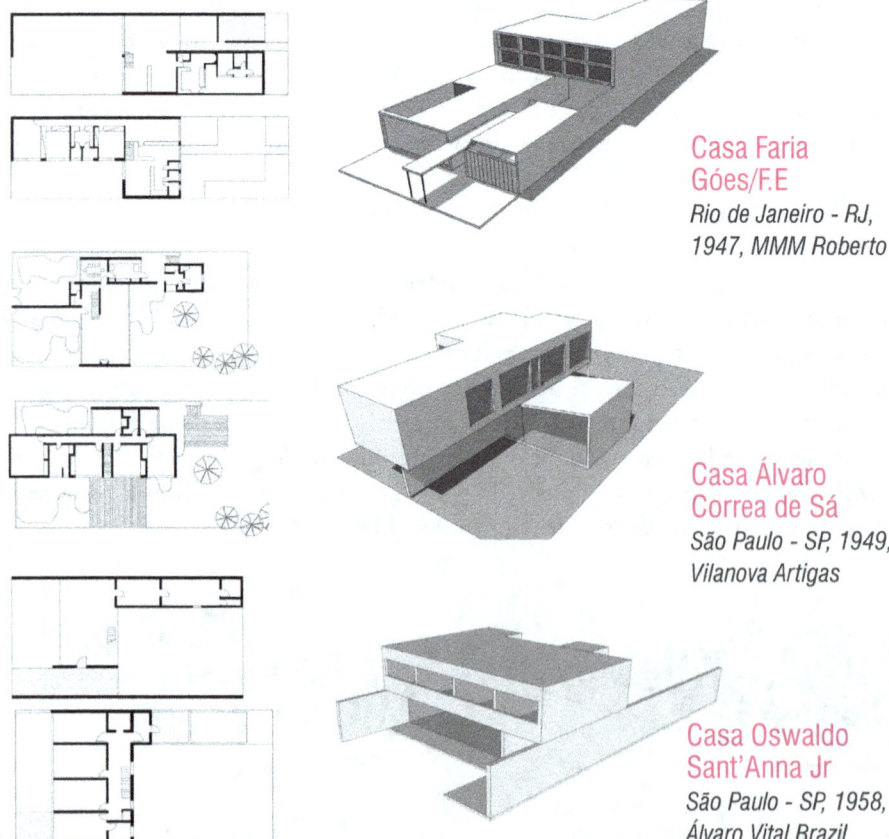

Casa Faria Góes/F.E
Rio de Janeiro - RJ, 1947, MMM Roberto

Casa Álvaro Correa de Sá
São Paulo - SP, 1949, Vilanova Artigas

Casa Oswaldo Sant'Anna Jr
São Paulo - SP, 1958, Álvaro Vital Brazil

Figura 03 – Casas com alas em "L" e "T" sobrepostas em terrenos planos, estreitos e compridos. Fonte: Acervo Pesquisa Casa Contemporânea Brasileira (Desenho: MENUZZI, A. C.).

Pela independência de suas partes, as alas dessas casas podem ser entendidas como "fragmentos tipológicos", ou seja, estruturas arquitetônicas elementares que possuem clara identidade e que podem interagir com outras, formando estruturas mais complexas (MARTÍ ARÍS, 1993). Esses fragmentos, quando já testados, hipoteticamente são apropriados em novos projetos, numa "colagem" que busca identificar a melhor resolução ao problema de projeto apresentado (MARTINEZ, 2000; MONEO, 1999; MARTÍ ARÍS, 1993).

No arranjo da ala social-serviços, se observa que a "identidade tipológica" busca promover a concentração dos ambientes de serviço, configurando "faixas", "núcleos" ou "alas" de áreas compartimentadas ou áreas servidoras que, por contraponto, permitem configurar o estar, ou área servida, como uma grande planta livre. Nas alas íntimas lineares, essa mesma identidade se expressa através da disposição modular dos quartos ao longo de um único eixo, padronizando a orientação solar deles e uniformizando o tratamento da fachada principal da ala. A partir do número e tamanho dos quartos, a largura e comprimento das alas íntimas variam quanto ao tipo de corredor - carga dupla ou simples[4] -; aos modos de inserção dos elementos irregulares de composição (banheiros e closet) - no intermeio dos quartos, nas terminações dos corredores, internalizados entre o corredor e os quartos, ou a combinação destes -; e ao modo de inserção da escada – no intermeio dos quartos, paralela ao corredor; em um mezanino ou vazio, que dilata as dimensões horizontais da ala. Combinando essas variações, é mantida a configuração linear das alas íntimas que, entendidas como "alas-fragmentos", são replicadas em novos projetos, subordinando ou dando liberdade ao arranjo da ala social-serviço.

Nos anos 70, essa mesma investigação parece ter guiado o projeto da casa Silvio Antônio Bueno Neto (1978) que Paulo Mendes da Rocha desenvolve na sua fase madura, porém já com alguns indícios de transgressão tipológica (Figura 04). No arranjo da sua ala social, está replicada a solução de concentração das áreas servidoras para beneficiar a configuração da planta livre da área servida e, no arranjo da ala íntima, a solução de dispor modularmente quartos com banheiros internalizados e corredor de carga simples, soluções estas consolidadas nos anos 40 e 50. Mendes da Rocha, contudo, aqui enterra parcial e longitudinalmente o volume principal no terreno estreito e comprido, transformando a sua cobertura em um efetivo terraço. Esse terraço, por sua vez, é protegido em parte por um grande pórtico em concreto que, disposto transversalmente e no centro do lote, faz o papel de uma segunda ala, configurando um arranjo em "cruz" que deixa ver a interpenetração de

4. Considera-se *carga simples* onde o corredor atende apenas ambientes voltados a de um dos seus lados e o corredor de *carga dupla*, aos dois lados.

Figura 04 – Casa com alas em "H" sobrepostas. Fonte: ZEIN, 2012, p. 346- 349.

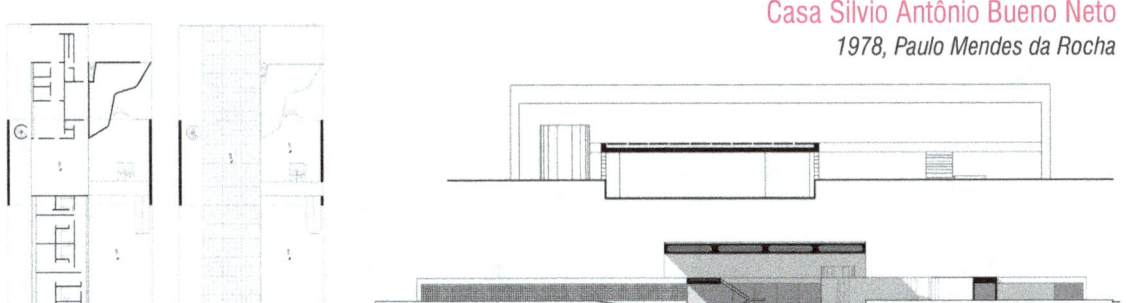

Casa Silvio Antônio Bueno Neto
1978, Paulo Mendes da Rocha

sólidos. Assim, a articulação das "partes-pré-existentes" conduz a um "todo-novo" (MAHFUZ, 1995), o que pode explicitar o artifício de colagem de fragmentos de tipo e de tensionamento de esquemas pré-existentes já entre arquitetos modernos.

O enfrentamento de lotes íngremes

O arranjo de alas independentes foi ainda perseguido no enfrentamento de topografias íngremes, sendo a estratégia de sobreposição de alas adotada aqui para acomodar e minimizar os impactos do conjunto sobre o terreno. Alas dispostas em paralelo às curvas de nível e acomodadas em diferentes níveis determinaram, mais uma vez, o surgimento de pequenos terraços-coberturas entre elas, o que pode remeter tanto às soluções mediterrâneas, quanto ao terraço-jardim *lecorbusiano*. Neste contexto, com a intenção clara de "apoiar" ou fundir as edificações no terreno, consolidam-se casas com **volumes em cascata**, configuradas por um aglomerado de volumes sem hierarquia entre si (Figura 05a), e casas com **volume-pódio**, onde se observa um volume-base encravado no solo que serve de base a um volume superior, o qual possui maior hierarquia compositiva no conjunto (Figura 05b).

Figura 05 – Casas escalonadas em terrenos íngremes. Fonte: Acervo Pesquisa Casa Contemporânea Brasileira (Desenho: OLIVEIRA, M. S.).

(a)
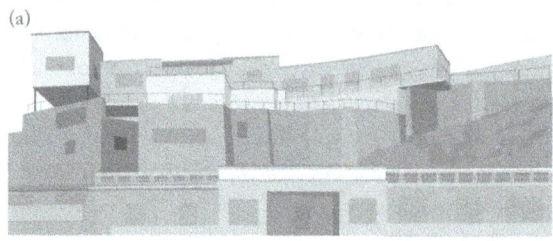
Vila Oro
Nápole - Itália, 1934 -1937, Bernard Rudofsky, Luigi Cosenza

(b)

Casa Bernardes
Rio de Janeiro -RJ. 1960, Sérgio Bernardes

Ainda recorrendo ao pódio, merecem ser destacadas as soluções em que, sobre ele, é apoiado um volume com pilotis ao gosto *lecorbusiano*, configurando um arranjo verticalmente tripartido. Tratado aqui como **Base/Pilotis/Mirante**, esse arranjo pode ter suas origens no edifício em Argel (1933), de Le Corbusier, onde o pilotis de um volume é o terraço-jardim de outro. A solução já pode ilustrar um exercício de fusão de dois esquemas tipológicos distintos – o do *volume sobre o pódio* e do *volume sobre pilotis* - , bem como pode ilustrar a tensão entre os desejos de apoiar e de alçar a composição. (COSTA; COTRIM; GONSALES, 2016). O "todo-novo" resultante, contudo, preserva características das "partes pré-existentes" (Figura 06).

Figura 06 – Casas Base/Pilotis/Mirante em terrenos íngremes. Fonte: (a) Acervo Pesquisa Casa Contemporânea Brasileira (Desenho: OLIVEIRA, M. S.);(b) ZEIN, 2012, p. 242-245.

(a)
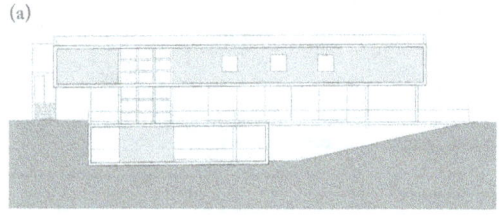
Casa Gilberto Ferraz da Silva
Rio de Janeiro - RJ, 1956, Sérgio Bernardes

(b)
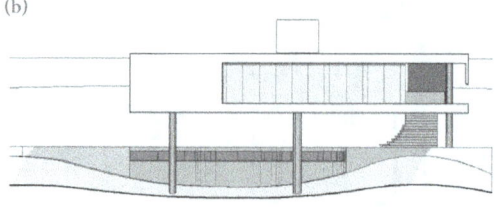
Casa James Frances King
São Paulo - SP, 1972, Paulo Mendes Da Rocha

CASA CONTEMPORÂNEA - "AINDA" COMO COLAGEM DE FRAGMENTOS DE TIPOS

A descrição dos esquemas adotados no modernismo, apesar de compor um mosaico complexo, parece fundamental para introduzir o grupo de casas analisadas neste estudo. Hipoteticamente, tais casas sobrepõem dois esquemas largamente empregados no modernismo – *alas perpendiculares sobrepostas e escalonamento de volume-pódio* –, no caso em estudo, um pódio parcial resultante do "aterramento" de uma das alas que, em parte, serve de base para o "alçamento" da outra ala.

Essa complexa trama de possíveis relações tipológicas, com maior ou menor complexidade, se vislumbra na produção de diversos escritórios contemporâneos brasileiros, além dos já referidos SPBR e Nitsche. Neste contexto, merecem ser destacadas casas dos escritórios Frederico Zanelato - Melo (2006), Embu (2009), DTJC (2010), Ouro Preto 02 (2011), Alves (2013); Arquitetos Associados (ML2, 2008) e Yuri Vital (Ibirapitanga, 2009) (Figura 07).

(a)

(b)
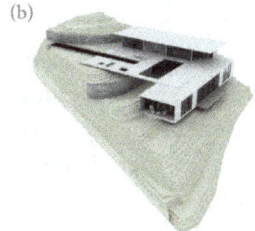
(c)
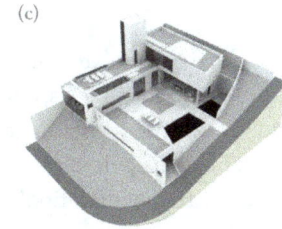

Casa DTJC
Mogi das Cruzes - SP, 2010, Frederico Zanelato

Casa Ouro Preto 02
Ouro Preto - MG, 2011, Frederico Zanelato

Casa Alves
Cotia - SP, 2013, Frederico Zanelato

(d)

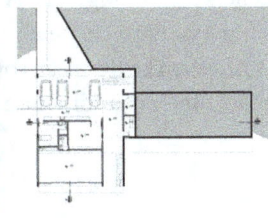
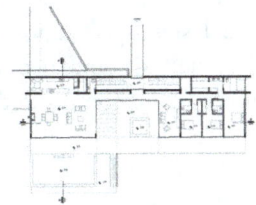

Casa ML2
Brumadinho - MG, 2008, Arquitetos Associados

(e)
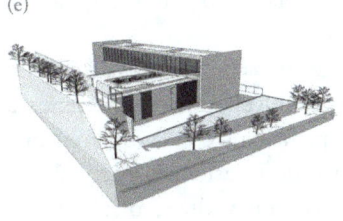
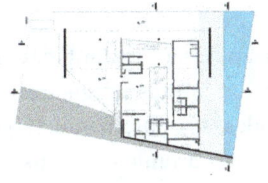
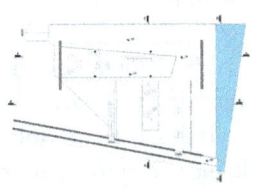

Casa Ibirapitanga
Santa Isabel - SP, 2009, Yuri Vital

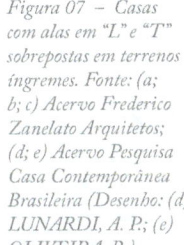

Figura 07 – Casas com alas em "L" e "T" sobrepostas em terrenos íngremes. Fonte: (a; b; c) Acervo Frederico Zanelato Arquitetos; (d; e) Acervo Pesquisa Casa Contemporânea Brasileira (Desenho: (d) LUNARDI, A. P.; (e) OLIVEIRA, B.).

Tais casas evidenciam as inúmeras possibilidades compositivas que um mesmo esquema pode absorver. Alas perpendiculares escalonadas podem estar apoiadas numa terceira plataforma uniformizadora (casas DTJC e Alves - Frederico Zanelato); o terraço de uma ala pode se caracterizar como um espaço de passagem, em relação à rua (Ibirapitanga - Yuri Vital); ou, ainda, outros esquemas tipológicos, como pátios, podem ser hibridizados em alas isoladas (Ibirapitanga - Yuri Vital e ML2 - Arquitetos Associados).

Esse processo de hibridização de esquemas, de associação de fragmentos tipológicos, não apenas surge como adaptação ao contexto e microuniverso de cada casa, mas pode refletir também uma estratégia de projeto que, apesar de já presente na modernidade, passa a ser mais recorrente na arquitetura contemporânea, acatando o universo de referências – modernas e contemporâneas -, não como modelos a serem seguidos, mas como soluções que ampliam as possibilidades de criação.

ENTRE O APOIO E O ALÇAMENTO – SANTA TERESA E ILHABELA

É nesse contexto que se destacam as casas Santa Teresa (2004, SPBR) e Ilhabela (2008, Nitsche). Nelas, em maior ou menor grau, a ambiguidade discutida na introdução do artigo, entre o ato de enraizar e erguer o edifício do solo, fica explícita e é materializada pela estratégia de sobrepor distintas soluções tipológicas, bem como de colar fragmentos tipológicos.

Para análise das casas, recorre-se a dois aspectos principais - Implantação/Arranjo Formal e Arranjo Espacial, considerados essenciais para a análise tipológica pretendida. A seleção de tais aspectos, naturalmente, implica numa redução da complexidade das obras ou, como afirma Leatherbarrow (2014), numa "abreviação de qualidades", numa "violência com o original". Acredita-se, contudo, que o destaque destes aspectos possibilita a construção de uma imagem coerente com a totalidade de cada obra, bem como permite destacar convergências e divergências entre as obras, oferecendo ao debate uma nova forma de interpretação.

Implantação e Arranjo formal

A casa Santa Teresa foi construída na cidade do Rio de Janeiro, em um dos pontos mais altos do Morro Santa Teresa. A Ilhabela, não construída, também se encontra em local de grande altitude, um morro da cidade de Ilhabela – São Paulo (Figura 08).

Em comum, as duas casas estão implantadas em terrenos de grandes extensões, com acentuada declividade e limites irregulares. Os desníveis dos dois terrenos e as visuais a serem exploradas, aparentemente, são os principais condicionantes que definem e aproximam os seus arranjos formais. Abstraindo aspectos particulares, observa-se que, transversalmente no lote e em sua cota mais alta, é disposto um "volume-mirante", e numa cota inferior e longitudinalmente no terreno, um "volume-pódio", ou um pódio parcial que visa à acomodação da casa na topografia.

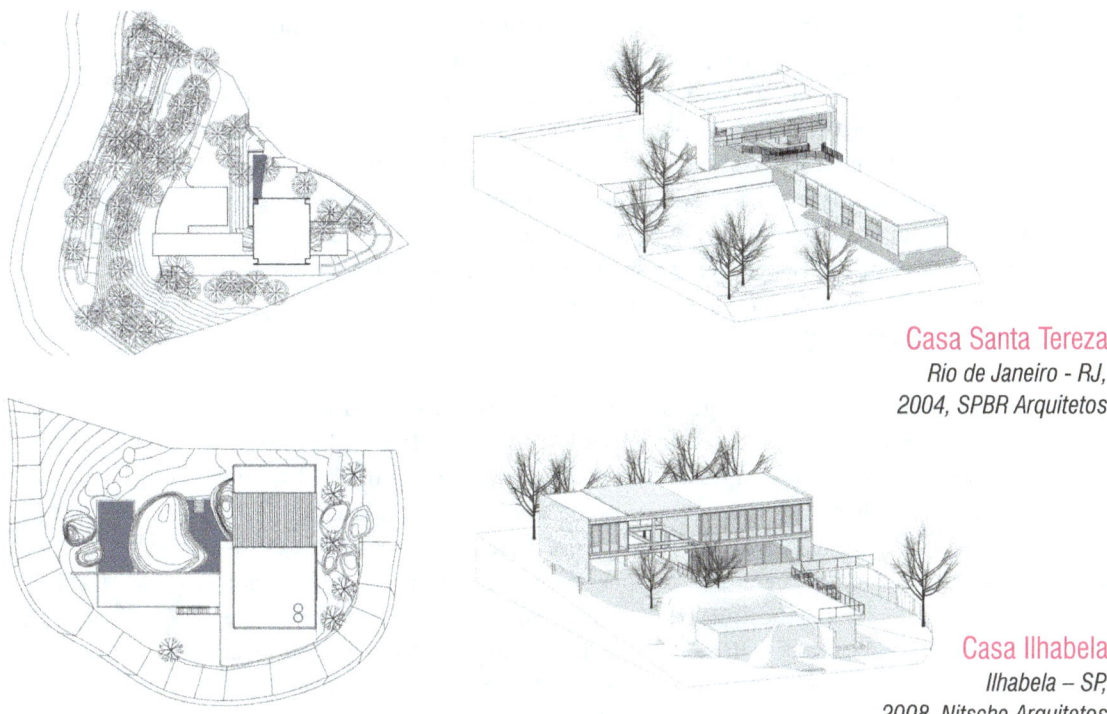

Casa Santa Tereza
*Rio de Janeiro - RJ,
2004, SPBR Arquitetos*

Casa Ilhabela
*Ilhabela – SP,
2008, Nitsche Arquitetos*

Figura 08 – Implantação e vista geral das casas em estudo. Fonte: Acervo Pesquisa Casa Contemporânea Brasileira (Desenho: MENUZZI, A. C.).

Figura 09 – Pilotis e pátio vertical das casas em estudo. Fonte: Acervo Pesquisa Casa Contemporânea Brasileira (Desenho: MENUZZI, A. C.).

Definidas estas estratégias comuns, contudo, as intenções projetuais parecem buscar distintos horizontes - a **Casa Sta. Teresa** alça-se do solo, a **Ilhabela**, apoia-se.

Na **Sta. Teresa**, o volume superior se desvincula do inferior através de um pilotis apoiado em duas placas de concreto e o seu volume inferior se ergue do solo por meio de duas colunas centrais que configuram um duplo balanço a desafiar a gravidade. Esse uso do pilotis no esquema *L/T escalonado* pode representar uma transgressão tipológica, pois remete também ao referido esquema *base/pilotis/mirante*. Por outro lado, a casa pode ainda possuir explícitas relações com a casa Silvio Antônio Bueno Neto (1978. Paulo Mendes da Rocha), a partir da qual ainda transgride, com o desmantelamento da imagem do pódio como um apoio "estável" (Figura 09).

Casa Santa Tereza
Rio de Janeiro - RJ, 2004, SPBR Arquitetos

Casa Ilhabela
Ilhabela – SP, 2008, Nitsche Arquitetos

Na **Ilhabela**, o gesto de apoio se faz mais evidente no volume inferior, que funciona como uma espécie de contenção do terreno para a criação de um pátio de serviço semienterrado. No seu volume superior, um pilotis se insinua, adotado como estratégia para evitar o enfrentamento de uma grande pedra existente no terreno, contudo, o fechamento parcial deste mesmo pilotis reforça o gesto do apoio. Por outro lado, esse pilotis sobre a pedra, ao assumir dupla altura, sugere fundir o *esquema pátio* em um *esquema linear*, o que pode remeter a várias casas de Artigas, em que insere vazios de dupla altura em prismas compactos, associando-os aos elementos de circulação vertical, como nas casas Heitor de Almeida (1949), Jose Luiz Magnani (1981) (Figura 09).

As inquietantes operações tipológicas da Sta. Teresa parecem reverberar também no tratamento de seus volumes. Se na **Ilhabela**, a estaticidade do volume prismático é observada, no volume superior da **Sta. Teresa** há uma ambiguidade no tratamento dos seus elementos de arquitetura, oscilando entre conferir-lhes uma expressão volumétrica ou planar. Esse argumento pode ser demonstrado na estratificação das lajes que não seguem uma mesma projeção, nas empenas laterais que se prolongam horizontal e verticalmente além dos limites do volume e que não se apoiam no solo; e, ainda, no "descolamento visual" entre as empenas e o presumível volume original, através dos "negativos volumétricos" promovidos pela disposição das escadas transversais (Figura 10). Essa ambiguidade tem fortes referências nas obras de Paulo Mendes da Rocha e se faz expressiva entre casas contemporâneas brasileiras[5].

Independentemente destas especificidades relativas aos gestos de apoio e/ou alçamento, outras soluções são convergentes entre as casas, como o emprego de empenas cegas transversais contrapostas às superfícies envidraçadas longitudinais, o que remete à tradição da arquitetura brutalista paulista, e o emprego de brises móveis como artifício para proteger as fachadas envidraçadas da incidência solar – fachadas leste e oeste do volume inferior da **Sta. Teresa** e fachada oeste do volume superior da **Ilhabela** (Figura 10).

5. Demostram essa estratégia casas dos **Arquitetos Associados** (Biovila Pátio, 2012), Carla Juaçaba (Rio Bonito, 2005), **Grupo SP** (Morro do Querosene, 2004; Marília, 2007; Mangabeiras, 2012; Curitiba, 2014), **Yuri Vital** (Ibirapitanga, 2009; Tibau, 2009, Catalão, 2011) e, ainda, outras casas do próprio **SPBR** (Ubatuba 2, 2011-12, Itaipava, 2011-12; Santana do Parnaíba, 2013-14).

Figura 10 – Elementos compositivos recorrentes das casas em estudo. Fonte: Acervo Pesquisa Casa Contemporânea Brasileira (Desenho: MENUZZI, A. C.).

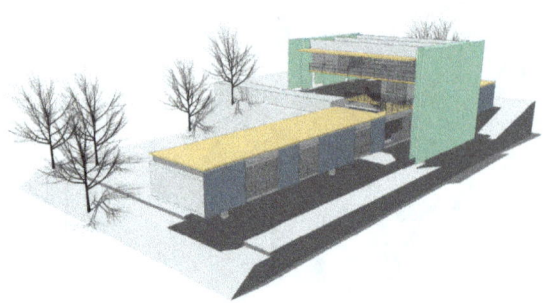

Casa Santa Tereza
Rio de Janeiro - RJ, 2004, SPBR Arquitetos

Casa Ilhabela
Ilhabela – SP, 2008, Nitsche Arquitetos

Figura 11 – Sistema estrutural - (a) Volume inferior; (b) Volume superior; (c) Modulação da planta.
Fonte: Acervo Pesquisa Casa Contemporânea Brasileira (Desenho: MENUZZI, A. C.).

Correspondendo diretamente com as estratégias de tratamento dos volumes, observa-se distintas soluções estruturais. As empenas transversais do volume superior da casa **Sta. Teresa**, que arrematam os vãos das escadas, funcionam como grandes vigas que se apoiam em dois pilares/cada, conjunto esse travado por três vigas invertidas na cobertura. Essas vigas de cobertura, por sua vez, atirantam a laje de piso, com o reforço de uma coluna centralizada. O volume inferior, como já observado, é sustentado por colunas centralizadas, configurando generosos balanços. Estas colunas servem de apoio para vigas transversais que, invertidas na cobertura e em balanço, sustentam vigas longitudinais que, por sua vez, sustentam tirantes que alçam as lajes de piso do volume (Figura 11).

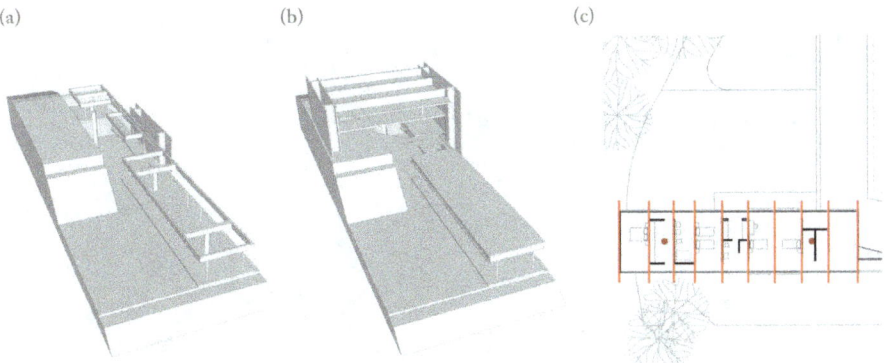

Casa Santa Tereza
Rio de Janeiro - RJ, 2004, SPBR Arquitetos

Em sentido contrário, uma rígida modulação longitudinal controla o arranjo compositivo e estrutural do volume superior da **Ilhabela**, tal como observado em obras de cunho moderno. Em estrutura metálica, a modulação transversal configura um vão central e dois balanços nas bordas. O volume inferior, por conter a topografia do terreno, é estruturado em concreto armado (Figura 12).

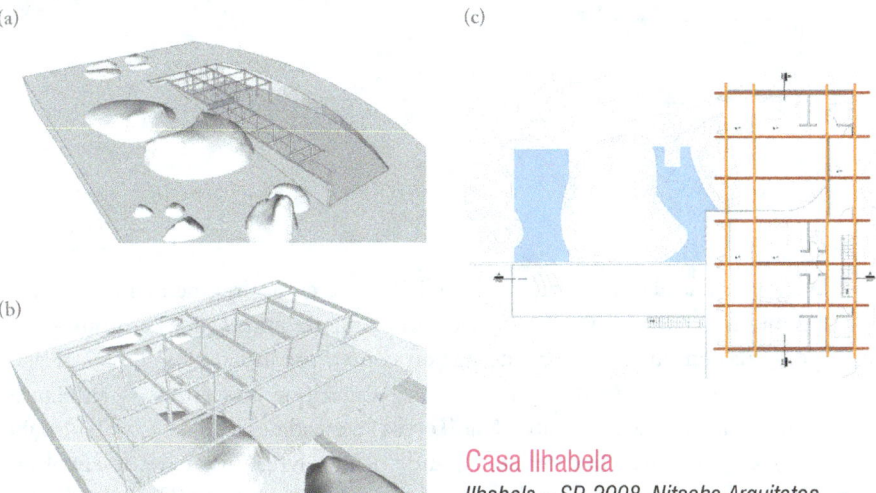

Figura 12 – Sistema estrutural: (a) Volume inferior; (b) Volume superior; (c) Modulação da planta. Fonte: Acervo Pesquisa Casa Contemporânea Brasileira (Desenho: MENUZZI, A. C.).

Casa Ilhabela
Ilhabela – SP, 2008, Nitsche Arquitetos

Arranjo espacial

Ambas as casas organizam seus programas em distintos níveis, mas com uma diferença essencial – a **Sta. Teresa** dilui o seu programa principal nos dois volumes, contrapondo-se à **Ilhabela**, que concentra estas atividades no volume superior (Figuras 13 e 14).

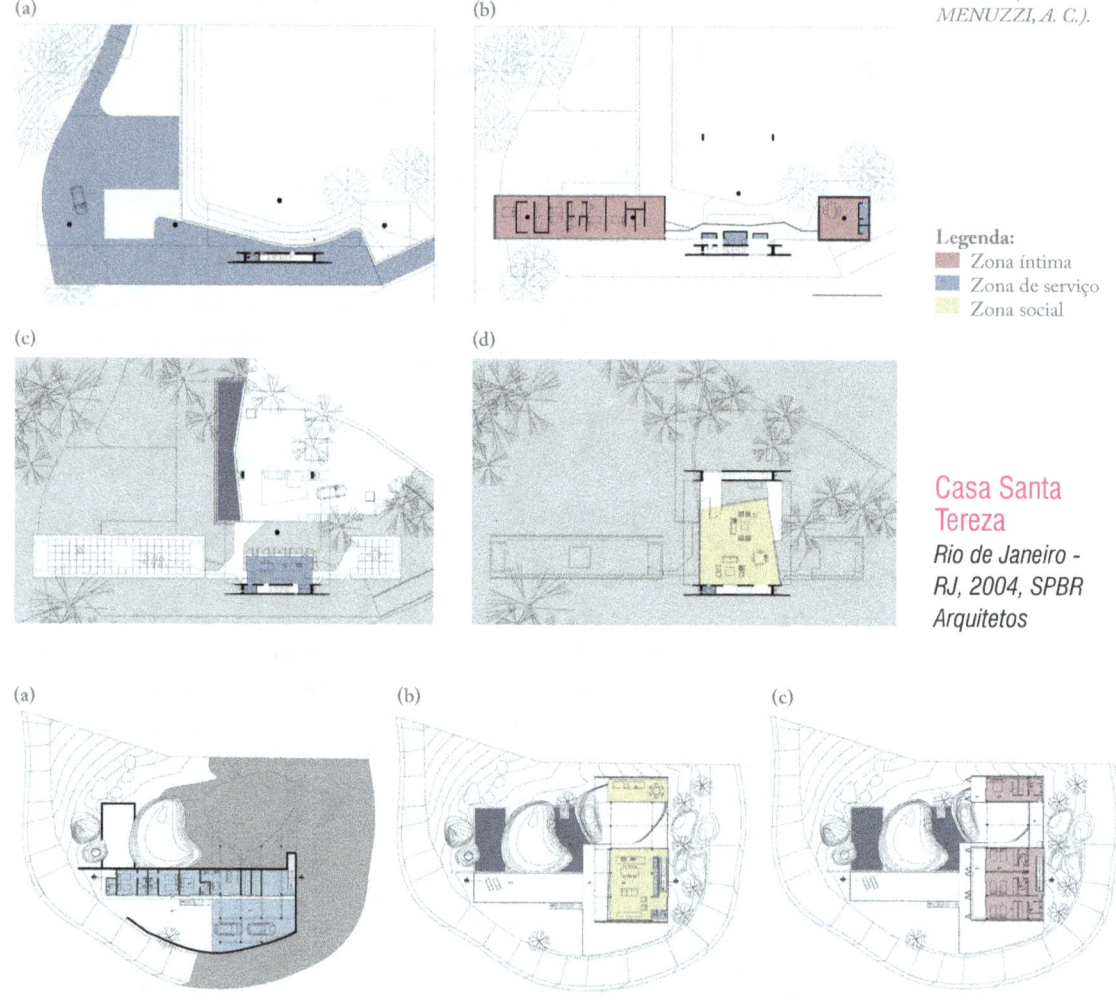

Figura 13 – Zoneamento: (a) primeiro pavimento; (b) segundo pav; (c) terceiro pav; (d) quarto pav.
Fonte: Acervo Pesquisa Casa Contemporânea Brasileira (Desenho: MENUZZI, A. C.).

Legenda:
■ Zona íntima
■ Zona de serviço
■ Zona social

Casa Santa Tereza
Rio de Janeiro - RJ, 2004, SPBR Arquitetos

Casa Ilhabela
Ilhabela – SP, 2008, Nitsche Arquitetos

Figura 14 – Zoneamento: (a) primeiro pavimento; (b) segundo pav; (c) terceiro pav.
Fonte: Acervo Pesquisa Casa Contemporânea Brasileira (Desenho: MENUZZI, A. C.).

Os arranjos das alas, isoladamente, explicitam-se como fragmentos tipológicos, já que replicam soluções (ou suas lógicas) amplamente empregadas em outras casas organizadas em alas, sejam modernas ou contemporâneas. Nos setores sociais, observa-se a configuração de faixas: uma *servidora* que concentra os ambientes compartimentados – escada/lavabo (**Sta. Teresa**) e escada/balcão da cozinha/lavabo (**Ilhabela**); e uma *servida* que define a grande planta livre, em que se desenvolvem os ambientes do setor social ou a planta modulada do setor íntimo (Figuras 15 e 16).

Figura 15 – Elementos irregulares e circulações no setor social das casas em estudo. Fonte: Acervo Pesquisa Casa Contemporânea Brasileira (Desenho: MENUZZI, A. C.).

A posição da faixa servidora é definidora de distintas espacialidades – transversal ao volume, possibilitando a dupla abertura longitudinal do estar para a paisagem (**Sta. Teresa**); e longitudinal, priorizando a sua abertura para um único enquadramento longitudinal (**Ilhabela**). A estratégia da Sta Teresa permite a exploração das visuais para a paisagem do Rio de Janeiro e para o morro de mesmo nome da casa e na Ilhabela, para a paisagem e para o pátio de dupla altura inserido em meio ao arranjo linear (Figuras 15 e 16).

Legenda:
☐ Elementos irregulares
⇢ Eixos de circulação

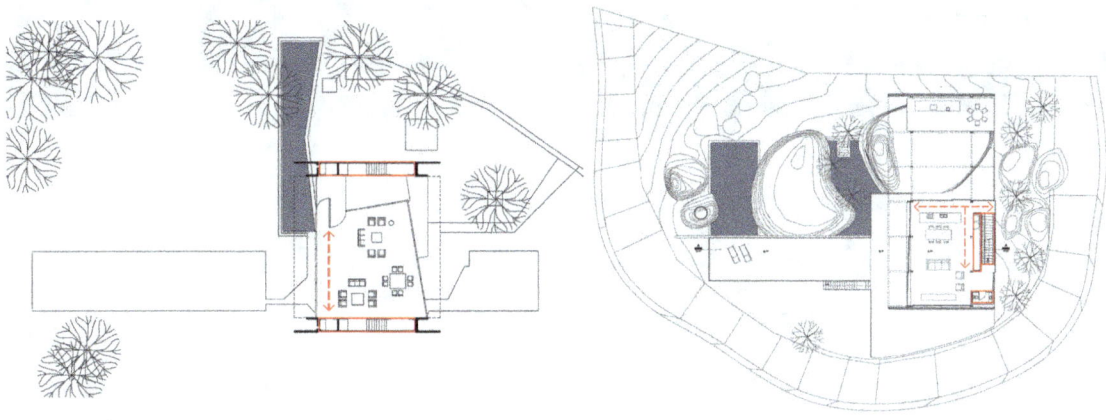

Casa Santa Tereza
Rio de Janeiro - RJ, 2004, SPBR Arquitetos

Casa Ilhabela
Ilhabela – SP, 2008, Nitsche Arquitetos

(a)

(b)

Figura 16 – Espacialidade da sala de estar nas casas em estudo. Fonte: Acervo Pesquisa Casa Contemporânea Brasileira (Desenho: MENUZZI, A. C.).

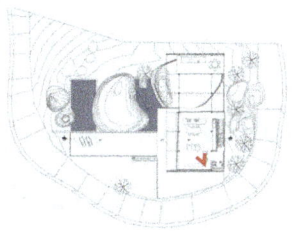

Nos dois casos, deve-se destacar ainda a contraposição espacial entre a horizontalidade sugerida pelas aberturas longitudinais e a verticalidade promovida pelo rasgo na laje do setor social da **Sta Teresa**, que impõe pontualmente um pé-direito duplo ao seu pilotis, e pelo pátio com pé-direito duplo da **Ilhabela** (Figura 17).

Figura 17 – Exploração de pés-direitos duplos nas casas em estudo: Fonte: Acervo Pesquisa Casa Contemporânea Brasileira (Desenho: MENUZZI, A. C.).

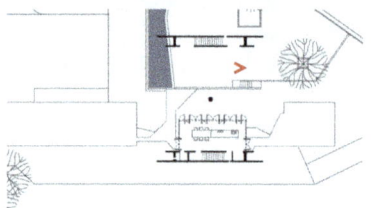
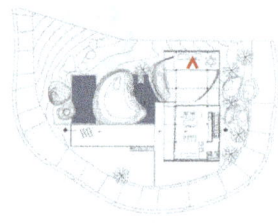

Casa Santa Tereza
Rio de Janeiro - RJ, 2004, SPBR Arquitetos

Casa Ilhabela
Ilhabela – SP, 2008, Nitsche Arquitetos

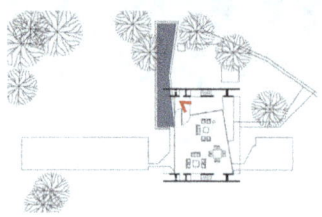

Casa Santa Tereza
Rio de Janeiro - RJ, 2004, SPBR Arquitetos

Casa Ilhabela
Ilhabela – SP, 2008, Nitsche Arquitetos

Nos setores íntimos das duas casas, banheiros/closets são introduzidos no intermeio dos quartos e/ou internalizados nas plantas, buscando não comprometer a composição das fachadas com a interferência das pequenas janelas dos banheiros.

Figura 18 – Ambientes compartimentados e circulações no setor íntimo das casas em estudo. Fonte: Acervo Pesquisa Casa Contemporânea Brasileira (Desenho: MENUZZI, A. C.).

Essa disposição dos banheiros e o arranjo linear dos quartos acessados por um *corredor de carga simples* remetem a soluções previamente testadas nos projetos modernos aqui apresentados e que são aqui replicadas com pequenas variações (Figura 18).

Legenda:
☐ Elementos irregulares
⇢ Eixos de circulação

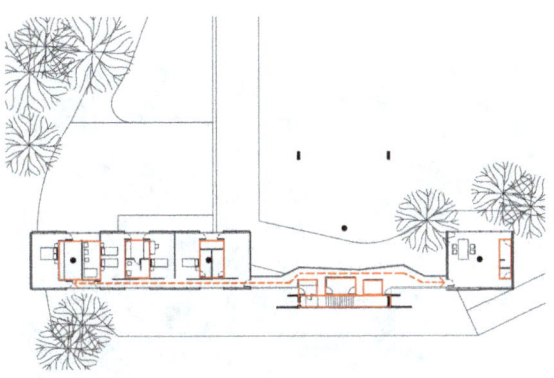

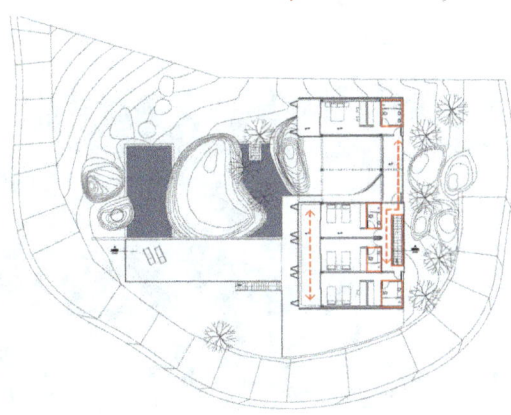

Casa Santa Tereza
Rio de Janeiro - RJ, 2004, SPBR Arquitetos

Casa Ilhabela
Ilhabela – SP, 2008, Nitsche Arquitetos

Figura 19 – Ambientes compartimentados e circulações nas cozinhas das casas em estudo. Fonte: Acervo Pesquisa Casa Contemporânea Brasileira (Desenho: MENUZZI, A. C.).

Definidos assim os arranjos das alas social e íntima, o desafio centra-se na construção de uma rede circulatória e no controle das espacialidades dela decorrentes. Cada casa propõe dois núcleos de escadas, com distintas hierarquias. Os núcleos principais, que conectam todos os pavimentos, são lineares e periféricos, minimizando o impacto no arranjo espacial das alas. Contudo, pela sobreposição destas escadas entre os pavimentos, as cozinhas das duas casas se configuram como zonas de passagem. Funcionalmente, essa estratégia é mais impactante na **Ilhabela**, dada à integração da cozinha com o estar, e, por outro lado, é explorada como parte de uma *grande promenade* na **Sta. Teresa**, onde a cozinha, isolada dos demais ambientes, se integra visualmente ao pilotis (Figura 19).

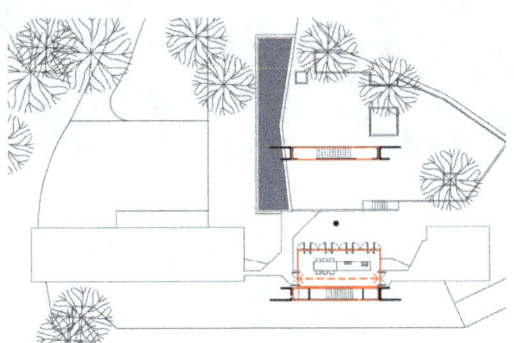

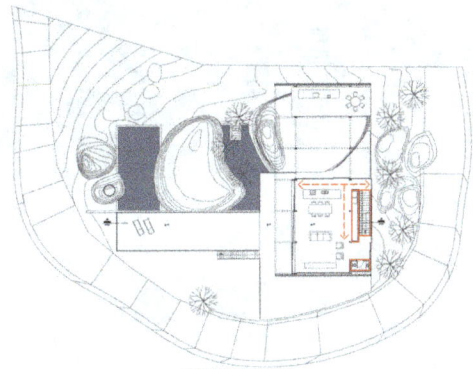

Casa Santa Tereza
Rio de Janeiro - RJ, 2004, SPBR Arquitetos

Casa Ilhabela
Ilhabela – SP, 2008, Nitsche Arquitetos

O arranjo volumétrico e o zoneamento proposto na **Sta. Teresa** impõem a ela grandes deslocamentos horizontais e verticais, o que, a princípio, parece ser uma negação das premissas funcionalistas de compacidade. No entanto, uma análise mais atenta desta casa pode revelar que os percursos pelo hall da escada junto ao setor íntimo (fechado por elementos vazados) e pelo pilotis-cozinha (rasgado por jardins e animado por diferentes níveis) são promotores de dilatações espaciais que se contrapõem à compressão dos percursos junto ao corredor íntimo e junto às escadas.

Figura 20 – Espacialidade nas circulações das casas em estudo. Fonte: Acervo Pesquisa Casa Contemporânea Brasileira (Desenho: MENUZZI, A. C.)

Casa Santa Tereza
Rio de Janeiro - RJ, 2004, SPBR

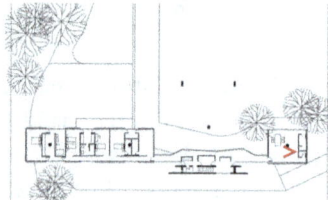
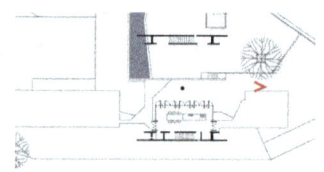

Casa Ilhabela
Ilhabela – SP, 2008, Nitsche

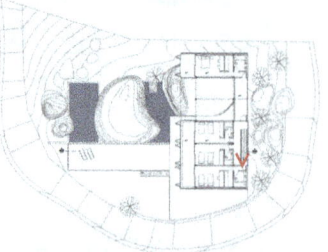
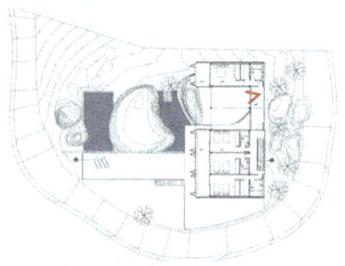

Assim, apesar de guiada por um rigoroso zoneamento, a Sta. Teresa parece buscar, através de sua rede circulatória, não unicamente a eficiência, mas também a promoção de experiências espaciais contrastantes e surpreendentes, como observado em outros projetos do próprio SPBR (COSTA, 2017) (Figura 20).

Em contraponto, na **Ilhabela**, onde a rede circulatória se faz mais compacta, a passagem pela própria escada e corredor íntimo parece assumir importância na experiência espacial, compensando a restrita geometria sugerida em planta pelo fechamento vertical envidraçado que dilata esses espaços para o exterior. Esta mesma dilatação se faz persistente, só que em sentido inverso, com a passagem pelo pátio com pé-direito duplo: (Figura 20).

UM ENTRELACE, OU CONSIDERAÇÕES FINAIS

A partir da análise realizada, a hipótese levantada de apropriação do legado moderno parece ter sustentação. Soluções das alas-setores consolidadas na modernidade são aqui apreendidas, como demonstram o emprego de empenas cegas transversais opostas aos planos envidraçados longitudinais; a configuração de faixas que delineiam áreas servidoras e áreas servidas; a internalização dos elementos de composição irregulares, para não comprometer a composição livre das fachadas; a configuração linear e periférica de núcleos verticais de circulação, para favorecer a composição da planta livre.

Na armação do conjunto, contudo, mesmo que preservado o esquema formal comum, particularidades das casas se revelam, sugerindo distintas reinterpretações desse legado moderno e o próprio tensionamento do referido esquema. Do ponto de vista da implantação/arranjo formal, o desafio de acomodação das casas nos terrenos leva à sobreposição de diferentes esquemas tipológicos em cada uma de suas partes (base/pilotis/mirante na Sta. Teresa e pátio na Ilhabela) e a relação entre soluções estruturais e tratamentos volumétricos impacta de modo diverso a expressão formal de apoio e/ou alçamento do conjunto em relação ao solo. O arranjo espacial, por sua vez, revela distintas ênfases ao desempenho funcional e à consolidação de *promenades* espaciais .

A casa Ilhabela se amalgama mais ao solo, com um "volume-arrimo" e outro que se funde à rocha presente no terreno, sem "respiro" para um pilotis pleno. Esses volumes rígidos, cujas modulações espaciais e estruturais são correspondentes, alinham-se mais à herança moderna, bem como o zoneamento e a rede circulatória da casa que, definidos a partir de uma premissa funcionalista, respondem atentamente às contingências programáticas e contextuais.

A casa Sta. Teresa é mais transgressora no que se refere ao tratamento volumétrico, intimamente ligado ao seu arrojado sistema estrutural. Com generosos balanços, vãos livres e o desmantelamento do volume em planos alçados do solo, a composição parece desafiar a gravidade, dramatizando ainda mais a ambígua relação entre apoio e alçamento que os modernos começaram a experimentar. A mesma transgressão pode ser observada na definição de uma rede circulatória que parece buscar mais a construção de espacialidades surpreendentes do que conformar um corpo dito "eficiente" pela compacidade de suas circulações. Nela, a intencionalidade criativa do arquiteto parece transcender a mera resposta ao programa e ao lugar, o que, por sua vez, distancia a sua solução da mera replicação dos repertórios e postulados modernos.

O arranjo tipológico comum às duas casas, portanto, é interpretado de modo complexo, sobrepondo tipos e tensionando os arranjos das "partes referendadas". Esse esquema, portanto, não representa a prefiguração de um resultado final, mas um ponto de partida que possibilita inúmeras variações formais e até mesmo a sua própria modificação estrutural.

Numa perspectiva processual, o arranjo das alas perpendiculares das casas contemporâneas aqui analisadas, quando escalonadas em terrenos íngremes, pode representar uma modificação estrutural em relação aos esquemas tipológicos recorrentemente empregados no modernismo. Não existe nelas, portanto, uma relação "todo-existente/todo-novo" (MAHFUZ, 1995), mas, ao mesmo tempo, é perceptível uma progressão que vai das "partes-existentes" para um "todo-novo" que, por sua vez, também está em contínua transformação.

Assim, ao mesmo tempo que se reconhece o patrimônio tipológico moderno, o juízo de valor sobre ele, frente ao problema de projeto apresentado, se constitui num "modo de neutralizar as referências históricas" ou de desconectar "de um elo inescapável com o passado", como observam Argan (1965) e Moneo (1978). Essa contradição entre aceitação e negação tipológica estabelece, assim, uma "destruição criadora", cujos resultados revelam uma continuidade impregnada de descontinuidades, um novo recriado, ora explícito e ora implícito.

REFERÊNCIAS

ARGAN, G. C. Sul concetto di tipologia architettonica. *In*: ARGAN, C. G. **Progetto e destino.** Milano: Il saggiatore, 1965.

BASTOS, M. A. J.; ZEIN, R. V. **Brasil:** arquiteturas após 1950. São Paulo: Perspectiva, 2010.

COSTA, A. E. A negação da terra: Relações entre As cidades invisíveis de Ítalo Calvino e casas projetadas pelo escritório SPBR Arquitetos. **Vitruvius,** Arquitextos, São Paulo, ano 18, n. 207.05, ago. 2017. Disponível em: http://www.vitruvius.com.br/revistas/read/arquitextos/18.207/6667

COSTA, A. E.; COTRIM CUNHA, M. O pátio no Brasil. Da casa moderna à contemporânea. **Vitruvius**, Arquitextos, São Paulo, ano 16, n. 181.07, jun. 2015. Disponível em: http://www.vitruvius.com.br/vistas/read/arquitextos/16.181/5560

HECK, M. **Casas Modernas Cariocas:** 1930-1965. Porto Alegre, 2005. Dissertação (Mestrado em Arquitetura) - Faculdade de Arquitetura, Universidade Federal do Rio Grande do Sul.

LEATHERBARROW, D. O Ofício da Crítica. **ArchDaily Brasil**. 31 Jul. 2014. Disponível em: https://www.archdaily.com.br/br/624983/o-oficio-da-critica-david-leatherbarrow.

MAHFUZ, E. C. **Ensaio sobre a razão compositiva.** Viçosa: UFV; Belo Horizonte: AP Cultural, 1995.

MARTÍ ARÍS, C. **Las Variaciones de la Identidad:** Ensayo sobre el Tipo en la Arquitectura. Barcelona: Colegio de Arquitectos de Cataluña, 1993.

MARTINEZ, A. C. **Ensaio sobre o Projeto**. Brasília: UNB, 2000.

MONEO, R. **La solitudine degli edifici e altri scriti. Questioni intorno all'architettura.** Torino: Umberto Allemandi & C., 1999.

MONEO, R. On Tipology. **Opositions 13,** Cambridge, Mass, MIT Press, 1978.

MONTANER, Jose María. **Arquitetura e critica**. Barcelona: Editorial Gustavo Gil, 1999.

ACERVOS

Acervo Arquitetos Associados. Disponível: www.arquitetosassociados.arq.br

Acervo Frederico Zanelato Arquitetos. Disponível em: http://www.fredericozanelato.com/

Acervo Nitsche Arquitetos. Disponível em: http://www.nitsche.com.br/

Acervo Pesquisa Casa Contemporânea Brasileira. Disponível em: www.ufrgs.br/casacontemporanea/

Acervo SPBR Arquitetos. Disponível em: http://www.spbr.arq.br/

Acervo Yuri Vital. Disponível: http://www.yurivital.com.br/

DADOS AUTORAIS
ARQUITETOS ASSOCIADOS

CASA ML2. *Brumadinho-MG, 2008*
Arquitetos: Alexandre Brasil, Paula Zasnicoff Cardoso.
Colaboradores: Isabella Lemos, Mariana Borel.

FREDERICO ZANELATO ARQUITETOS

CASA MELO. *Mogi das Cruzes-SP, 2006.*
Arquitetos: Frederico Zanelato, Marcelo Miua e Fernanda Kano.

CASA DTJC. *Mogi das Cruzes-SP, 2010.*
Arquitetos: Frederico Zanelato, Regina Sesoko, Regina Santos.

CASA EMBU. *Embu-Guaçu-SP, 2009.*
Arquitetos: Frederico Zanelato, Regina Sesoko, Regina Santos.

CASA OURO PRETO 02. *Ouro Preto-MG, 2011.*
Arquitetos: Frederico Zanelato, Regina Sesoko, Regina Santos, Flávio Coutinho.

CASA ALVES. *Cotia-SP, 2013.*
Arquitetos: Frederico Zanelato, Regina Sesoko, Regina Santos.

NITSCHE ARQUITETOS

CASA ILHABELA. *Ilhabela-SP, 2008.*
Arquitetos: Lua Nitsche, Pedro Nitsche.

SPBR ARQUITETOS

CASA SANTA TEREZA. *Rio de Janeiro - RJ, 2004.*
Arquitetos: Angelo Bucci.
Colaboradores: Ciro Miguel, João Paulo M. de Faria, Juliana Braga, Maria Isabel Imbronito, Susana Jeque, Tatiana Ozzetti.

YURI VITAL
CASA IBIRAPITANGA. *Santa Isabel-SP, 2009.*
Arquitetos: Yuri Vital.

A NEGAÇÃO DA TERRA
RELAÇÕES ENTRE CALVINO E SPBR ARQUITETOS

Ana Elísia da Costa

Publicado originalmente em Arquitextos, São Paulo, ano 18, n. 207.05, Vitruvius, ago. 2017.
http://www.vitruvius.com.br/revistas/read/arquitextos/18.207/6667

INTRODUÇÃO OU ZONAS DE CONTATO

Ítalo Calvino, no clássico livro *Cidades Invisíveis* (1990), descreve cinquenta e cinco cidades fantasiosas e fantásticas. Algumas dessas cidades se caracterizam por desafiar a gravidade. Umas erguem-se dependuradas em teias, cujos fios e seus sustentáculos procuram uma forma, desenhando percursos em camadas e em ziguezague que, no cotidiano, poupam os seus habitantes de tédio. Outras cidades se elevam acima das nuvens, através de apoios que assumem grandes distâncias, deixando tocar no solo somente as suas sombras refletidas nas folhagens.

A vida nessas cidades é incerta, pois se sabe dos limites das redes e apoios. Os habitantes possuem tudo que precisam em cima e raramente são vistos em terra porque a odeiam ou porque a sacralizam, evitando qualquer intervenção ou contato. Mantendo distância, seus habitantes contemplam a paisagem "lá em baixo", bem como, suas próprias ausências.

As imagens sugeridas pelo "mundo-textualizado" de Calvino podem indicar relações ou zonas de contato com o "mundo real" (MOREIRA, 2013). Por outro lado, ao serem "experienciadas", essas imagens podem sugerir a construção de "novos mundos reais", já que a vida/ o real muitas vezes segue a arte/ a ficção, ou seria desejável (?) que seguisse.

Entre realidade e ficção, a leitura de algumas cidades de Calvino sugere que haja "zonas simbólicas de contato" com algumas casas projetadas pelo escritório SPBR, fundado em 2003 pelo arquiteto Ângelo Bucci[1]. Distanciadas de arranjos tipológicos convencionalmente empregados na arquitetura residencial, essas casas assumem feições ímpares e surpreendentes, o que permite serem entendidas aqui como "mundos domésticos fantásticos"[2]. Naturalmente, esta relação é permeada por licença poética e decorre de imagens que são derivadas da leitura pessoal desses textos e projetos.

Nesse contexto, cinco casas produzidas pelo SPBR entre 2005 e 2013 são visitadas – Ubatuba (2005-2006); Casa de Fim de Semana em São Paulo (2010-2011); Itaipava (2011-2012); Ubatuba II (2011-2012); Santana do Parnaíba (2013-2014)[3]. Entre essas casas há uma tênue ligação. (Figura 01). Todas elas ocupam terrenos estreitos e compridos e, excetuando-se a Casa de Fim de Semana, terrenos com declive no sentido frente-fundos. Com vistas para o mar (Ubatuba, Ubatuba II), serra (Itaipava), floresta (S. do Parnaíba) e cidade (Casa de Fim de Semana), as casas são elevadas do solo e, assim como ocorre nas cidades descritas por Calvino, parecem desafiar a gravidade. Os seus apoios (pilares/ colunas) são poucos e conservam grandes vãos entre si, para manter o terreno e sua vegetação o mais intactos possível. Sobre estes apoios, um sistema de vigas que se tramam e, muitas vezes, atirantam as lajes de piso, tal como se erguem as cidades-teia-de-aranha de Calvino.

1. Bucci tem graduação (1987), mestrado (1998) e doutorado (2005) pela Universidade de São Paulo (USP), onde passou a atuar como professor em 2001. Entre 1987 e 1992, fundou o escritório Arquitetura Paulista, com os arquitetos Álvaro Luís Puntoni e Álvaro Mahfuz Razuk, e, entre 1996 e 2002, dedicou-se ao escritório MMBB, onde atuou como sócio-fundador, com os arquitetos Fernando de Mello Franco, Milton Braga e Marta Moreira.

2. Um possível interesse de Bucci por narrativas mais fantásticas ou surreais pode se explicitar através de sua admiração pelo arquiteto paraguaio Solano Benitez Vargas que, segundo o próprio Bucci, comunga da tradição surrealista da América Espanhola, em contraposição ao Brasil, com tradição mais concretista. (FIGUEROLA, 2005).

3. Bucci projeta com a colaboração de jovens arquitetos. Na sua equipe, atuam de modo mais constante os arquitetos Nilton Suenaga, Tatiana Ozzetti, Ciro Miguel, João Paulo M. de Faria, Juliana Braga. Além destes, atuaram em algum ou alguns destes projetos: Fernanda Cavallaro, Victor Próspero, Eric Ennser, Lucas Nobre, Flávia P. Costa, Beatriz Marques e Beatriz Brandt.

Figura 01 – Casas do Escritório SPBR: fotos das maquetes e cortes. Fonte: Acervo SPBR Arquitetos.

Casa Ubatuba
Ubatuba - SP, 2005-2006, SPBR Arquitetos

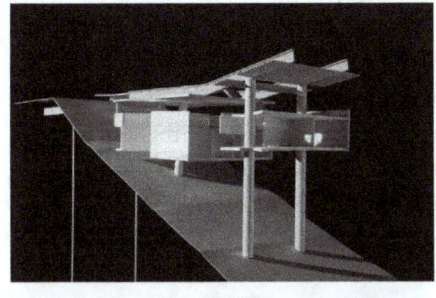
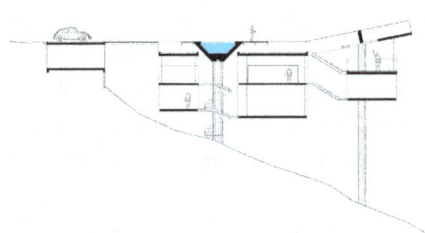

Casa Fim de Semana em SP
São Paulo - SP, 2010-2011, SPBR Arquitetos

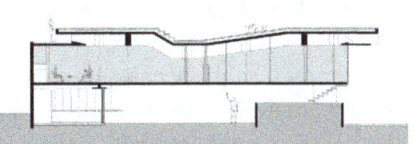

Casa Itaipava
Itaipava - RJ, 2011-2012, SPBR Arquitetos

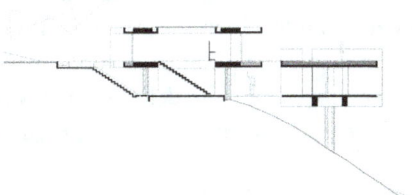

Casa Ubatuba II
Ubatuba - SP, 2011-2012, SPBR Arquitetos

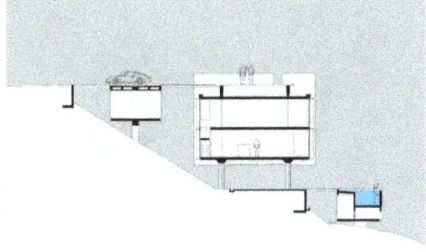

Casa Santana do Parnaíba
S. de Parnaíba - SP, 2013-2014, SPBR Arquitetos

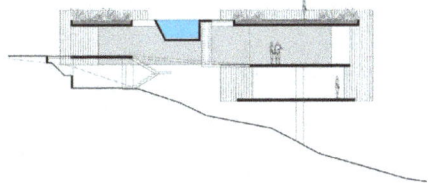

Hipoteticamente, tais casas compõem o que Martí Arís (1993) chama de "séries tipológicas", ou seja, um conjunto de exemplos ou modelos que se referem a uma mesma estrutura formal e que se constroem mediante a transposição e/ou transformação de soluções adotadas em exemplos precedentes. Cronologicamente, na própria produção do escritório, essa série se constrói em paralelo a outras presumíveis séries tipológicas, compondo um emaranhado de soluções que se hibridizam e que, ao mesmo tempo, preservam certa autonomia em suas estratégias.

Em certo sentido, tais características convergem com a própria narrativa de Calvino que agrupa as suas cinquenta e cinco cidades em torno de onze temas, apresentando-as, contudo, embaralhadas no sequenciamento do seu livro. Pelo desafio imposto à gravidade, a possível relação simbólica entre as referidas casas e as cidades de Calvino se restringe a trechos destacados das cidades vinculadas aos temas "*cidades delgadas*", "*cidades e os olhos*" e "*cidades e as trocas*".

O estudo se propõe, assim, a fazer uma visitação a essas casas, estabelecendo associações livres entre as mesmas e os trechos literários de Calvino. A partir dessa associação, o estudo também faz relações com outras casas produzidas pelo próprio escritório, buscando construir pontes incertas – ligações ou conexões tipológicas – que expliquem a configuração destes casas "fantásticas". Despretensiosamente, a análise mescla literatura e teoria arquitetônica – poesia e tipologia, intuição e razão – perseguindo a identificação de uma potência poética, um "sentido" ou a falta dele, na linguagem arquitetônica adotada nas casas. O exercício pode parecer "pouco", pois é profundamente deleitoso, mas não seria o deleite um importante passo para a construção do conhecimento? (Figura 02).

Figura 02 – Casa Ubatuba - perspectivas. Fonte: Acervo Pesquisa Casa Contemporânea Brasileira (Desenho: TONET, S.).

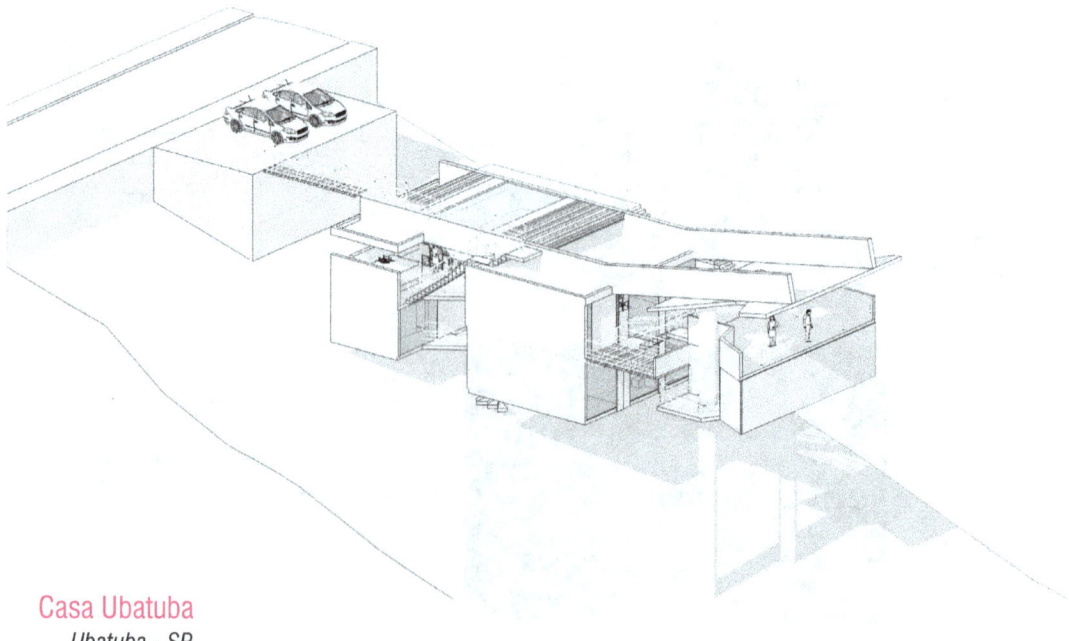

Casa Ubatuba
*Ubatuba - SP,
2005-2006, SPBR*

UMA APROXIMAÇÃO POÉTICA - *Otávia, Armila e Bauci*

A Casa Ubatuba (2005-2006) marca o início desta "série tipológica" em estudo. Três potentes colunas erguem essa casa do solo, deixando intocável a topografia íngreme e a abundante vegetação. Apoiada nelas, uma trama de vigas impostadas no nível da rua sugere ser uma "teia ou uma viga-ponte" que alça volumes, desafiando a gravidade. (Figura 02). Assim, ao invés de se elevar, os três volumes independentes da casa estão dependurados e conectados por escadas e passarelas, tal como a cidade de *Otávia* de Calvino:

> Agora contarei como é feita **Otávia**, cidade-teia-de-aranha. (...) Essa é a base da cidade: **uma rede que serve de passagem e sustentáculo. Todo o resto, em vez de se elevar, está pendurado para baixo**: escadas de cordas, redes, casas em forma de saco, varais, terraços com a forma de navetas, odres de água, bicos de gás, assadeiras, cestos pendurados com barbantes, monta-cargas, chuveiros, trapézios e anéis para jogos, teleféricos, lampadários, vasos com plantas de folhagem pendente.
>
> (CALVINO, 1990, negrito nosso)

Casa Ubatuba
Ubatuba - SP, 2005-2006, SPBR Arquitetos

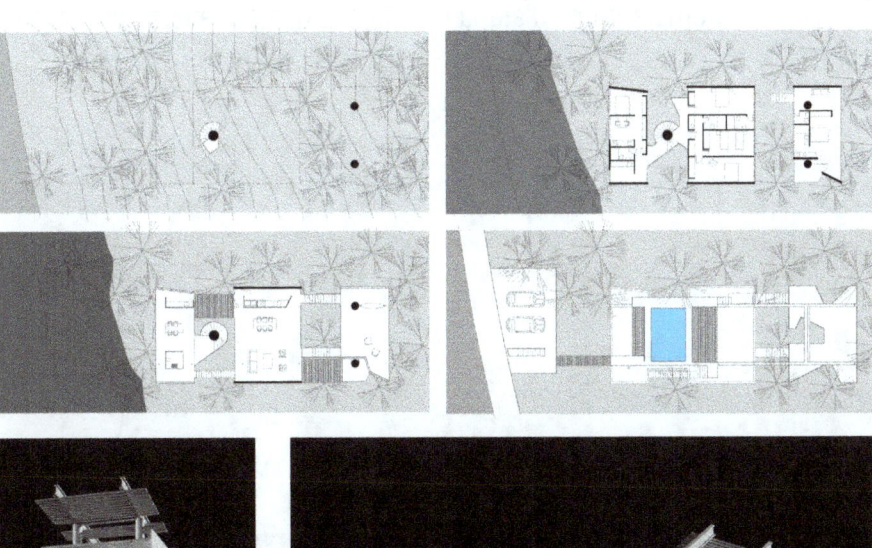

Figura 03 – Casa em estudo. Fonte: Acervo SPBR Arquitetos.

O gosto de dependurar volumes, tais como os objetos de Calvino, se transforma na sequência das casas estudadas. O suporte se agiganta para consolidar-se como uma "ponte habitável" (Casa de Fim de Semana - 2010-2011) ou desaparece, configurando volumes individualizados (Itaipava e Ubatuba II - 2011-2012) ou compactos (Santana do Parnaíba - 2013-2014), estruturados por generosas vigas-paredes. Em todos os casos, contudo, as casas se erguem através de poucas e distanciadas colunas, que buscam ainda preservar a integridade do solo (Figura 04). Neste contexto, os apoios ganham grande expressão formal no conjunto, como as palafitas de *Zenóbia* ou as "pernas de flamingo" que sustentam a cidade de *Bauci*:

> (...) quem vai a **Bauci** não percebe que já chegou. **As finas andas que se elevam do solo a grande distância uma da outra** e que se perdem acima das nuvens sustentam a cidade. Sobe-se por escadas. Os habitantes raramente são vistos em terra: têm todo o necessário lá em cima e preferem não descer. **Nenhuma parte da cidade toca o solo exceto as longas pernas de flamingo nas quais ela se apoia**, e, nos dias luminosos, uma sombra diáfana e angulosa que se reflete na folhagem (CALVINO, 1990, p.73, negrito nosso).

Casa Ubatuba II
*Ubatuba - SP,
2011-2012, SPBR
Arquitetos*

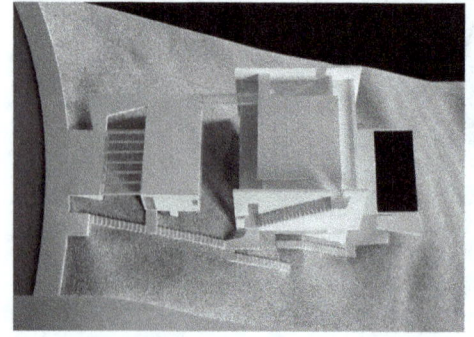
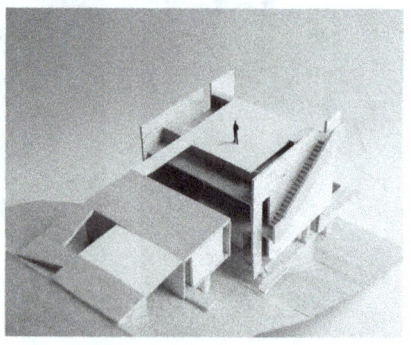

Figura 04 – Casa em estudo. Fonte: Acervo SPBR Arquitetos.

Seja numa estrutura "teia-de-aranha" ou numa estrutura "pernas de flamingo" (Figura 05), todas as casas se comportam como mirantes, com as aberturas voltadas para a paisagem e as coberturas tratadas como terraços. Dessas casas-mirante, como em *Bauci*, o homem se posiciona de modo contemplativo e, ao mesmo tempo, se faz ausente da terra que lhe pertence e da qual é pertencente:

> Há três hipóteses a respeito dos habitantes de **Bauci**: que odeiam a terra; que a respeitam a ponto de evitar qualquer contato; que a amam da forma que era antes de existirem e **com binóculos e telescópios apontados para baixo não se cansam de examiná-la**, folha por folha, pedra por pedra, formiga por formiga, contemplando fascinados a própria ausência (CALVINO, 1990, p.73, negrito nosso).

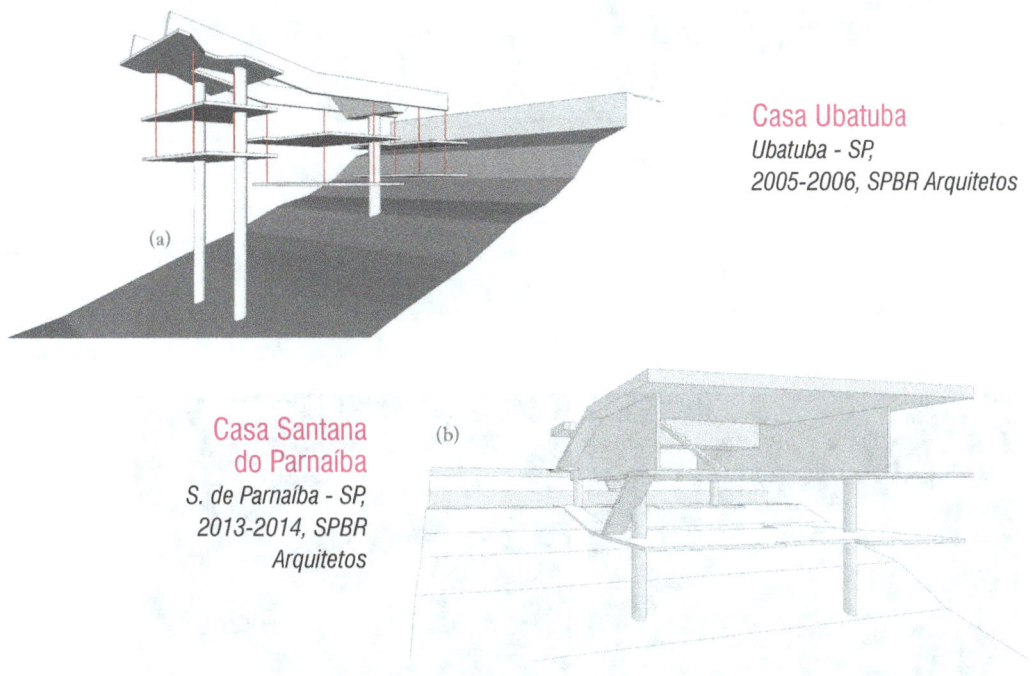

Casa Ubatuba
Ubatuba - SP,
2005-2006, SPBR Arquitetos

Casa Santana do Parnaíba
S. de Parnaíba - SP,
2013-2014, SPBR Arquitetos

Figura 05 – Esquemas estruturais das casas em estudo
Fonte: Acervo Pesquisa Casa Contemporânea Brasileira (Desenho: (a) TONET, S.; (b) SAMURIO, M.).

A impostação da casa como mirante se radicaliza nas casas Ubatuba e Ubatuba II, em que os terraços-mirante são extensões das calçadas da rua, ficando a casa implantada abaixo deste nível, ou ainda, na Casa de Fim de Semana em SP, onde o "térreo" é tratado a 6m de altura do nível do solo, onde recebe, com maior generosidade, a luz do sol (PORTAL VITRUVIUS, 2014). O mesmo pode ser observado com a posição das piscinas que migram para esses terraços, abdicando da posição natural de estarem encravadas no solo, destacando-se a radicalidade da piscina suspensa da Casa de Fim de Semana em São Paulo (Figura 06). A mimetização na paisagem e/ou a posição transgressora das suas piscinas escrevem narrativas próximas às da cidade de *Armila*, onde as ninfas que a dominaram buscam "novas maneiras de desfrutar a água":

> "Ignoro se **Armila** é dessa maneira por ser inacabada ou demolida. (..). A céu aberto, **alvejam lavabos ou banheiras ou outras peças de mármore**, como frutas tardias que permanecem penduradas nos galhos. (...). A qualquer hora do dia, levantando os olhos através dos encanamentos, não é raro entrever uma ou mais jovens mulheres, esbeltas, de estatura não elevada, **estendidas ao sol dentro das banheiras**. (...)
> (CALVINO, 1990, p.49, negrito nosso).

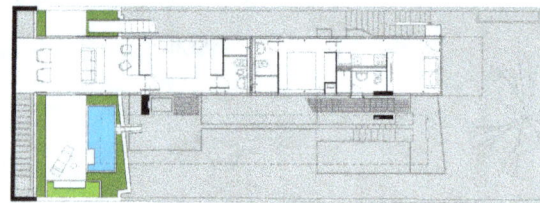
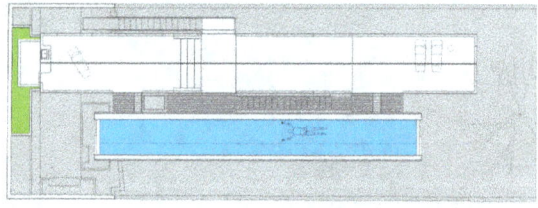

Casa Fim de Semana em SP
São Paulo - SP, 2010-2011, SPBR Arquitetos

Figura 06 – Casa em estudo. Fonte: Acervo SPBR Arquitetos.

As referidas cidades de *Otávia* e *Armila* pertencem ao grupo das "cidades delgadas" de Calvino que, segundo Monteiro (2009), podem remeter a uma busca coletiva de transcender, através da técnica, "o peso da superfície do planeta". Por outro lado, ainda segundo o mesmo autor, Bauci é pertencente ao grupo das "cidades e os olhos" que parecem evocar discussões sobre o referencial a partir do qual se olha a cidade, tradicionalmente mais focado no chão do que no céu. A suspensão do solo, através da técnica, para construir mirantes que proporcionem novas perspectivas do "céu" e da "terra", parece ser uma das principais motivações poéticas dessas casas (Figura 07).

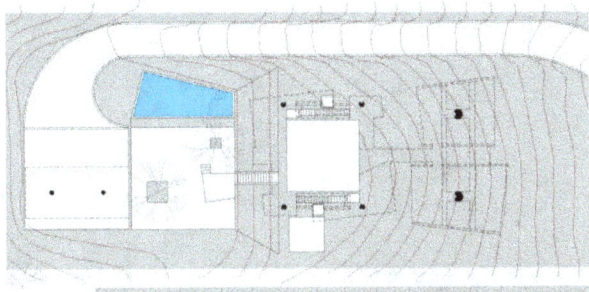
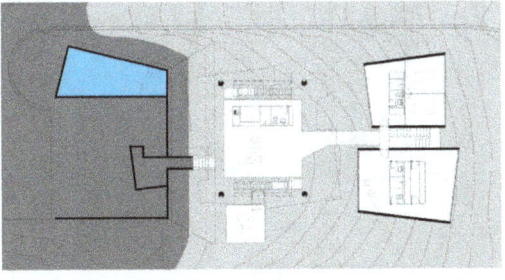
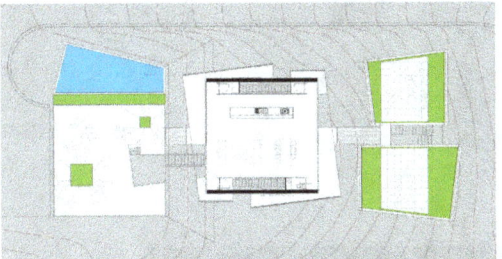
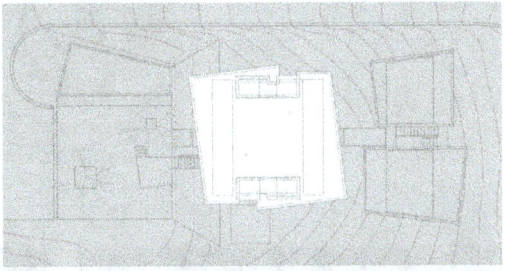

Casa Itaipava
*Itaipava - RJ,
2011-2012, SPBR
Arquitetos*

*Figura 07 – Casa em estudo.
Fonte: Acervo SPBR Arquitetos.*

As narrativas espaciais resultantes, contudo, não são facilmente interpretadas ou são desafiadoras e, talvez por isso, prazerosas. Uma unidade "inquieta" se revela – implantação de volumes em diferentes níveis; uso de diferentes materias; regularidade geométrica de volumes contraposta à irregularidade de elementos de arquitetura, como vigas e coberturas declinadas e lajes que assumem contornos irregulares; contraposição entre pesadas empenas cegas e superfícies envidraçadas ou suaves brises (Figura 08). Assim, definem-se arranjos com grande complexidade formal, um jogo antagônico entre o todo e suas partes, entre o peso dos volumes e a leveza de sua suspensão no ar, entre o rigor geométrico e irregularidades aparentemente arbitrárias, entre os cheios e os vazios de suas superfícies.

São obras difíceis de se apreender numa visada só, quer se vivenciadas, quer numa leitura de seus desenhos e fotos. Qualquer foto é sempre parcial, sugerindo narrativas fragmentadas e incompletas. Em suas totalidades, são obras quase "infotografáveis", exigindo o recurso didático de maquetes, ricamente exploradas pelo escritório. Essa narrativa, aberta a interpretações, mais uma vez se aproxima dos textos de Calvino que recebeu inúmeras, incríveis e possíveis ilustrações ao longo do tempo.

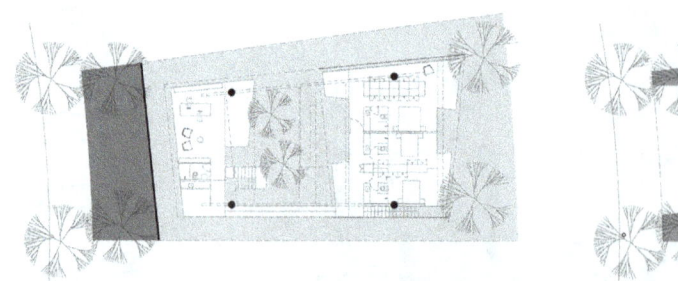
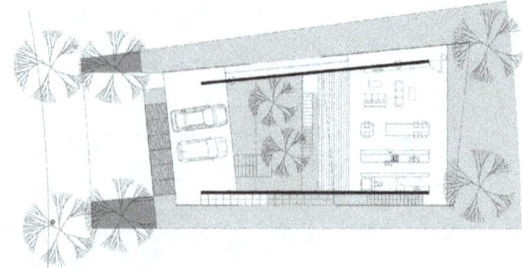
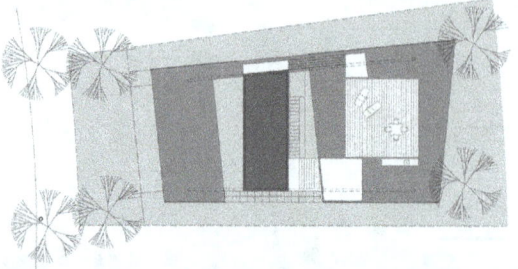

Casa Santana do Parnaíba
S. de Parnaíba - SP, 2013-2014, SPBR Arquitetos

Figura 08 – Casa em estudo. Fonte: Acervo SPBR Arquitetos.

Ercília e Esmeraldina

Essa complexidade do arranjo formal encontra correspondência na definição da rede circulatória, em detrimento da aparente racionalidade da setorização, organizada em níveis e/ou blocos independentes (Figura 09). Uma trama não convergente e não linear de rampas, escadas e passarelas conecta as suas partes (Figura 10), como os fios da cidade de *Ercília*:

> "Em **Ercília** os habitantes **estendem fios entre as arestas das casas** brancos ou pretos ou cinza ou pretos e brancos, de acordo com as relações de parentesco, troca, autoridade, representação (...) Deste modo, viajando-se no território de Ercília, depara-se com (...) **teias de aranha de relações intrincadas à procura de uma forma** (CALVINO, 1990, p. 72, negrito nosso).

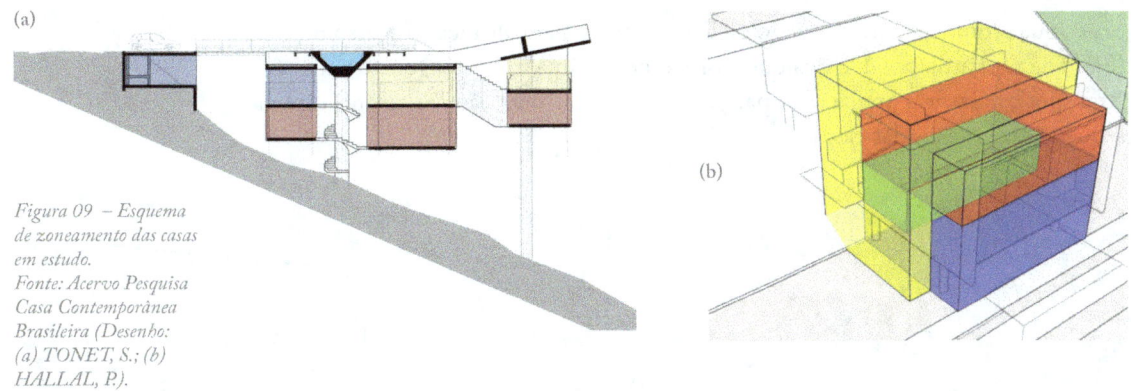

Figura 09 – Esquema de zoneamento das casas em estudo.
Fonte: Acervo Pesquisa Casa Contemporânea Brasileira (Desenho: (a) TONET, S.; (b) HALLAL, P.).

Casa Ubatuba
Ubatuba - SP, 2005-2006, SPBR Arquitetos

Casa Ubatuba II
Ubatuba - SP, 2011-2012, SPBR Arquitetos

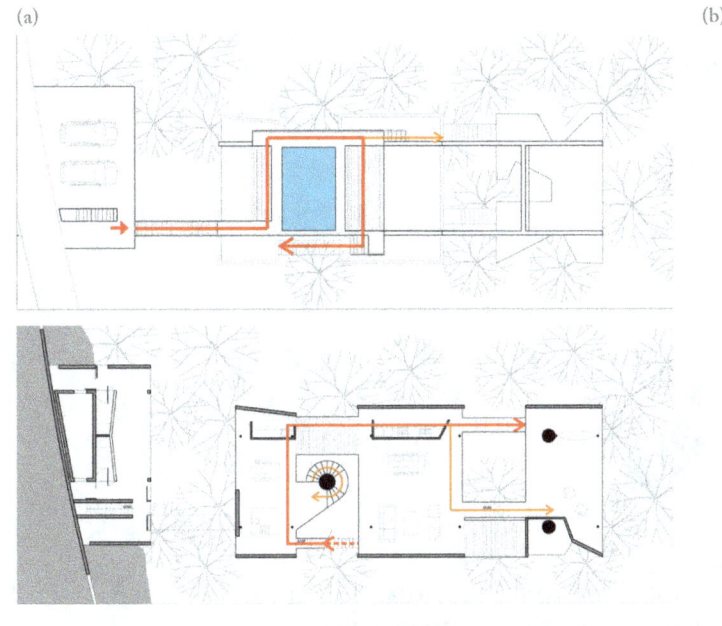

Figura 10 – Esquemas de circulação das casas em estudo.
Fonte: Acervo Pesquisa Casa Contemporânea Brasileira (Desenho: (a) TONET, S.; (b) HALLAL, P.).

Nas casas, a "forma" desenhada pelos percursos parece se subordinar mais à intenção de promover espacialidades surpreendentes e exteriorizadas do que à promoção de uma rede circulatória eficiente. A partir da plataforma onde estacionam os carros (Ubatuba, Itaipava, Ubatuba II), o corpo e os olhos do fruidor passam a ser solicitados – inicialmente, é necessário transpor uma pequena passarela em meio ao "abismo" imposto pela topografia íngreme, para atingir o corpo edificado. Na sequência, por vezes, é necessário "ir para voltar" - atravessar todo o terraço-mirante, pausar, olhar o horizonte, para depois atingir a escada que conduz ao pavimento inferior; ou é necessário transpor todo o jardim em meio a espelhos d'água e volumes suspensos, para alcançar o acesso principal nos fundos do lote (Casa de Fim de Semana em São Paulo); ou ainda, percorrer um "tunel" rampeado e fechado por brises que promovem um rico jogo de luz e sombra, para alcançar o acesso do estar (Santana do Parnaíba). De qualquer forma, nesse ritual de passagem, é necessário "transpor", passear e preparar-se para as experiências que irão ser vivenciadas nas sequências espaciais das casas (Figura 11).

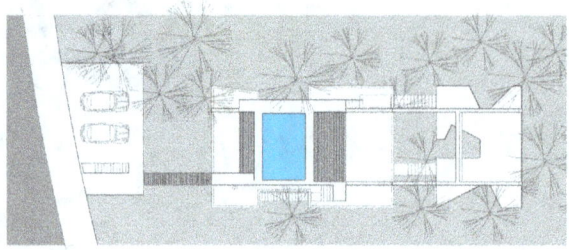

Casa Ubatuba
Ubatuba - SP, 2005-2006, SPBR Arquitetos

Casa Santana do Parnaíba
S. de Parnaíba - SP, 2013-2014, SPBR Arquitetos

(a)

(b)

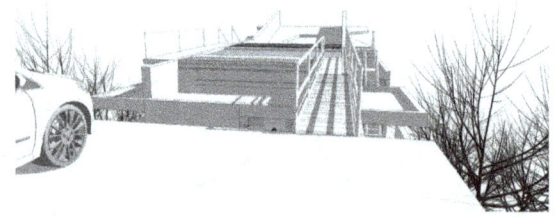

O ingresso nos setores sociais revela plantas livres, com salas e cozinhas sempre integradas e aberturas simultâneas para a paisagem e para os pátios ou vazios que separam os volumes da composição. O olho oscila entre diversos pontos focais, o corpo é solicitado a planejar um percurso diante das inúmeras possibilidades, pois os elementos de circulação vertical nunca estão no mesmo eixo. Para acessar os setores íntimos, é necessário, novamentente, "transpor", atravessar as grandes salas e as escadas, numa promenade que exige olhar o intocável mundo exterior. O ato contemplativo também é imposto nos setores íntimos, onde banheiros se agrupam ou se internalizam, para abrir amplamente os quartos para a paisagem.

Assim, os caminhos se alongam, se bifurcam, se sobrepõem, impondo experiências com múltiplos pontos focais e promotoras de diferentes sensações. Tais características, pouco entediantes, aproximam essas casas da cidade de *Esmeraldina* de Calvino:

Figura 11 – Espacialidade do acesso das casas em estudo. Fonte: Plantas: Acervo SPBR Arquitetos; Perspectivas: Acervo Pesquisa Casa Contemporânea Brasileira (Desenho: (a) TONET, S.; (b) SAMURIO, M.).

> Em **Esmeraldina** (...) **a linha mais curta entre dois pontos não é uma reta mas um ziguezague que se ramifica em tortuosas variantes, os caminhos que se abrem para o transeunte não são dois mas muitos** (...). Desse modo, os habitantes de Esmeraldina **são poupados do tédio de percorrer todos os dias os mesmos caminhos**. E não é tudo: **a rede de trajetos não é disposta numa única camada: segue um sobe-desce de escadas, bailéus, pontes arqueadas, ruas suspensas**. Combinando segmentos dos diversos percursos elevados ou de superfície, os **habitantes se dão o divertimento diário de um novo itinerário para ir aos mesmos lugares**. Em Esmeraldina, mesmo as vidas mais rotineiras e tranquilas transcorrem sem se repetir (CALVINO, 1990, p. 83, negrito nosso).

Ercília e *Esmeraldina* são pertencentes ao grupo das "cidades e as trocas" de Calvino, onde emerge o problema das circulações e que, através dos atores urbanos, transforma o que é rotina, torna mutante o que é rígido (MONTEIRO, 2009). Assim como nessas cidades de Calvino, criar uma rede de circulação complexa e promotora de experiências espaciais surpreendentes parece ser outro dos interesses centrais destas casas.

Nelas, deslocar, subir e descer não são atividades meramente funcionais. A premissa moderna de eficiência e compacidade da rede circulatória é relativizada, sugerindo não os caminhos mais curtos, mas talvez os mais agradáveis aos olhos que deslizam entre frente-lado e acima-abaixo; não os percursos autônomos entre os setores, mas a sociável passagem obrigatória pelas salas de estar; não os percursos únicos e econômicos, mas a oferta de várias opções para "passear" pela casa. Como mesmo afirma Bucci, o interesse está em esparramar cenas e não juntá-las, mesmo que aquilo venha a se constituir num todo.

SPBR E OUTRAS NARRATIVAS

As narrativas das referidas casas são acompanhadas por narrativas anteriores, posteriores ou simultâneas promovidas por outras casas do próprio escritório SPBR. Não tão "fantásticas" quanto às casas aqui apresentadas, essas outras casas podem compor distintas séries tipológicas (SAMURIO; COSTA, 2015) (Figura 12) que, por sua vez, hibridizam-se entre si e, possivelmente, com esquemas tipológicos adotados em outros programas. A construção do "texto doméstico" do SPBR é, portanto, complexa, com referências nem sempre precisas, mas que demostram certos modos recorrentes de "narrar", o que também pode remeter ao texto de Calvino, ao agrupar cidades em torno de temas comuns.

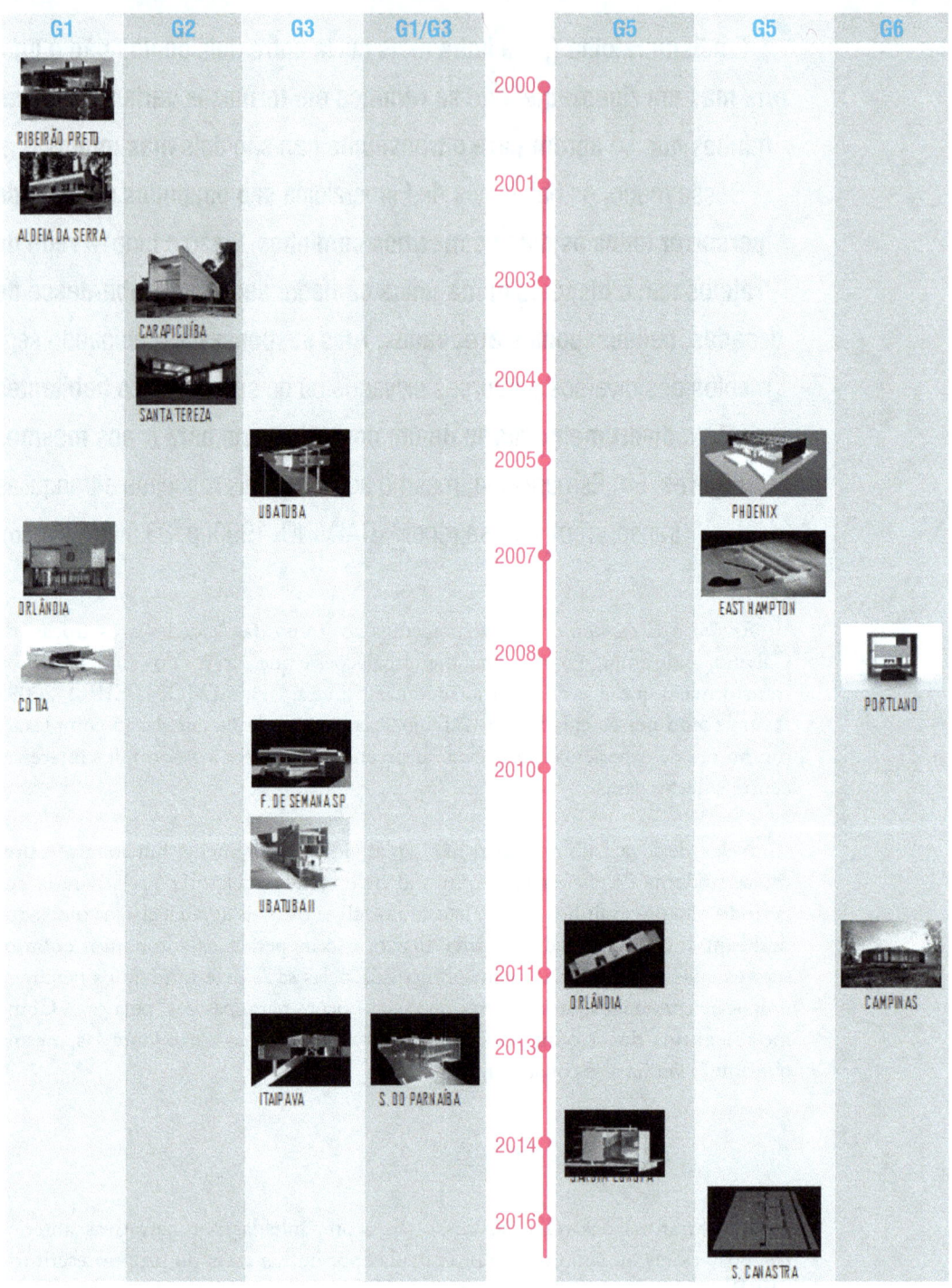

Figura 12 – Linha cronológica e agrupamento tipológico das casas do escritório SPBR.
Fonte: Da autora (imagens – acervo SPBR Arquitetos).

18. Projeto desenvolvido enquanto Bucci atuava junto ao escritório MMBB.

A investigação residencial do SPBR, segundo o site do escritório, começa a ser desenvolvida nos anos 2000. Algumas casas desse período configuram o grupo tipológico denominado G1. Esse grupo se caracteriza pelo uso de volumes compactos apoiados sobre pilotis, com as alas dos setores social e íntimo dispostas em lados opostos. Nesse esquema, podem ser observados dois subgrupos: o de casas com *proporções quadráticas*, em que escada e cozinha compartimentada ocupam uma posição central, segregando as alas entre si (Aldeia da Serra -2001[18] e Cotia - 2008); e o de casas com *proporções retangulares*, onde as alas são segregadas por um pátio central e conectadas por uma ala que envolve a cozinha (Ribeirão Preto - 2000 e Casa e Salão em Orlândia - 2007) (Figura 13). Formalmente, essas casas vinculam-se ao vocabulário da escola paulista dos anos 50 e 60, especialmente ilustrado por projetos de Vilanova Artigas e Paulo Mendes da Rocha (COTRIM, 2017; ZEIM, 2000). Contudo, os arranjos espaciais e as soluções estruturais adotadas evidenciam estratégias projetuais próprias, destacando-se a estrutura da Casa Ribeirão Preto que, segundo Bucci, fundamenta a solução que veio a ser empregada posteriormente na Casa Ubatuba.

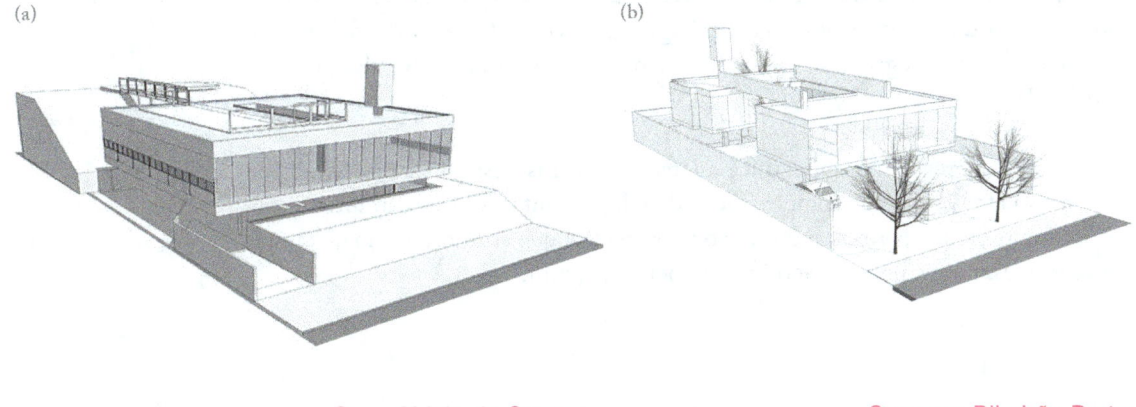

(a) **Casa Aldeia da Serra**
*Aldeia da Serra - SP,
2001, SPBR Arquitetos*

(b) **Casa em Ribeirão Preto**
*Ribeirão Preto - SP,
2000, SPBR Arquitetos*

*Figura 13 – Casas do grupo G1 com proporções quadráticas e retangulares.
Fonte: Acervo Pesquisa Casa Contemporânea Brasileira (Desenhos: (a) COSTA, G., 2015; (b) SAMURIO, M., 2016).*

Posteriormente, as casas agrupadas como G5 - Orlâdia (2011) e Jardim Europa (2014) -, bem como a própria Santana do Parnaíba (2013), podem representar modelos que hibridizam o esquema formal do G1 – volume sobre pilotis, pátio e alas dispostas frente-fundos - a outros esquemas tipológicos, quer por imposição das distintas configurações dos lotes, quer por demandas do programa, quer pelo desejo progressivo de impor espacialidades mais complexas aos projetos. De qualquer modo, tais exemplos evidenciam que os seus pressupostos esquemas tipológicos são tratados de modo flexível, o que permite o surgimento de inúmeras variações formais, bem como a própria modificação ou superação dos mesmos (MAHFUZ, 1995; MARTÍ ARÍS, 1993). Assim, os arquitetos "escapam", como sugere Moneo (1978), - ou "neutralizam", como sugere Argan (1965), - das rígidas referências do passado, que são aceitas como um patrimônio de imagens e significados simbólicos, mas que são apropriadas ou reinterpretadas com um novo juízo de valor, em busca de soluções mais adequadas ao seu tempo e aos seus distintos contextos.

A hibridização de esquemas tipológicos e a pesquisa por espacialidades complexas, amparadas por sistemas estruturais arrojados, podem ainda ser ilustradas pelas casas agrupadas como G2 - Carapicuíba (2003)[4] e Santa Tereza (2004) (Figura 14). Além dos aspectos fisionômicos que ainda remetem ao vocabulário paulista, especialmente na Santa Tereza[5], observa-se que ambas as casas usam estratégias similares de acomodação na topografia íngreme do terreno - fragmentam o partido em dois volumes, estando estes mediados por um pilotis. Nesses projetos, são testados esquemas de vigas invertidas que atirantam as lajes dos pavimentos inferiores, levando à redução do número de apoios, o que será posteriormente perseguido nas casas destacadas neste estudo.

As casas do G3, por sua vez, podem ter ainda estreitas relações com casas que Paulo Mendes da Rocha desenvolve da década de 70 - G. de Cristófaro (1971), Paulo e Lucia Francini (1975) e Helena Ometto (1979) (Figura 15). Não são desprezíveis ainda possíveis relações dessas casas com soluções parciais desenvolvidas a partir dos projetos das casas aqui agrupadas como G5 e G6[6] e de projetos voltados a outros programas arquitetônicos, o que exigiria uma investigação mais aprofundada.

Assim, a linguagem arquitetônica adotada nas casas destacadas neste trabalho se constrói através de uma complexa rede de relações entre soluções arquitetônicas. Isso, contudo, ainda permite retornar ao tema central que as une, mesmo que tenuamente, mesmo que por uma motivação poética comum.

AS CASAS E O TEXTO

A análise proposta revela um complexo universo projetual que permite diversas interpretações e exige releituras. Depara-se com uma quarta dimensão, uma ilusão ou um jogo de espelhos, onde a abordagem poética isolada não revela o "sentido" das obras e tão pouco a abordagem tipológica das mesmas se mostra absoluta. Fundindo essas duas abordagens, constrói-se algumas certezas (provisórias) que sobrevivem ao lado de dúvidas permanentes.

De qualquer modo, o exercício proposto se mostra prazeroso, tal como a leitura da envolvente obra de Calvino que oferece seus textos como um espaço de experiências (MOREIRA, 2013). Deleitosa e fantasiosamente, percorrendo as casas estudadas, escolhendo caminhos a seguir, depara-se com uma "ordem desconfortável e atraente" e com um sentimento como o dos habitantes da cidade-teia-de--aranha de Otávia – sobre o abismo, é sabido que rede não resistirá mais que isso (CALVINO, 1990).

[4]. Projeto desenvolvido em parceria com Álvaro Puntoni.

[5]. Além do emprego de empenas cegas em concreto, comum no vocabulário paulista, pode-se perceber relações da Casa Santa Tereza com a casa Sílvio Antônio Bueno Neto (1978), de Paulo Mendes da Rocha. Em ambas, se observa a interpenetração de volumes dispostos em diferentes níveis, em que o volume principal se comporta como um "pórtico envolvente".

[6]. As casas do G5 se caracterizam pelo arranjo linear, com uma grande cobertura que absorve sob si volumes isolados. Volumes compactos e características isoladas configuram as casas do G6.

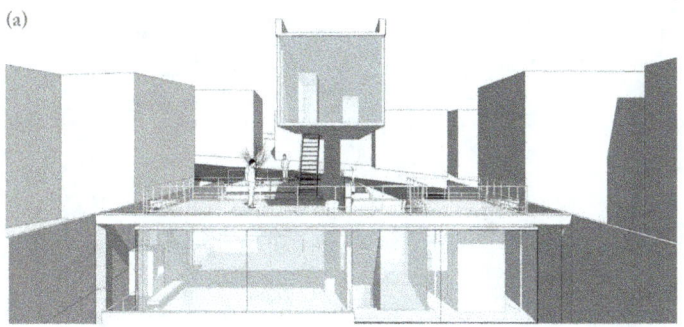

Casa Carapicuíba
*Carapicuíba - SP, 2003-2008,
Grupo SP/SPBR Arquitetos*

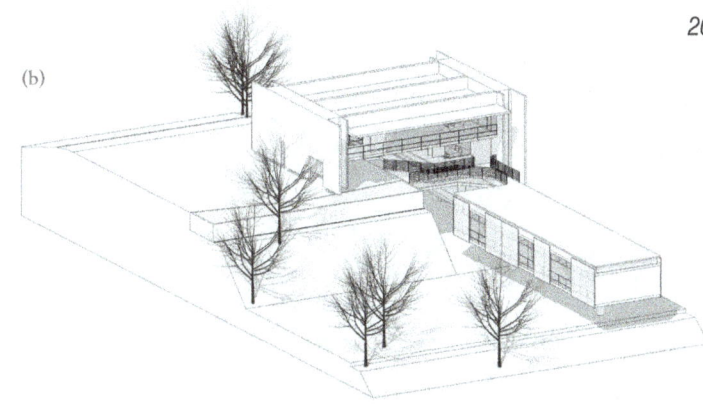

Casa Santa Tereza
*Rio de Janeiro - RJ,
2004, SPBR Arquitetos*

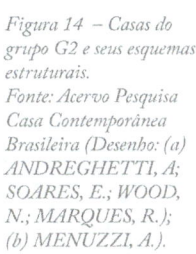

*Figura 14 – Casas do grupo G2 e seus esquemas estruturais.
Fonte: Acervo Pesquisa Casa Contemporânea Brasileira (Desenho: (a) ANDREGHETTI, A; SOARES, E.; WOOD, N.; MARQUES, R.); (b) MENUZZI, A.).*

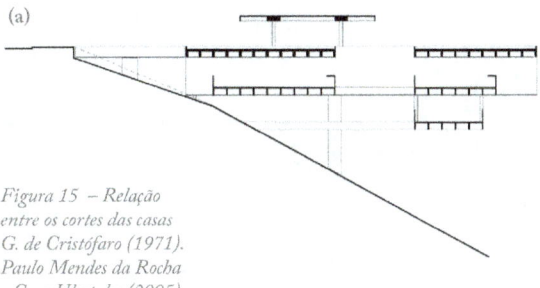

Casa G de Cristófaro
1971, Paulo Mendes da Rocha

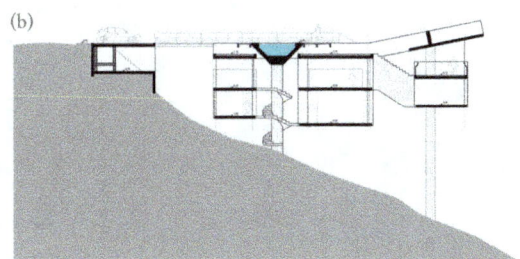

Casa Ubatuba
*Ubatuba - SP,
2005-2006, SPBR Arquitetos*

*Figura 15 – Relação entre os cortes das casas G. de Cristófaro (1971). Paulo Mendes da Rocha e Casa Ubatuba (2005). SPBR.
Fonte: (a) ZEIN, 2000, p. 281-282; (b) Acervo Pesquisa Casa Contemporânea Brasileira (Desenho: TONET, S.).*

REFERÊNCIAS

ARGAN, G. C. Sul concetto di tipologia architettonica. *In*: ARGAN, C. G. **Progetto e destino**. Milano: Il Saggiatore, 1965.

CALVINO, Í. **As Cidades Invisíveis**. São Paulo: Cia das Letras, 1990.

COTRIM, M. **Vilanova Artigas**: Casas Paulistas. São Paulo: Romano Guerra Editora, 2017.

FIGUEROLA, V. Um arquiteto em busca de razões. **Revista AU – Arquitetura e Urbanismo**, São Paulo, Pini, n. 137, 2005.

MAHFUZ, E. C. **Ensaio sobre a razão compositiva**. Viçosa: UFV; Belo Horizonte: AP Cultural, 1995.

MARTÍ ARÍS, C. **Las variaciones de la identidad**: ensayo sobre el tipo en la arquitectura. Barcelona: Colegio de Arquitectos de Cataluña, 1993.

MONEO, R. On Tipology. **Opositions**, Cambridge, Mass, MIT Press, n. 13, 1978.

MONTEIRO, E. Z. Cidades Invisíveis Visitadas: Uma leitura de Ítalo Calvino para compreender Ítalo Calvino. **Vitruvius**, Resenhas On Line, São Paulo, ano 08, n. 085.02, jan. 2009. Disponível em: http://www.vitruvius.com.br/revistas/read/resenhasonline/08.085/3050

MOREIRA, M. E. R. Italo Calvino, Mundo Escrito e Mundo Não Escrito. **Zunái - Revista de Poesia & Debates**, São Paulo, ano 09, n. 26, 2013.

PORTAL VITRUVIUS. Casa de Fim de Semana em São Paulo. Arquiteto Angelo Bucci. **Vitruvius**, Projetos, São Paulo, ano 14, n. 160.02, abr. 2014. Disponível em: http://www.vitruvius.com.br/revistas/read/projetos/14.160/5130

SAMURIO, M.; COSTA, A. E. Escritório SPBR: um estudo comparativo entre casas contemporâneas. *In*: **Salão de Iniciação Científica**, n. 28. Porto Alegre: UFRGS, 2016.

ZEIN, R. V. **Arquitetura brasileira, escola paulista e as casas de Paulo Mendes da Rocha**. Porto Alegre, 2000. Dissertação (Mestrado em Arquitetura) - Faculdade de Arquitetura, Universidade Federal do Rio Grande do Sul.

ACERVOS

Acervo SPBR Arquitetos. Disponível: www.spbr.arq.br

Acervo Pesquisa Casa Contemporânea Brasileira. Disponível em: www.ufrgs.br/casacontemporanea/

DADOS AUTORAIS
SPBR ARQUITETOS

CASA RIBEIRÃO PRETO. *Ribeirão Preto-SP, 2000.*
Arquitetos: Angelo Bucci, Fernando de Mello Franco, Marta Moreira, Milton Braga.
Colaboradores: Anna Helena Vilella, Eduardo Ferroni, Maria Júlia Herklotz, Eliana Mello.

CASA ALDEIA DA SERRA. *Aldeia da Serra - SP, 2001.*
Arquitetos: Angelo Bucci, Fernando de Mello Franco, Marta Moreira, Milton Braga.
Colaboradores: Anna Helena Vilella, Eduardo Ferroni, Maria Júlia Herklotz, André Drummond.

CASA CARAPICUÍBA. *Carapicuíba - SP, 2003-2008.*
Arquitetos: Angelo Bucci, Alvaro Puntoni.
Colaboradores: Ciro Miguel, Fernando Bizarri, Juliana Braga, Maria Isabel Imbronito, João Paulo M. de Faria.

CASA SANTA TEREZA. *Rio de Janeiro - RJ, 2004.*
Arquitetos: Angelo Bucci.
Colaboradores: Ciro Miguel, João Paulo M. de Faria, Juliana Braga, Maria Isabel Imbronito, Susana Jeque, Tatiana Ozzetti.

CASA UBATUBA. *Ubatuba-SP, 2005-06.*
Arquitetos: Angelo Bucci.
Colaboradores: Ciro Miguel, Juliana Braga, João Paulo M. de Faria, Flávia Parodi Costa, Tatiana Ozzetti, Lucas Nobre, Nilton Suenaga.

CASA E SALÃO DE BELEZA EM ORLÂNDIA. *Orlândia - SP, 2007- 2012.*
Arquitetos: Angelo Bucci.
Colaboradores: João Paulo M. de Faria, Juliana Braga, Tatiana Ozzetti, Nilton Suenaga, Victor Próspero, Fernanda Cavallaro, Lucas Nobre.

CASA COTIA. *Cotia-SP, 2008.*
Arquitetos: Angelo Bucci.
Colaboradores: João Paulo M. de Faria, Juliana Braga, Tatiana Ozzetti

CASA FIM DE SEMANA EM SP. *São Paulo-SP, 2010-11.*
Arquitetos: Angelo Bucci.
Colaboradores: Nilton Suenaga, Tatiana Ozzetti, Ciro Miguel, Eric Ennser, João Paulo M. de Faria, Juliana Braga, Fernanda Cavallaro, Victor Próspero.

CASA ORLÂDIA. *Orlândia – SP, 2011.*
Arquitetos: Angelo Bucci.
Colaboradores: João Paulo M. Faria, Nilton Suenaga.

CASA ITAIPAVA. *Itaipava-RJ, 2011-12.*
Arquitetos: Angelo Bucci.
Colaboradores: Ciro Miguel, Eric Ennser, Juliana Braga, Tatiana Ozzetti, Nilton Suenaga.

CASA UBATUBA II. *Ubatuba-SP, 2011-12.*
Arquitetos: Angelo Bucci.
Colaboradores: Tatiana Ozzetti, Nilton Suenaga, Ciro Miguel, Juliana Braga, Fernanda Cavallaro, Victor Próspero.

CASA SANTANA DO PARNAÍBA. *S. de Parnaíba - SP, 2013-2014.*
Arquitetos: Angelo Bucci.
Colaboradores: Tatiana Ozzetti, Nilton Suenaga, Victor Próspero, Beatriz Marques, Beatriz Brandt

CASA JARDIM EUROPA. *São Paulo-SP, 2014.*
Arquitetos: Angelo Bucci.
Colaboradores: Felipe Barradas, Lucas Roca, Martha Bucci Tatiana Ozzetti, Victor Próspero, Beatriz Marques, Nilton Suenaga.

2.5

O ESPAÇO DOMÉSTICO E A DOMESTICAÇÃO DA PAISAGEM
CASAS BRASILEIRAS CONTEMPORÂNEAS

Ana Elísia da Costa
Marcio Cotrim

Publicado originalmente em Anais do V ENANPARQ. Salvador: UFBA, 2018.

INTRODUÇÃO

A relação de um edifício com a paisagem, natural ou urbana, nunca é isenta. Há nessa relação uma expectativa que, normalmente, enfoca três estratégias – protagonismo, em que a obra, por contraste, ganha destaque e visibilidade na paisagem; neutralidade, expressa nos edifícios que se integram ao seu entorno; e a hibridização das duas atitudes anteriores, com alguns elementos destacados e outros integrados no meio em que se inserem (CROCKETT, 2016; TRIGO, 2016). É, portanto, condição essencial da arquitetura apoiar-se na paisagem, participar da mesma ou, ainda, opor-se a ela (MUÑOZ, 1987).

O enfoque dado a partir de uma dessas três estratégias depende de um juízo crítico que é significativamente influenciado por valores de uma determinada época, cultura e sociedade. A partir dos anos 1980, por exemplo, destacam-se, em especial na Europa e nos Estados Unidos, críticas à monumentalidade ou ao exibicionismo gratuito de obras anteriores que, para alguns[1], seriam pouco atentas aos seus contextos naturais e históricos consolidados. Essas críticas explicam, em grande medida, algumas das formas de operar em contextos históricos consolidados da arquitetura pós-moderna, por meio de citações diretas às arquiteturas antigas. No mesmo período, temas ligados à identidade passaram a ser debatidos nos Seminários de Arquitetura Latino Americana e certos materiais, como o tijolo, encarnaram possíveis relações com o lugar.

Algo diferente, mas comparável, pode ser observado em projetos de viés sustentável - ou de modismos a eles associados – que, a partir dos anos 1990, buscaram promover a simbiose do edifício com a paisagem natural, por meio da adoção de formas curvas e/ou semienterradas, com cobertura-verde e erguidas com materiais autóctones.

De qualquer modo, segundo Trigo (2016) e Rebello, Eloy, Leite (2006), a paisagem pode ser considerada como um importante "dado operativo de projeto", em que o desejo de protagonismo, comumente, se associa às necessidades projetuais de "invenção do inédito", por vezes, com "sofisticação duvidosa"; e ao desejo de neutralidade que, por sua vez, se relaciona com as necessidades de "simulação dos sistemas existentes", de imitação, ou, numa atitude conciliatória, de sua "reinvenção ou transformação".

> Admirando o natural, como se sentir criador e criatura no mesmo ato. A atividade humana de construir deriva-se em dilemas: da imitação simples à sofisticação duvidosa, da simulação dos sistemas existentes à invenção do inédito. Tudo é desafio e tentativa na relação entre o homem construtor e seu ambiente gerador (REBELLO, ELOY, LEITE, 2006).

1. Pode-se citar, por exemplo, Colin Rowe e Fred Koetter, no livro *Collage City* (1978), que se insere no debate mais amplo do "contextualismo", por defender a valorização da espacialidade tradicional das cidades e a coexistência do novo com o contexto preexistente.

No contexto destas reflexões, este estudo se propõe a analisar casas brasileiras que cederam, em diferentes graus, o protagonismo à paisagem envolvente, estabelecendo para isso uma atitude conciliatória de reinvenção ou transformação da mesma.

Destacam-se casas implantadas em lotes íngremes descendentes, ou seja, aquelas em que a cota mais alta se dá no nível da rua e desde onde estas casas são acessadas. Nesses casos, como se verá ao longo do artigo, o programa se desenvolve abaixo da referida cota e a cobertura é transformada numa extensão do espaço público ou da parte mais alta da topografia do terreno, reduzindo o impacto visual do volume e sugerindo uma espécie de mimetismo da casa na paisagem.

O conceito de mimetismo neste trabalho, livrando-se da carga filosófica da palavra de origem grega *mimesis*, é entendido apenas como uma estratégia de "adaptação" da arquitetura ao lugar em que se insere, o que, em maior ou menor grau, leva à fusão visual da mesma na paisagem. Afasta-se assim da relação do conceito com a ideia de "imitação", para envolver a "interpretação da essência da realidade pelo artista" (MAFHUZ,1995).

Com ênfase na análise de casas contemporâneas brasileiras, o estudo revisita ainda casas construídas na década de 1970 no país, nas quais se pode observar o desejo de que o edifício se afirme na paisagem, mas sem que assuma o papel protagonista, o que, como hipótese de trabalho, antecipa certas operações que se tornaram mais recorrentes entre casas contemporâneas, especialmente as analisadas neste estudo.

A COBERTURA COMO EXTENSÃO DA RUA OU DA TOPOGRAFIA

Casas construídas na década de 1970

No período entre o final da década de 1960 e início da década de 1970, segundo Zein e Bastos (2010), a arquitetura brasileira desenvolvia novas pesquisas formais e estruturais que, em paralelo, conviviam com a revisão da arquitetura vernácula. Processualmente, esse cenário conduziu à "crise da modernidade" vivenciada entre 1975-1985, quando são registrados movimentos simultâneos de continuidade, revisão e/ou superação da tradição moderna.

É nesse contexto de profundas transformações que Paulo Mandes da Rocha recorre ao uso de esquemas consolidados, como os das "casas-apartamento" - prisma compacto sobre pilotis que organiza o seu programa principal em um único pavimento - e, concomitantemente, ao uso de composições mais complexas.[2] (ZEIN, 2000)

Duas casas projetadas pelo arquiteto nesse período – G. Cristófero (1971) e Paulo e Lúcia Francini (1975) – merecem destaque na análise aqui proposta (Figura 01). Ambas são implantadas em lotes íngremes descendentes e se organizam em

2. Tais características, segundo Zein (2000), correspondem respectivamente à terceira (1964-78) e quarta fase (1976-79) da produção do arquiteto.

prismas de proporções retangulares, com alas dispostas frente-fundo e separadas por um pátio, configurando empenas laterais longitudinais cegas. Assim, nos dois casos, o arquiteto adapta em terrenos íngremes os mesmos arranjos tipológicos empregados em inúmeras casas que projetou em terrenos mais planos, o que, por sua vez, pode deixar dúvidas quanto à subordinação ou prevalência do tipo em relação ao sítio (MARTÍ ARÍS, 1993).

Figura 01 – Casas em estudo. Fonte: Acervo Pesquisa Casa Contemporânea Brasileira (Desenhos: (a) RITTER, C.; (b) MENUZZI, A. C.).

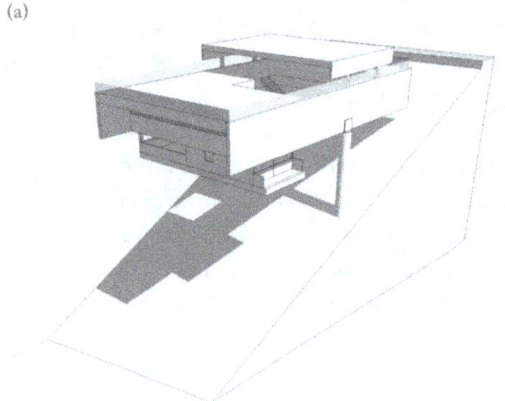

(a) Casa G de Cristófero
1971, Paulo Mendes da Rocha

(b) Casa Paulo e Lúcia Francini
1975, Paulo Mendes da Rocha

Nesses casos, contudo, a cobertura é explorada como uma extensão da cota mais elevada do terreno – a partir do acesso, criando uma espécie de nova topografia por meio de um terraço visitável (G. Cristófero); e a partir dos fundos do lote, tendo um pequeno pátio como interface entre o terreno e o volume, o que cria artificialmente um quarto plano de fachada e não permite o acesso direto à cobertura (Francini)[3]. Na primeira, a fusão da cobertura-terraço e do pátio, binômios espaciais opostos (e quase inconciliáveis) de extroversão e introspecção, apontam para novas possibilidades de diálogo com a paisagem e sua representação (COSTA; MENUZZI; ONGARATTO; *et al.* 2017).

Estruturalmente, ambas as casas exploram vigas-paredes longitudinais, variando o sistema de apoio das mesmas. Na G. Cristófero, as colunas estão centralizadas com relação às vigas longitudinais que nela se apoiam, definindo um enorme balanço no extremo oposto ao de acesso. Esse balanço é ainda mais pronunciado pela laje de cobertura que funciona como beiral em relação às demais. A solução parece desafiar a gravidade pela radicalidade estrutural, marcada pelo número mínimo de apoios. Na Francini, as vigas-parede se apoiam em outras vigas transversais com balanços menos expressivos que, por sua vez, descarregam nas colunas internalizadas na planta. Essa solução, junto com os platôs, resulta num conjunto mais atarracado no terreno. Embora tais sistemas estruturais tenham sido amplamente utilizados no modernismo[4], aqui, especialmente na Cristófero, estes são tensionados e ganham dramaticidade pela confrontação visual dos balanços em oposição às linhas descendentes do terreno (Figura 02).

3. A Casa Fernando Milan (1970), também de Mendes da Rocha, explora relação similar entre o arranjo volumétrico e a topografia (ZEIN, 2012, p. 276-279).

4. Bahima (2015) define três sistemas estruturais principais: **Dominóico**, com pilares internalizados nas plantas e lajes em balanços nas bordas; **Não Dominóicos**, com muros estruturais longitudinais apoiados diretamente no solo; e **Híbridos**, com vigas-parede apoiadas em colunas e mega balanços nos extremos longitudinais dos volumes.

(a)

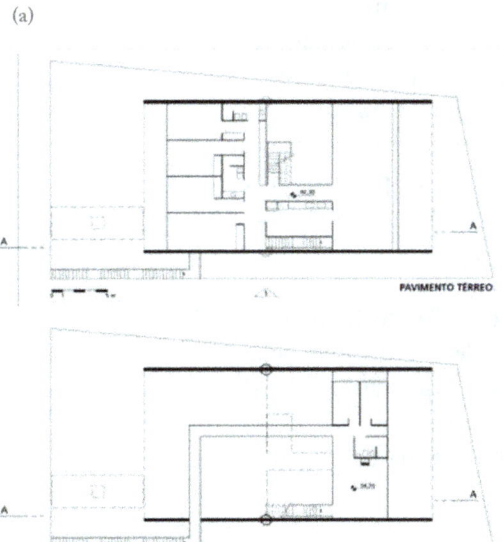

Casa G de Cristófero
1971, Paulo Mendes da Rocha

(b)

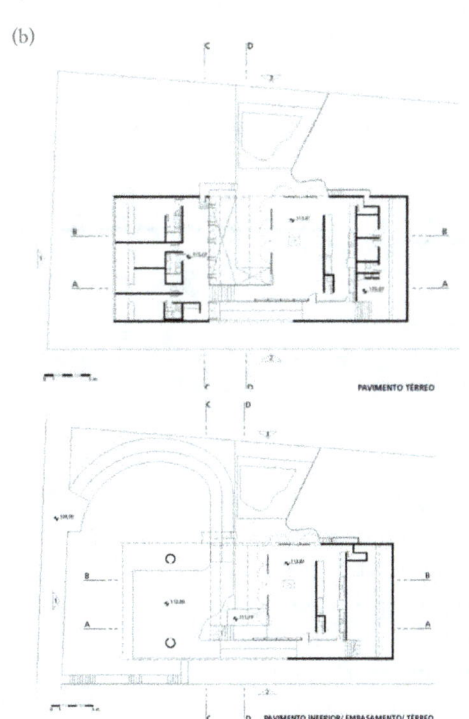

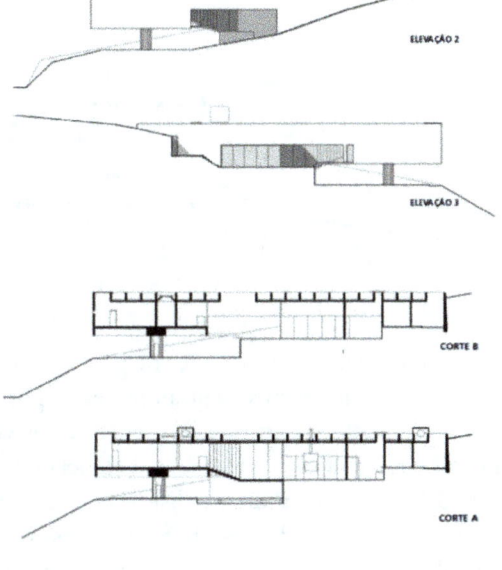

Figura 02 – Casas em estudo. Fonte: ZEIN, 2012, p. 281-282 e 300-303.

Casa Paulo e Lúcia Francini
1975, Paulo Mendes da Rocha

Assim, mimetizados na paisagem sob terraços estendidos da rua ou do terreno e confinados entre vigas-parede longitudinais, esses projetos compõem dois partidos - volumes suspensos e volumes semienterrados. Naturalmente, tais partidos revelam uma atitude ambígua em relação à paisagem - por um lado, buscam se integrar a ela através da cobertura; por outro, as empenas laterais em concreto que sustentam essa mesma cobertura se afirmam na paisagem por contraste. A partir do ponto de vista do observador, portanto, os gestos contraditórios de protagonismo ou neutralidade podem ser relativizados.

Ainda na década de 1970, o arquiteto Eduardo de Almeida desenvolve projetos que, aparentemente, resultam de operações semelhantes às de Mendes da Rocha. Depois enterrar a Casa Jean Sigrist (1973) e de semienterrar a Casa Patrimônio do Carmo 02 (1976), contudo sem adotar a cobertura como terraço e sem arrojos estruturais (Figura 03), o arquiteto explora amplamente a cobertura da Casa Donald Ting (1978) como um terraço-mirante.

Casa Patrimônio do Carmo 2
São Roque - SP, 1976, Eduardo de Almeida

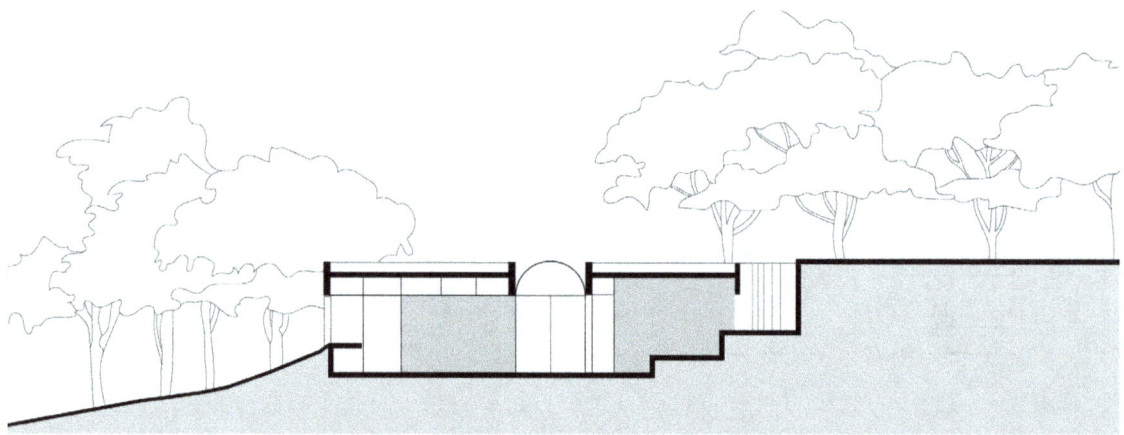

Nessa última, a compacidade volumétrica é rompida pela rotação dos pavimentos a partir de um vórtice central, marcado por pé-direito duplo, no qual a escada é posicionada. A partir desse vórtice, o zoneamento proposto por Eduardo de Almeida inverte a lógica tradicional, aquela em que o acesso principal ocorre no setor social e o setor íntimo é disposto no pavimento superior, passando a casa a ser vivenciada de modo descendente - acesso de veículos, área de lazer e piscina ocupam o piso superior-cobertura; áreas de serviço e estar, o nível intermediário; e ambientes íntimos, o nível inferior (Figura 04).

O zoneamento descendente e a experiência espacial a ele associado, ao se contraporem ao arranjo horizontalizado observado nas casas de Paulo Mendes da Rocha, ilustram mais uma das soluções ensaiadas nos anos 1970 que serão também alternativas exploradas entre casas contemporâneas.

Figura 03 – Casa em estudo. Fonte: Acervo Pesquisa Casa Contemporânea Brasileira (Desenho: OLIVEIRA, M. S.).

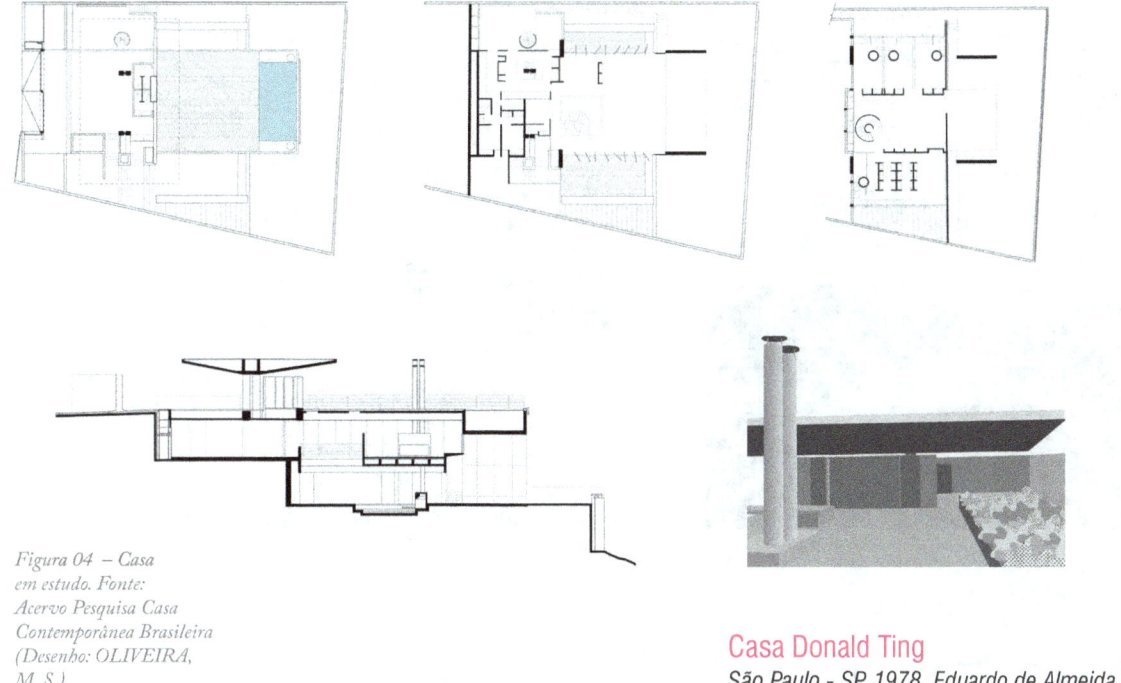

Figura 04 – Casa em estudo. Fonte: Acervo Pesquisa Casa Contemporânea Brasileira (Desenho: OLIVEIRA, M. S.).

Casa Donald Ting
São Paulo - SP, 1978, Eduardo de Almeida

CASOS CONTEMPORÂNEOS

O volume suspenso

5. A ideia de continuidade entre o tipo de corte experimentado por Lucio Costa em Monlevade e diversos projetos ao longo do século 20 é tratada por Abílio Guerra (2002) na sua tese de doutorado e, posteriormente, adaptada em outros textos do autor.

Com um número de apoios reduzido, algumas soluções contemporâneas também promovem a elevação de volumes em terrenos íngremes, criando coberturas que assumem o papel de terraços/mirantes e, em algum grau, integrando-se à paisagem. Assim como no das casas de Paulo Mendes da Rocha, os pilotis desses casos distanciam-se do viés corbusiano, originalmente vinculado a operações urbanas, para resolver problemas de natureza construtiva impostos pela topografia íngreme, tal como na proposta de Lucio Costa para Monlevade[5]. Como resultado, os arranjos promovem uma representativa inversão de funções e significados – o papel idealizado do pilotis de dar continuidade entre espaços públicos e privados é então assumido pelo terraço-jardim e o próprio espaço do pilotis assume caráter residual ou secundário.

Em casas com arranjos horizontalizados, registra-se casos em que vigas mestres se apoiam nas cotas mais altas dos terrenos e, no outro extremo, sustentam balanços generosos que projetam a casa sobre a forte topografia, como nas casas Ubatuba (2005-2006. SPBR) e Maya (2014. Yuri Vital). Deixando de lado as particularidades de natureza funcional e espacial, essas casas estabelecem relações com a paisagem muito similares às que ocorrem na Casa G. Cristórefo de Mendes da Rocha. Ao mesmo tempo, contudo, nessas casas são exploradas novas soluções estruturais, como revelam as duas vigas mestres da Casa Ubatuba que atirantam as lajes dos seus pavimentos inferiores e a estrutura metálica da Casa Maya (TONET; PICCOLI; COSTA, 2016; COSTA, 2017) (Figura 05).

(a)

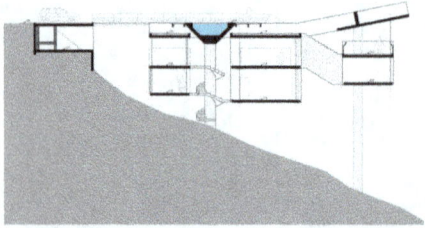

Casa Ubatuba
Ubatuba - SP, 2005-2006, SPBR Arquitetos

(b)

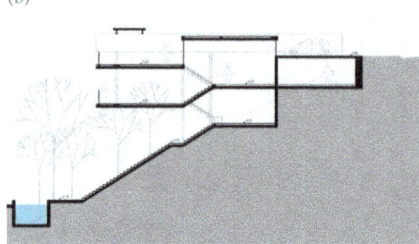

Casa Maya
2014, Yuri Vital

Em casas com arranjos mais verticais, é recorrente a fragmentação de volumes que, apoiados em poucas colunas, buscam minimizar os impactos do conjunto sobre a topografia e a vegetação do terreno, como pode ser ilustrado pelas casas Ubatuba II (2011-12. SPBR) e Marassi (2012. Frederico Zanelatto). Na primeira, a proporção volumétrica, as empenas laterais cegas apoiadas diretamente nas colunas e a orientação frente-fundos são explícitas heranças das casas modernas paulistas, mas provam lógicas funcionais, espaciais e estruturais muito particulares em relação às mesmas (HALLAL, COSTA, 2016; COSTA, 2017). Destaca-se a escada aberta que liga o terraço ao pavimento inferior, em oposição à solução adotada na Marassi, cuja proteção da escada demanda uma pequena laje apoiada sobre a cobertura-terraço, assim como na Casa G. Cristófero de Mendes da Rocha e na Casa Ting de Eduardo Almeida (Figura 06).

Figura 05 – Casas em estudo. Fonte: (a) Corte e perspectiva - Acervo Pesquisa Casa Contemporânea Brasileira (Desenho: TONET, S.); Foto - Acervo SPBR Arquitetos (Foto: Nelson Kon); (b) Perspectiva e Corte - Acervo Pesquisa Casa Contemporânea Brasileira (Desenho: TONET, S.); Perspectiva - Acervo Yuri Vital.

Figura 06 – Casas em estudo. Fonte: (a) Acervo SPBR Arquitetos (Foto: Nelson Kon); (b) Corte e Perspectiva: Acervo Pesquisa Casa Contemporânea Brasileira (Desenho: MEDEIROS DOS SANTOS, L.); Render – Acervo Frederico Zanelato Arquitetos.

Em alguns casos, seja em arranjos horizontalizados ou verticalizados, observa-se a presença de um volume secundário enterrado e conectado diretamente à rua que, por meio de passarelas ou "pontes", se liga ao corpo principal da casa. Tais passarelas, assim como na Casa G. Cristófero, transpõem os "abismos" impostos pelas topografias íngremes e definem, junto aos percursos possíveis sobre os terraços das coberturas, grandes *promenades* abertas à paisagem (COSTA, 2017).

(a)

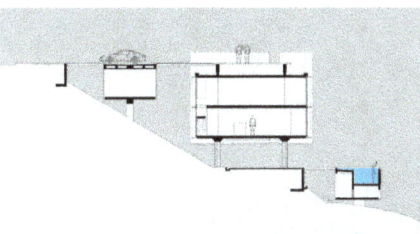

Casa Ubatuba II
Ubatuba - SP, 2005-2006, SPBR Arquitetos

(b)

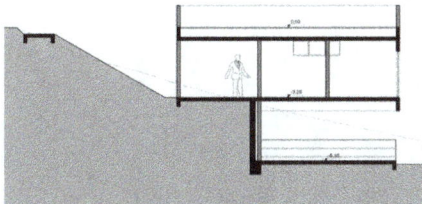

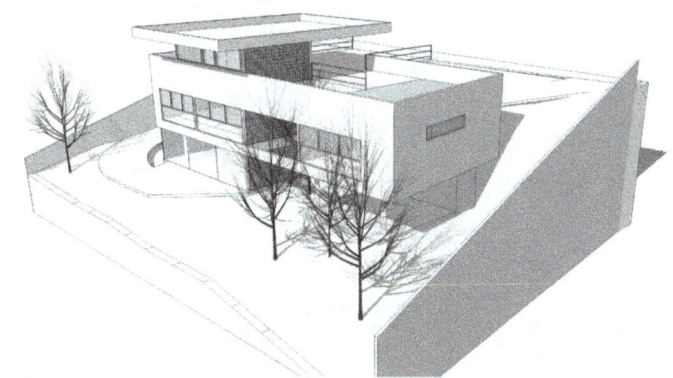

Casa Marassi
São José dos Campos - SP, 2014, Frederico Zanelato Arquitetos

O volume enterrado

Em sentido oposto aos casos anteriores, são observados exemplares em que a estratégia de mimetização ocorre a partir de um operação que enterra parte dos volumes no solo, como nos projetos das casas Brasileira 2 (2011. Arquitetos Associados[6]) e Itú (2010. UNA Arquitetos[7]), ambas não construídas.

Nesses casos, os volumes compactos são encravados transversal ou longitudinalmente em relação às curvas de nível do terreno, deixando suas coberturas, assim como nos casos anteriores, em continuidade com as cotas mais altas do terreno. Pátios internos ampliam as possibilidades de iluminação e ventilação dos ambientes, bem como dinamizam as experiências espaciais dos pavimentos que, dispostos em meio níveis, buscam minimizar movimentações na topografia natural do terreno (Figura 07).

6. Da equipe do escritório, assinam o projeto os arquitetos Alexandre Brasil e Bruno Santa Cecília.

7. O projeto constava no site do escritório, de onde todas as imagens e dados foram extraídos. Inexplicavelmente, depois que toda a análise foi desenvolvida, o projeto foi removido da base de dados do escritório. O mesmo foi citado no artigo COSTA, COTRIM CUNHA (2005).

(a)

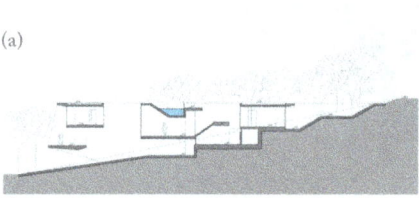

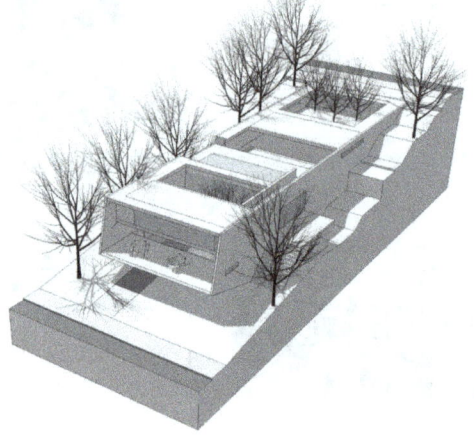

Casa Brasileira 2
Reserva Real - MG, 2011, Arquitetos Associados

(b)

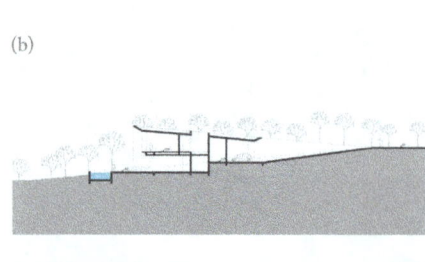

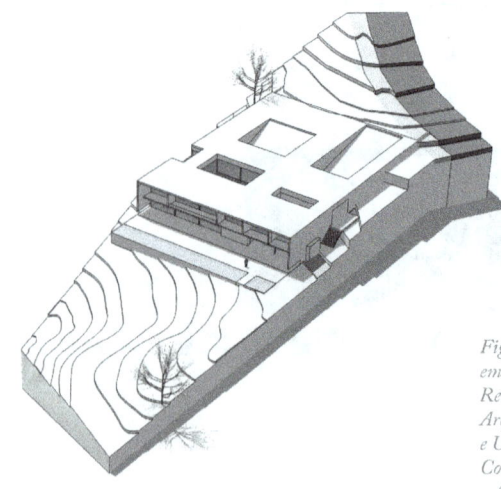

Casa Itú
Itú - SP, 2012, Una Arquitetos

Figura 07 – Casas em estudo. Fonte: Render: Acervos Arquitetos Associados e Una Arquitetos; Cortes: e perspectivas – Acervo Pesquisa Casa Contemporânea Brasileira (Desenho: SCOTTÁ, M.).

8. Essa descrição é comumente atribuída à arquitetura paulista dos anos 1960 e 1970, mas pode ser vista em praticamente todo o país durante o mesmo período.

Desde um ponto de vista tipológico, tais casas podem ser entendidas em continuidade com certa tradição de casas dos anos 1960 e 1970: volumetrias compactas, definidas por empenas cegas longitudinais em concreto armado contrapostas a superfícies transversais envidraçadas, nas quais a utilização de um pátio central como elemento articulador de alas e setores é essencial[8]. Aqui, contudo, o número de pátios se torna mais expressivo, decorrente das demandas de iluminação/ventilação dos ambientes que, potencialmente, usufruem de uma única superfície envidraçada na extensão exposta do volume, já que as outras três fachadas estão semienterradas ou prefiguram a ideia de empenas cegas.

Essa observação de uma possível continuidade com a arquitetura moderna brasileira, e em particular com a corrente hegemônica da arquitetura paulista dos anos 1960, é expressa pelos próprios arquitetos nos trechos destacados na sequência. O primeiro trecho diz respeito à Casa Brasileira 2, que é apresentada juntamente com o projeto da Casa Brasileira 1, desenvolvida no mesmo contexto, contudo, sem explorar um terraço-cobertura.

> Os dois projetos que apresentamos para o Reserva Real tomam como ponto de partida a **tradição arquitetônica moderna brasileira**, buscando explorar as qualidades que a distinguiram e a tornaram reconhecida internacionalmente, como a **relação harmoniosa com a paisagem natural e o clima**, a interação entre os espaços interiores e exteriores, a clareza na concepção construtiva, a honestidade no uso dos materiais e a reinterpretação de elementos regionais (http://www.arquitetosassociados.arq.br/ – negrito nosso).

> A organização em pátios e meios níveis acomoda o programa ao declive do terreno, e cria continuidades (e também descontinuidades) nos espaços internos muito reconhecíveis na **arquitetura moderna paulista** (www.unaarquitetos.com.br - negrito nosso).

Se, por um lado, a relação dessas casas com o repertório da arquitetura moderna brasileira é explícita, por outro, é possível também observar que as mesmas são permeadas por soluções excepcionais em relação ao mesmo repertório, o que merece uma análise mais detalhada neste estudo.

CADÊ AS CASAS? ENTRE O PROTAGONISMO E A NEUTRALIDADE DIANTE DA PAISAGEM

Implantação e partido formal

Com um ano de diferença entre os projetos, a Casa Brasileira 2 (2011. Arquitetos Associados) e a Casa em Itu (2012. UNA) se localizam em condomínios fechados, respectivamente no Condomínio Reserva Real-Minas Gerais e um condomínio da Cidade de Itu, interior do estado de São Paulo. A configuração topográfica semelhante dos terrenos, como já observado, levou à acomodação das suas edificações sem promover grandes movimentações de terra, transformando suas coberturas em mirantes da paisagem envolvente. Assim, em ambos os casos, topografia e visuais condicionam grande parte das estratégias projetuais adotadas. Na Brasileira 2, a inclinação mais acentuada da topografia permitiu que a cobertura/terraço fosse completamente horizontal, arrematando dois pavimentos inferiores, que, no extremo longitudinal do volume, avançam por meio de um balanço. Na casa em Itu, a partir da cota de nível de acesso, o programa é distribuído meio-nível "para baixo" e meio-nível "para cima", configurando os dois pavimentos principais que são cobertos por uma laje inclinada em continuidade com o terreno. Sobre essa estratégia, vale destacar os argumentos referentes às casas Brasileira 2 e Itú, respectivamente:

> "os projetos procuram reconhecer as condições **topográficas** do terreno e valer-se do aclive para descortinar as belas vistas da paisagem local. O uso dos **terraços e coberturas** como espaços de convivência e lazer busca recuperar a porção de terreno subtraída pela presença da própria construção. A opção pelos espaços de lazer na cobertura justifica-se ainda pela insolação generosa e a **vista desimpedida** (http://www.arquitetosassociados.arq.br/ – negrito nosso).

> **Promover certa diluição dos limites entre a construção e a geografia do terreno**... O projeto prevê a volumetria da casa a partir de uma dobra no terreno no sentido contrário à sua declividade. Através de uma rampa, o **jardim frontal torna-se o teto da construção** e essa inversão do perfil natural faz com que a declividade do terreno seja mais visível (www.unaarquitetos.com.br - negrito nosso).

A geometria dos terrenos, por sua vez, forçou variações quanto à proporção dos volumes compactos e suas relações com as curvas de nível. Na **Casa Brasileira 2**, o lote com forma mais regular, estreito e profundo condicionou a implantação perpendicular do volume em relação às curvas de nível. Na **Itu**, o terreno de geometria irregular direcionou a disposição do volume de proporções quadráticas paralelo às curvas de nível e centralizado no lote. Na **Casa Itu**, o acesso é feito pela cobertura, na cota mais alta do terreno; na **Casa Brasileira 2**, pelo nível inferior, visto que seu terreno apresenta duas testadas, permitindo a conversão da cobertura-terraço em espaço de lazer e contemplação, onde se localiza a piscina (Figura 08).

Figura 08 – Composição volumétrica das casas em estudo. Fonte: Acervo Casa Contemporânea Brasileira (Desenho: (a) MENEGUZZI, A. C.; (b) SCOTTÁ, M.).

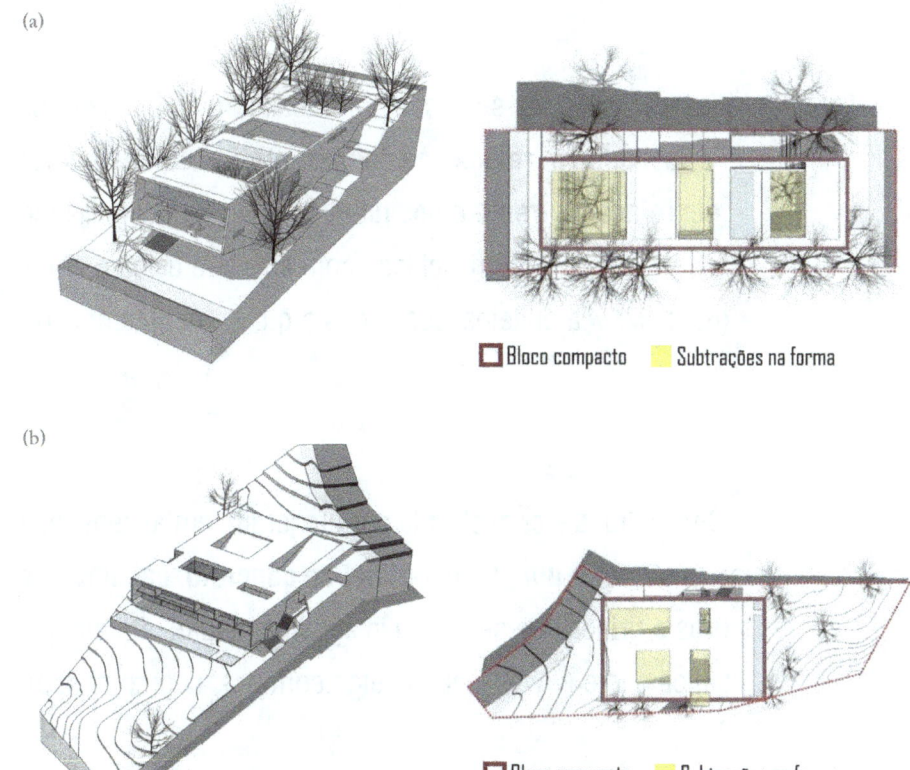

Nos dois casos, na interface do volume com a cota mais alta do terreno, são explorados pátios e/ou escavações, assim como na Casa Francini de Mendes da Rocha. Esses pátios aqui são destinados ao setor íntimo da Casa Brasileira 2 e ao setor de serviços e garagem da Itu, compensando a ausência da quarta fachada para promover acessos e/ou iluminação e ventilação aos ambientes, como já discutido. Os demais pátios claramente organizam a disposição das alas e setores nas casas, perfurando um ou dois pavimentos (Figura 08).

Se o gesto de enterrar parcialmente esses volumes pode evidenciar alguma intenção de mimetizá-los com a paisagem, o tratamento dado aos mesmos parece ir em direção contrária, o que explicita a já referida atitude de hibridizar protaginismo e neutralidade em relação à paisagem. Nos dois casos, as empenas laterais em concreto, aparentemente, abdicam do gesto de integração com o meio, para fazerem uma possível referência tipológica à casa "entre empenas paulista". Decorre destas mesmas referências tipológicas, observa-se que as empenas laterais e a laje da cobertura configuram uma espécie de "moldura" para a grande superfície envidraçada e para os brises da Itú, que se erguem levemente recuados em relação aos limites do volume (Figura 09).

Arquitetos Associados e Una Arquitetos, respectivamente, assim descrevem o tratamento das fachadas das casas em estudo, onde estão claramente contrapostos abertura e fechamento:

> Plasticamente, fez-se opção por trabalhar um volume **mais fechado em relação às divisas laterais e mais aberto em relação à frente e aos fundos** do terreno, conciliando privacidade com abertura física e visual (http://www.arquitetosassociados.arq.br/ – negrito nosso).

> Se a entrada é consolidada por um jardim em ascensão, a **face posterior é um plano vertical de concreto, caixilhos de vidros e brises** que se abrem integralmente para a mata que circunda o lote (www.unaarquitetos.com.br - negrito nosso).

Figura 09 – Tratamento da fachada Casa em Itu (UNA). Fonte: Acervo Una Arquitetos.

Casa Itú
Itú - SP, 2012, Una Arquitetos

Assim como tratamento volumétrico, o sistema estrutural das casas também revisita soluções empregadas na casa paulista. Suas empenas laterais configuram "muros estruturais" apoiados diretamente no terreno que, na Casa **Brasileira 2**, se restringem aos únicos apoios da laje; e, na Casa **Itú**, delimita um sistema estrutural complementar de vigas e pilares modularmente dispostos. A feição e função dessas empenas, apesar de não recorrerem ao sistema *híbrido* da Casa G. Cristófero (viga parede apoiada diretamente em coluna e com megabalanços) e ao sistema *dominóico* da Casa Francini (colunas recuadas dos planos da fachada com balanços mais modestos), configuram um terceiro sistema também amplamente no universo estudado (BAHIMA, 2015) e que aqui parece ser mais adequado ao intento de "fundir" a casa no terreno.

Assim, entre a cobertura-terraço em continuidade com o terreno e a possível referência tipológica (arquitetônica e estrutural) à casa paulista, constrói-se uma atitude "conciliatória" diante da paisagem, cujas estratégias buscam ora a integração com o entorno, ora o contraste.

Configuração funcional e espacial

Nas duas casas, a disposição dos setores sugere uma relação entre pavimento inferior/ uso social e pavimento superior/ uso íntimo. Aqui, contudo, essa disposição é tensionada ao serem explorados meios-níveis que, articulados desde o acesso principal das casas, definem promenades surpreendentes. Abandona-se, deste modo, o esquema da casa-apartamento de Mendes da Rocha e a estratégia do zoneamento descendente de Eduardo de Almeida. Na **Brasileira 2**, o percurso se dá de modo ascendente – uma complexa trama de rampas conecta os meios-níveis entre si, explorando de modo significativo a passagem pelos ambientes do setor social que, centralizados vertical e horizontalmente no volume, se abrem duplamente para os jardins e áreas internas[9]. A partir do acesso principal da **Itu**, com pé-direito duplo e ladeado pelo pátio principal, são sugeridos dois percursos - um descendente, que leva ao social, e outro ascendente, que conduz ao íntimo. Assim, nesses casos, o zoneamento em meios-níveis parece não só uma estratégia de acomodação da casa no perfil topográfico do terreno, mas também de construção de novas espacialidades.

A partir dos referidos meios-níveis, alas (Brasileira 2) e faixas (Itú) são articuladas diretamente com os pátios e eixos de circulação. Os três pátios da **Brasileira 2**, transversais ao volume e conectados por rampas periféricas longitudinais, são mais devedores dos arranjos frente-fundos separados por um pátio central, observados na arquitetura moderna. Na **Itú**, os dois pátios principais, um com altura dupla e outro com altura de um pavimento, são dispostos longitudinalmente no volume, estando orientados por um eixo de circulação, também longitudinal, que ocupa uma posição centralizada no conjunto.

Nos dois casos, os pátios assumem distintas hierarquias funcionais, determinadas pela ala-setor que os tangencia, destacando-se os pátios especificamente abertos para os setores íntimos. Por outro lado, essa hierarquia também se dá do ponto de vista espacial, determinada pelo número de pavimentos que o pátio perfura e pelo grau de conexões visuais que promove. Na **Brasileira 2**, destaca-se o pátio ladeado por rampas e delimitado por lajes que entre os pavimentos não se sobrepõem, indefinindo seus limites espaciais. Na **Itú**, merece menção o diálogo do pátio de altura dupla com o mezanino da sala, estando os dois vazios segregados pela circulação central que assume a feição de passarela (COSTA; COTRIM CUNHA, 2015) (Figura 10).

9. O arrranjo da casa Brasileira 2 é assim descrito pelos arquitetos: "Primeiramente faz-se uma distinção dos espaços de serviço, que ficam ligados ao solo, dos espaços de convívio, que flutuam acima do chão. Em seguida, os dormitórios foram dispostos nas duas extremidades da casa, de modo a tirar o maior proveito da vista e das condições mais favoráveis de ventilação e iluminação naturais. Já os espaços de sociabilidade e encontro foram localizados na porção central da edificação, abrindo-se duplamente para os jardins e áreas internas" (http://www.arquitetosassociados.arq.br/)

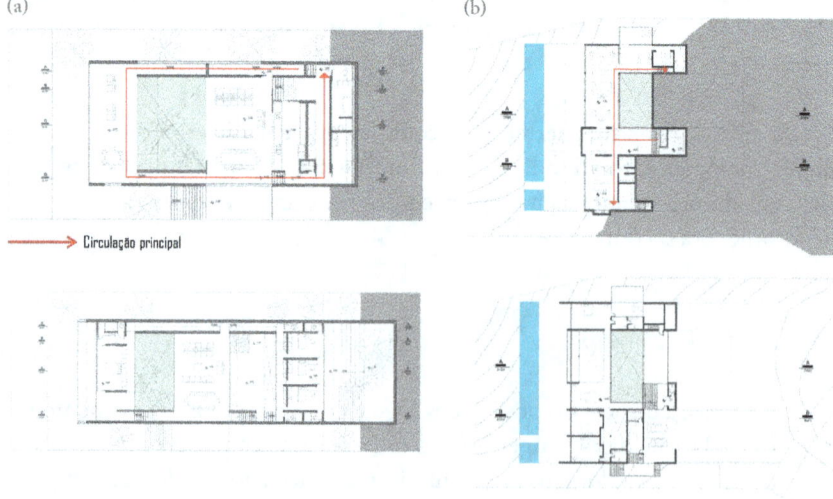

Casa Brasileira 2
Reserva Real - MG, 2011,
Arquitetos Associados

Casa Itú
Itú - SP, 2012,
Una Arquitetos

Figura 10 – Pátios e principais eixos de circulação das casas em estudo.
Fonte: Acervo Casa Contemporânea Brasileira (Desenho: SCOTTÁ, M.).

Além da articulação dos pátios com a rede circulatória, observa-se que os elementos irregulares de composição (banheiros, cozinhas, áreas de serviço, etc) são dispostos de modo a favorecer a configuração de plantas livres, especialmente junto aos ambientes do setor social, o que, por consequência, favorece a relação visual destes com a paisagem, seja ela externa, seja ela interna.

Assim, o presumível deslocamento entre rampas, passarelas, escadas e plantas livres, sempre ladeadas por pátios com limites horizontais e verticais imprecisos, sugere que nos projetos haja um desejo de promover experiências espaciais dinâmicas, com múltiplos pontos focais. Como mesmo afirma os Arquitetos Associados sobre a Brasileira 2, "a valorização desses percursos dá-se através das variações da posição do morador, alternando as vistas do interior e da paisagem natural" (http://www.arquitetosassociados.arq.br)

A experiência espacial promovida por essas casas é, portanto, muito exteriorizada, mesmo em detrimento da aparente introspecção sugerida pelos arranjos semienterrados na paisagem. Desenha-se, assim, uma dialética espacialidade – ao mesmo tempo introvertida e extrovertida - e uma nova possibilidade de diálogo com a paisagem, onde o edifício é, ao mesmo tempo, protagonista e neutro.

CONSIDERAÇÕES FINAIS

A topografia íngreme do terreno onde estão implantados é, à primeira vista, o denominador comum dos projetos estudados nesta análise. Sobre essa topografia, as casas dialeticamente se opõem e se integram à paisagem, prefigurando a cobertura como uma extensão da rua ou da topografia do terreno. Para isso, duas estratégias se evidenciam entre casas modernas e contemporâneas brasileiras – ou erguem os volumes do solo ou os semienterram. Em ambos os casos, observa-se que ocorre uma inversão significativa de uso e significado do pilotis, cujo papel originalmente idealizado para dar continuidade entre espaço urbano e privado é assumido pelo terraço-jardim.

Nas casas contemporâneas, como na natureza "em constante movimento e absoluta paralização" (MUÑOZ, 1987), observa-se que, por um lado, as soluções se aproximam sensivelmente do repertório moderno; por outro, que estas mesmas soluções se mostram flexíveis a novas experimentações, quase sempre impulsionadas por um olhar sensível do arquiteto diante da paisagem que se impõe e sugere a promoção de novas e dinâmicas experiências espaciais. Assim, numa paisagem opressora e, ao mesmo tempo, libertadora, surge um novo *repleto do velho*, imagens renovadas e estruturas indissociáveis do seu tempo e do lugar em que se assentam.

REFERÊNCIAS

BAHIMA, C. F. **De Placa e Grelha**: Transformações dominóicas em terra brasileira. Porto Alegre, 2015. Tese (Doutorado em Arquitetura) - Faculdade de Arquitetura, Universidade Federal do Rio Grande do Sul.

BASTOS, M. A. J; ZEIN, R. V. **Brasil:** arquiteturas após 1950. São Paulo: Perspectiva, 2010.

COSTA, A. E.; MENUZZI, A. C.; ONGARATTO, C. A. et al. Terra e céu, pátio e terraço: a natureza idealizada em casas contemporâneas brasileiras. *In:* **Anais do Seminário Internacional Academia de Escolas de Arquitetura e Urbanismo de Língua Portuguesa – AEAULP.** Belo Horizonte: AEALUP, 2017, v. 3.

COSTA, Ana E. A negação da terra. Relações entre as cidades invisíveis de Ítalo Calvino e casas projetadas pelo escritório SPBR. **Vitruvius**, Arquitextos, São Paulo, ano 18, n. 207.05, ago. 2017. Disponível em: http://www.vitruvius.com.br/revistas/read/arquitextos/18.207/6667

COSTA, A. E.; COTRIM CUNHA, M. O pátio no Brasil. Da casa moderna à contemporânea. **Vitruvius**, Arquitextos, São Paulo, ano 16, n. 181.07, jun. 2015. Disponível em: http://www.vitruvius.com.br/revistas/read/arquitextos/16.181/5560

CROCKETT, L. Protagonismo ou mimetismo? Como arquitetos lidam com o contexto. **Archdaily Brasil**, 18 Agosto, 2016. Disponível em: http://www.archdaily.com.br/br/793351/protagonismo-ou-mimetismo-como-arquitetos-lidam-com-o-contexto

GUERRA, A. **Lucio Costa, modernidade e tradição:** montagem discursiva da arquitetura moderna brasileira. Campinas, 2002. Tese (Doutorado em História) - Instituto de Filosofia e Ciências Humanas, Universidade Estadual de Campinas.

HALLAL, P.; COSTA, A. E. **Casa Ubatuba II.** (Relatório de Pesquisa) - Faculdade de Arquitetura, Universidade Federal do Rio Grande do Sul e Universidade Federal de Pelotas, 2016. Disponível em: https://www.ufrgs.br/casacontemporanea/casa-ubatuba-ii-i-2011-12/

MAHFUZ, E. C. **Ensaio sobre a razão compositiva**. Viçosa: UFV; Belo Horizonte: AP Cultural, 1995.

MARTÍ ARÍS, C. **Las variaciones de la identidad: ensayo sobre el tipo en la arquitectura.** Barcelona: Colegio de Arquitectos de Cataluña, 1993.

MUÑOZ, M. T. La Casa sobre la Naturaleza. **Revista Arquitectura,** nº 269, novembro/dezembro de 1987, Colégio Oficial de Arquitetos de Madrid. Disponínel em: http://oa.upm.es/39765/1/Casa_naturaleza_opt.pdf

REBELLO, Y.; ELOY, E.; D'AZEVEDO LEITE, M. A. Mimetismo e metáfora. **Revista AU**, edição 150, set. 2006. Disponível em: http://au17.pini.com.br/arquitetura-urbanismo/150/artigo29376-1.aspx

ROWE, C,; KOETTER, Fred. **Collage City**. Cambridge; Londres: The MIT Press, 1978.

TONET, S.; PICCOLI, C.; COSTA, A. E. **Análise Comparada:** Casas Ubatuba, Maia, Itu e Brasileira 2. (Relatório de Pesquisa) - Faculdade de Arquitetura, Universidade Federal do Rio Grande do Sul, 2016. Disponível em: https://www.ufrgs.br/casacontemporanea/casa-maia-i-2014/

TRIGO, J. M. A. C. **Arquitetura e construção de paisagem**: o Douro e a Adega da Quinta do Granjal. Porto, 2016. Dissertação (Mestrado) - Universidade do Porto.

ZEIN, R. V. **Arquitetura brasileira, escola paulista e as casas de Paulo Mendes da Rocha**. Porto Alegre, 2000. Dissertação (Mestrado em Arquitetura) - Faculdade de Arquitetura, Universidade Federal do Rio Grande do Sul.

ACERVOS

Acervo Arquitetos Associados. Disponível em: http://www.arquitetosassociados.arq.br

Arquivo Eduardo Almeida. Disponível em: http://arquivoeduardodealmeida.com.br/

Acervo Frederico Zanelato Arquitetos. Disponível em: http://www.fredericozanelato.com/

Acervo SPBR Arquitetos. Disponível em: http://www.spbr.arq.br/

Acervo Una Arquitetos. Disponível em: http://www.unaarquitetos.com.br/

Acervo Yuri Vital. Disponível em: https://yurivital.com.br/

Acervo Pesquisa Casa Contemporânea Brasileira. Disponível em: www.ufrgs.br/casacontemporanea/

DADOS AUTORAIS

ARQUITETOS ASSOCIADOS

CASA BRASILEIRA 2. *Reserva Real – MG, 2011.* **Arquitetos:** Alexandre Brasil, Bruno Santa Cecília.

FREDERICO ZANELATO ARQUITETOS

CASA MARASSI. *São José dos Campos – SP, 2006.* **Arquitetos:** Frederico Zanelato. **Colaboradores:** Regina Sesoko, Regina Santos e Suzana Nagasawa.

SPBR ARQUITETOS

CASA UBATUBA. *Ubatuba-SP, 2005-06.* **Arquitetos:** Angelo Bucci. **Colaboradores:** Ciro Miguel, Juliana Braga, João Paulo M. de Faria, Flávia Parodi Costa, Tatiana Ozzetti, Lucas Nobre, Nilton Suenaga.

CASA UBATUBA II. *Ubatuba-SP, 2011-12.* **Arquitetos:** Angelo Bucci. **Colaboradores:** Tatiana Ozzetti, Nilton Suenaga, Ciro Miguel, Juliana Braga, Fernanda Cavallaro, Victor Próspero.

UNA ARQUITETOS

CASA EM ITÚ. *Itú – SP, 2011.* **Arquitetos:** Cristiane Muniz, Fábio Valentim, Fernanda Barbara, Fernando Viégas.

YURI VITAL

CASA MAYA. *Carapicuíba-SP, 2014.* **Arquitetos:** Yuri Vital.

Casa Ubatuba
Ubatuba - SP, 2005-2006, SPBR

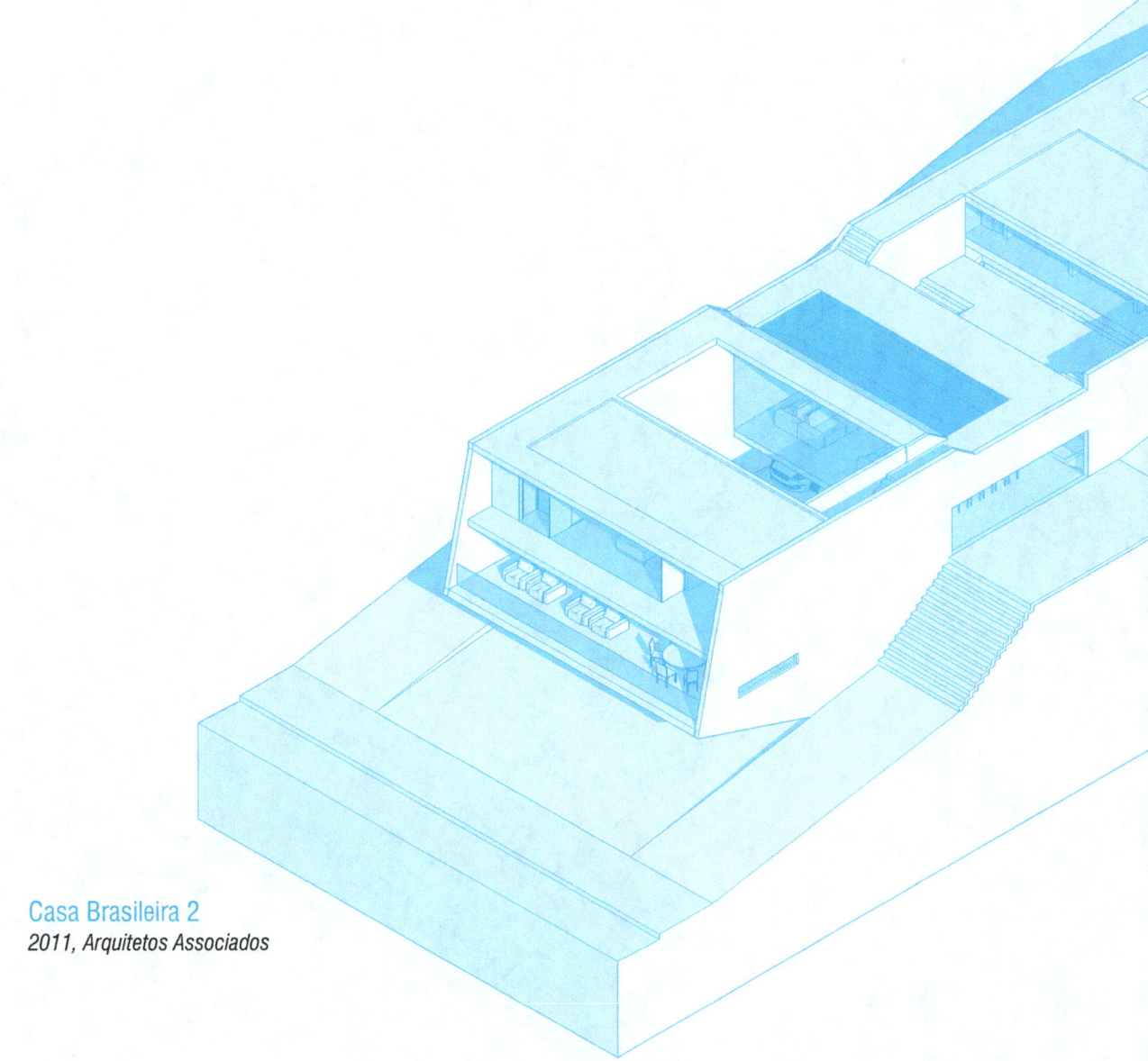

Casa Brasileira 2
2011, Arquitetos Associados

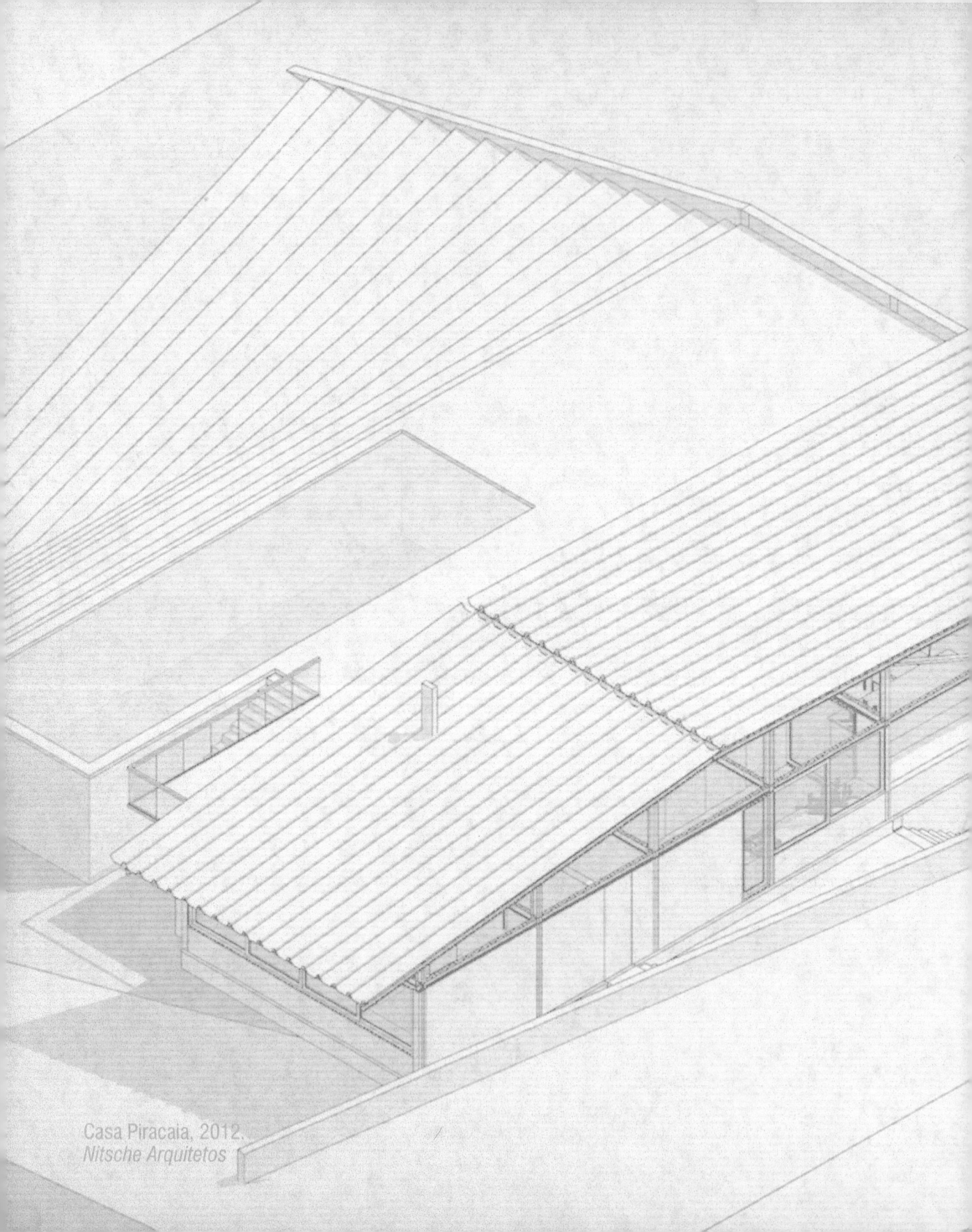
Casa Piracaia, 2012.
Nitsche Arquitetos

3
A CASA AVARANDADA E O TELHADO

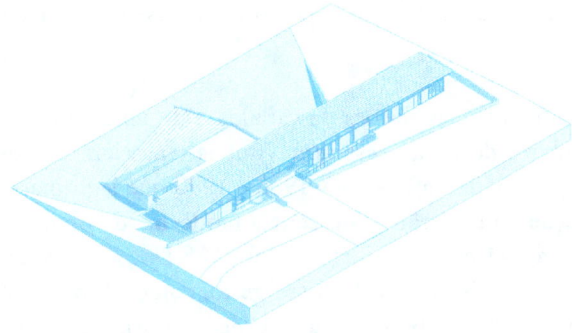

3.1

A CASA AVARANDADA E O TELHADO
UMA INTRODUÇÃO

Ana Elísia da Costa
Célia Castro Gonsales

A varanda e o telhado ainda figuram como elementos expressivos na casa contemporânea brasileira, especialmente nos contextos rurais e praianos. Telhados e varandas, respectivamente elementos de arquitetura e de composição, constroem narrativas atuais vigorosas – traduções quase literais das referências do passado; variações de si mesmos em combinações múltiplas e, por vezes, improváveis; novas configurações -, mas quase sempre impregnadas de grande força imagética e de significados culturais.

Em especial nas casas de fim de semana ou refúgios, a varanda demonstra aos homens urbanos como a vida familiar quer (ou deveria) se desenvolver - sombreada, fresca e preguiçosa. Dita um ritmo de vida, "didatiza" a importância do ócio, da contemplação, do convívio, valores quase utópicos na sociedade que exige disponibilidade para o trabalho em qualquer tempo e lugar. Na sua "pausa", reside um gesto de resistência à própria condição producente contemporânea, ou pós-moderna, como sugere Bauman (2001).

Do ponto de vista arquitetônico, as feições da varanda e do telhado contemporâneos são também produtos de uma resistência. Ambos renascem dos ideais nostálgicos da arquitetura pós-moderna dos anos 1980 e 1990 que legitimaram a união entre a **reinterpretação da tradição** e a **essência moderna**, de onde se reconhece resultados ainda apropriáveis na realidade atual (BASTOS; ZEIN, 2010; LUCCAS, 2006, 2008; MONTANER, 2001). Esse gesto, como afirma Luccas (2008), estanca a sede por novidades e a busca incansável de ineditismo e superação - paradoxalmente, características marcantes da sociedade de consumo pós-moderna (BAUMAN, 2001).

Por outro lado, as duas soluções – varanda e telhado – são ainda artifícios construtivos de resistência ao consumo excessivo de energia, secularmente testados e "atestados" pela cultura tradicional. Paredes e aberturas sombreadas por generosos beirais, ventilação cruzada no desvão do telhado e nas próprias varandas, bem como configuração de espaços de transição entre o interior e o exterior, são exemplos de estratégias que efetivamente podem reduzir demandas de uso de ar-condicionado, o que leva a acreditar que sejam soluções que contribuem para a construção, do ponto de vista ambiental e social, de um "habitat sustentável". Aproximam-se, assim, de modo sensível e responsável, a "arquitetura do lugar" e a "arquitetura do seu tempo" (Figura 01).

É essa persistência-resistência - cultural, arquitetônica e ambiental - que estimulou o estudo da varanda e do telhado na casa contemporânea. Essa investigação, naturalmente, é também exercício árduo, pois se vislumbra inúmeras experimentações e possíveis referências. Diante disso, sem pretender exaurir o tema e/ou definir classificações tipológicas rígidas e definitivas, se propõe uma "deriva", de onde emergem temas e questões que são compartilhadas em dois artigos, um dedicado especificamente à varanda e outro ao telhado.

Nos dois casos, se legitima a arquitetura moderna como instância primeira de reconhecimento dos valores da arquitetura colonial, o que conduziu os seus esforços na conciliação de um vocabulário difundido internacionalmente com o vocabulário da tradição local, incluindo o uso da varanda e do telhado (SEGAWA, 1999). Essa mesma arquitetura moderna é, muitas vezes, o ponto de partida para investigações contemporâneas, sendo referenciada de modo muito explícito ou como meio para a construção processual de novos caminhos. Parte-se da hipótese de que, consciente ou inconscientemente, essa arquitetura vem sendo referenciada em citações que obedecem a arranjos tipológicos muito similares ou que replicam o uso de "fragmentos de tipo" e "estruturas formais elementares" (MARTÍ ARÍS, 1993), atributos estes últimos que parecem caracterizar o telhado e a varanda.

(a)

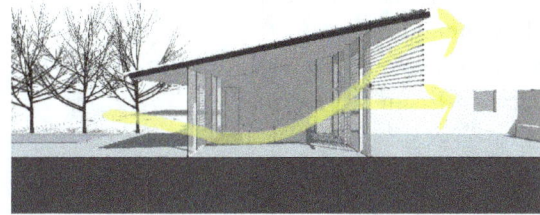

Casa Aracajú
Aracaju - SE, 2005, AUM Arquitetos

(b)

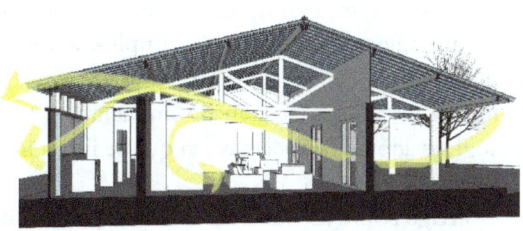

Casa no Peixe Gordo
Peixe Gordo - CE, 2012, Arquitetos Associados

(c)

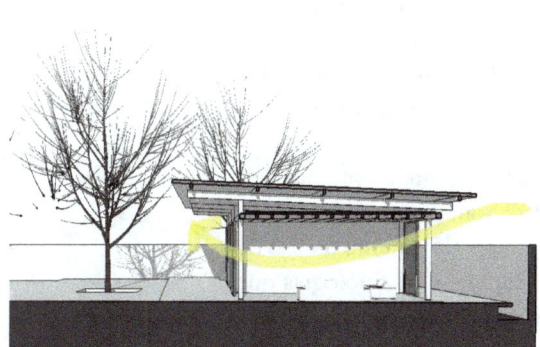

Casa Barra Do Sahy
São Sebastião - SP, 2002, Nitsche Arquitetos

(d)

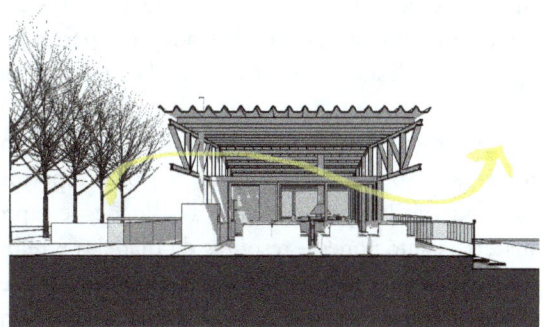

Casa Piracaia
Piracaia - SP, 2012, Nitsche Arquitetos

(e)

Figura 01 – Esquema de ventilação cruzada das casas contemporâneas. Fonte: Acervo Pesquisa Casa Contemporânea Brasileira (Desenho: MEDEIROS DOS SANTOS, L.; COLOMBO, J.).

Casa Praia Preta
São Sebastião - SP, 2002, Nitsche Arquitetos

É nesse movimento pendular entre arquitetura moderna e contemporânea - entre passado e presente, tradição e inovação -, e principalmente entre certezas provisórias e permanentes, que os artigos do capítulo constroem suas tramas. O fio condutor é sempre o tipológico, onde a confrontação de exemplares modernos e contemporâneos não pretende simplesmente estabelecer uma definitiva paternidade tipológica entre obras, mas sim identificar principalmente como, de modo atemporal, a varanda e o telhado impactam - ou se articulam - com os esquemas tipológicos adotados nas casas em que se inserem.

O **artigo sobre as varandas** destaca quatro variações observadas entre as casas contemporâneas estudadas - varanda-passarela, varanda-pilotis, varanda-mirante e varanda-conectora. Esta última, pelo papel compositivo e social no arranjo do conjunto, é o seu argumento central.

De qualquer modo, a ênfase dada a essas quatro variações indica que nem sempre elas estão vinculadas ao telhado tradicional, o que pode comprovar o gesto efetivo de **reinterpretação da tradição** a partir do **vocabulário moderno**, como já apontado[1]. Nesta perspectiva, varanda e telhado exigem abordagens distintas.

O **artigo sobre os telhados** enfoca, assim como o estudo sobre as varandas, as diversas versões que se alicerçam tanto no repertório tradicional, como no repertório moderno. No primeiro caso, as soluções se expressam mais claramente no uso de materiais autóctones – tesouras de madeira e telhas de barro – e de tipologias que figurativamente remetem à casa colonial - quatro e duas águas. No segundo, busca-se uma maior abstração compositiva através da expressão geométrica dos volumes-base e/ou da exploração quase horizontal dos telhados, o que se dá com o uso de telhados de uma água e telhados borboleta, erguidos tanto com materiais autóctones, como com novos materiais, especialmente telhas de fibrocimento e metálicas.

Naturalmente, o mosaico de soluções é vastíssimo, mas busca-se transpor a abordagem dos aspectos puramente fisionômicos, normalmente derivados do número de águas e da materialidade dos telhados. Nesse sentido, os esforços se concentram em investigar possíveis relações entre o "tipo" de telhado – quatro, duas, uma água – e o "tipo" formal da edificação - se compactos ou decompostos, se de proporções quadráticas ou retangulares.

O resultado é uma costura possível, explícita ou oculta, e não necessariamente definitiva. Espera-se, contudo, que as reflexões traçadas permitam o levantamento de novos questionamentos, sejam eles convergentes ou divergentes aos aqui traçados.

1. As varandas de geometria irregular exploradas por SPBR nas casas Orlândia (2011), Itaipava (2011-12) e Santana do Parnaíba (2013-14) podem indicar caminhos isolados de uma nova investigação.

REFERÊNCIAS

BAUMAN, Z. **Modernidade líquida**. Rio de Janeiro: Jorge Zahar, 2001

BASTOS, M. A. J.; ZEIN, R. V. **Brasil**: arquiteturas após 1950. São Paulo: Perspectiva, 2010.

LUCCAS, L. H. H. Arquitetura contemporânea no Brasil: da crise dos anos setenta ao presente promissor. **Vitruvius**, Arquitextos, São Paulo, ano 09, n. 101.00, out. 2008. Disponível em: http://www.vitruvius.com.br/revistas/read/arquitextos/09.101/99

LUCCAS, L. H. H. Extroversão e sensualidade: dois ingredientes próprios da escola carioca. **Vitruvius**, Arquitextos, São Paulo, ano 07, n. 075.04, ago. 2006. Disponível em: http://www.vitruvius.com.br/revistas/read/arquitextos/07.075/330

MARTÍ ARÍS, C. **Las variaciones de la identidad**: ensayo sobre el tipo en la arquitectura. Barcelona: Colegio de Arquitectos de Cataluña, 1993.

MONTANER, J. M. **Depois do movimento moderno**: arquitetura da segunda metade do século XX. Barcelona: G. Gili, 2001.

SEGAWA. H. **Arquiteturas no Brasil** 1900 - 1990. São Paulo: EDUSP, 1999.

ACERVOS

Acervo Arquitetos Associados. Disponível: www.arquitetosassociados.arq.br

Acervo Aum/DMDV. Disponível: http://www.dmdv.com.br/pt/

Acervo Nitsche Arquitetos. Disponível: http://www.nitsche.com.br/

Acervo Pesquisa Casa Contemporânea Brasileira. Disponível em: www.ufrgs.br/casacontemporanea/

DADOS AUTORAIS
ARQUITETOS ASSOCIADOS

CASA NO PEIXE GORDO. *Peixe Gordo – CE, 2012.*
Arquitetos: Alexandre Brasil, Paula Zasnicoff Cardoso.

AUM/DMDV ARQUITETOS

CASA ARACAJÚ. *Aracaju – SE, 2005.*
Arquitetos: André Dias Dantas, Bruno Bonesso Vitorino, Renato Dalla Marta, Rodrigo Lacerda.

NITSCHE ARQUITETOS

CASA BARRA DO SAHY. *São Sebastião-SP, 2002.*
Arquitetos: Lua Nitsche, Pedro Nitsche.

CASA PRAIA PRETA. *São Sebastião-SP, 2007.*
Arquitetos: Lua Nitsche, Pedro Nitsche.

CASA PIRACAIA. *Piracaia – SP, 2012.*
Arquitetos: Lua Nitsche, Pedro Nitsche.

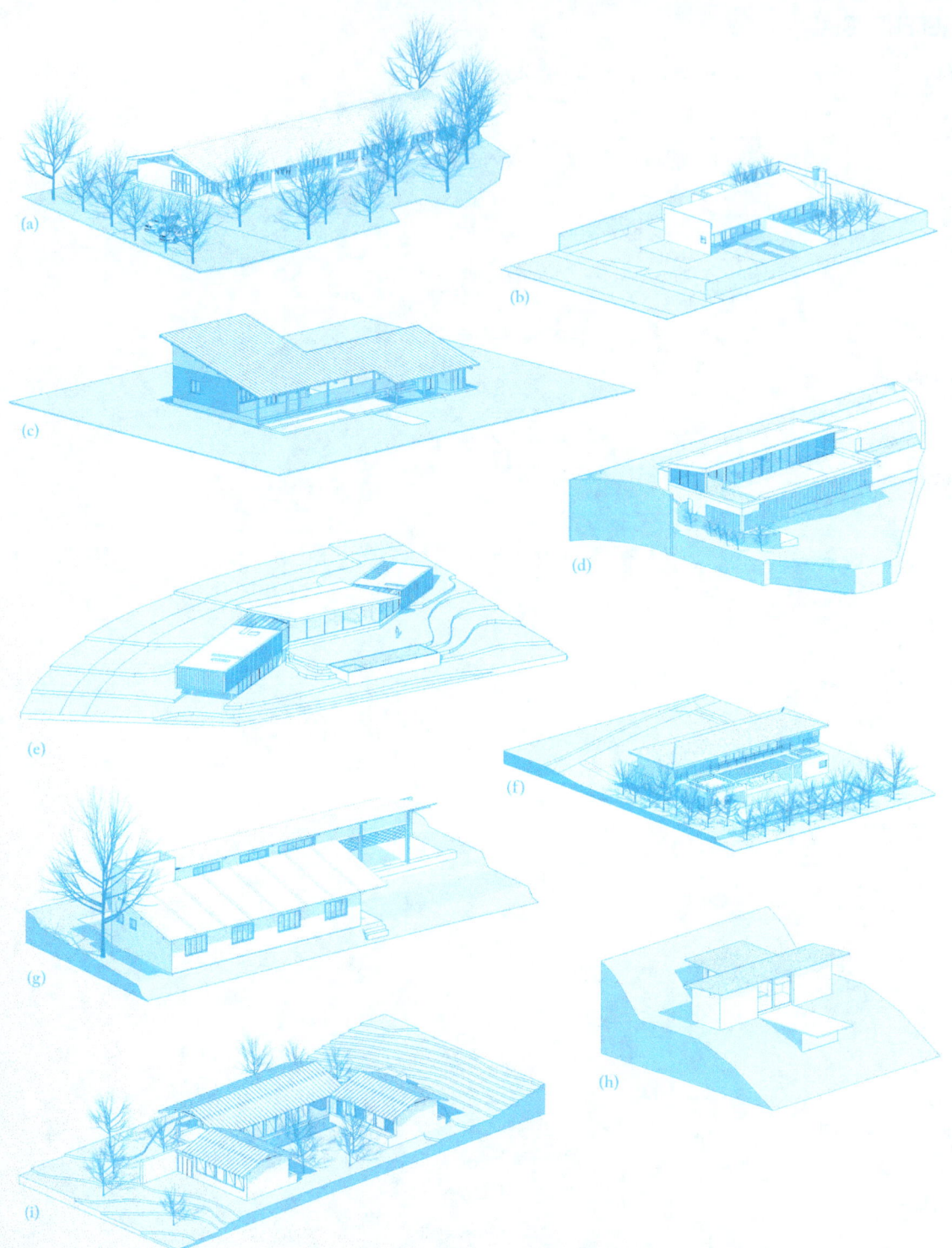

Casas contemporâneas com telhado: (a) Peixe Gordo, 2012. Arquitetos Associados; (b) Aracajú, 2005. AUM/DMDV; (c) Inês e Renzo, 2004. BCMF; (d) ZM, 2005. Bernardes Jacobsen; (e) CAA, 2009. Bernardes Jacobsen; (f) Haras Larissa 1, 2012. AUM/ DMDV; (g) Fazenda Vale dos Jatobás, 2002. MGSR; (h) Casa Mínima, 2008. Carla Juaçaba. (i) Barra do Una, 2004. SIAA.
Fonte: Acervo Pesquisa Casa Contemporânea Brasileira (Desenho: (a) COLOMBO, J.; (b; f; g) MEDEIROS DOS SANTOS; (c) BALDIN, V.; (d) BAUMANN, R.; (e) CAON, S.; (h) OLTRAMARI, N.; (i) RODRIGUES, W.).

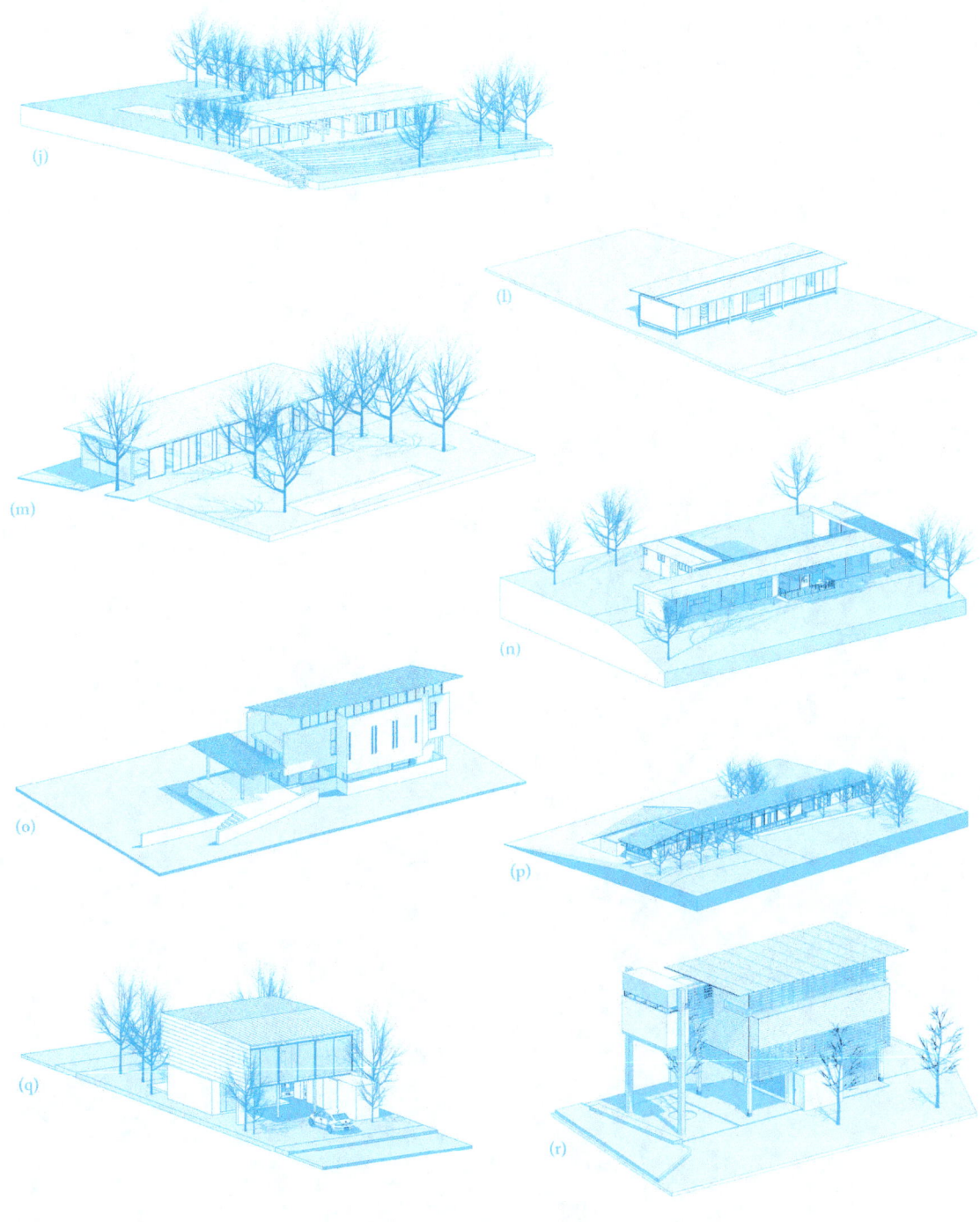

Casas contemporâneas com telhado: (j) Praia Preta, 2007. Nitsche; (l) Varanda, 2008. Carla Juaçaba; (m) Barra do Sahy, 2002. Nitsche; (n) São Francisco Xavier, 2009. Nitsche; (o) Aldeia, 2009. O Norte; (p) Piracaia, 2012. Nitsche; (q) Florianópolis, 2012. Nitsche; (r) Derby, 2008. O Norte. Fonte: Acervo Pesquisa Casa Contemporânea Brasileira (Desenho: (j; p) COLOMBO, J.; (l) OLTRAMARI, N.; (m) GHISLENI, N.; (n) BALTAR, L.; (o) LUCENA, J.; (q) TROJACK, K.; (r) CRISTINA, J.; PAIVA, V.; PALMEIRA, R.).

MUTAÇÕES NA VARANDA DA CASA BRASILEIRA
EXPLORAÇÕES TIPOLÓGICAS MODERNAS E CONTEMPORÂNEAS

Célia Castro Gonsales
Laura Baltar

INTRODUÇÃO

Definida, em geral, como um espaço com cobertura e sem fechamento vertical, a varanda é um elemento tradicional na arquitetura brasileira. Trazida ao Brasil por portugueses (LEMOS, 1996; BRANDÃO E MARTINS, 2007), se adaptou ao clima e modo de viver deste país. Considerada um espaço "intermediário", pode ser externo, conformando-se como prolongamento do telhado, ou interno, sendo embutido no corpo da casa. Antessala de acesso, lugar aprazível de estar ou território de reunião, a varanda estabelece um limite entre o espaço público e o privado.

A história da arquitetura está repleta de "estruturas arquitetônicas elementares" (MARTI ARIS, 1993) conformadas como abrigos externos aos edifícios – stoa, pórtico, loggias, e ainda, varandas. Tais espaços possuem uma clara identidade e podem interagir com outros, formando estruturas mais complexas, como praças, claustros, templos, palácios, casas e igrejas.

A casa tradicional brasileira apresenta várias combinações que envolvem a varanda como uma estrutura elementar, destacando-se aqui, conforme sugerem Helena Brandão e Ângela Martins (2007), o alpendre, a entalada e a copa/sala de jantar (Figura 01).

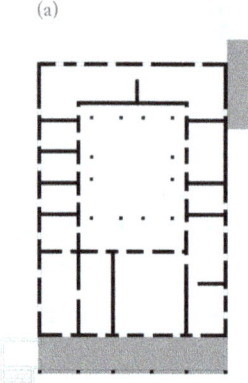 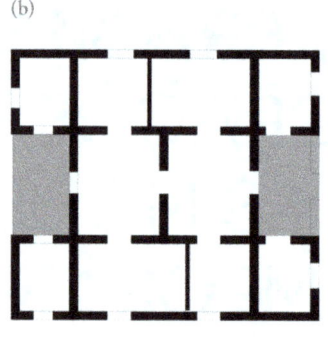 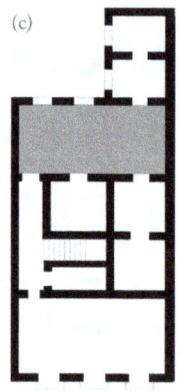

Figura 01 – Esquemas da varanda na casa tradicional brasileira: (a) Alpendre, baseado na casa da Fazenda de Engenho do Capão do Bispo, Rio de Janeiro; (b) Entalada, baseada na Casa do Butantã, São Paulo; (c) Copa/Sala de Jantar, baseada em um sobrado colonial. Fonte: Acervo Pesquisa Casa Contemporânea Brasileira (Desenho: OLIVEIRA, M. S.).

No *alpendre*, a varanda é tratada como uma extensão da casa na parte frontal do lote – em geral também uma extensão do telhado –, sendo considerada uma variação tipicamente brasileira (LEMOS, 1996). A *entalada* é uma varanda muito utilizada na casa bandeirista e que consiste basicamente em uma sala periférica, onde uma das paredes é retirada. A terceira variação de varanda – *copa/ sala de jantar* - se constitui como um tipo particular de varanda no Brasil, um espaço fechado conhecido como "copa" ou sala de jantar, situado na parte posterior da casa, e que atua como elemento de ligação entre o corpo principal e a cozinha, localizado nos fundos, junto ao quintal.

De acordo com Lemos (1996), a casa portuguesa, quando implantada no Brasil, se apropriou de costumes indígenas e expulsou para o lado de fora o preparo das refeições. Essa atitude criou uma casa binuclear – corpo principal e cozinha – que passa a ser conectada por um espaço coberto. Esse lugar agradável, como comenta o autor, onde a família se reúne, mais tarde dará origem à *sala de jantar ou copa*. Nesse caso, a varanda começa a adquirir outro status no arranjo da casa: espaço organizador, distribuidor, conector; vai se tornando mais centralizado e de importância crescente na composição da residência.

Este estudo analisa, a partir da amostra dos escritórios que compõe o corpo da pesquisa "A Casa Contemporânea Brasileira", algumas das diversas versões que a varanda adquire na arquitetura contemporânea, demonstrando a riqueza de possibilidades que a desconstrução "moderna" de "tipos tradicionais" ofereceu.

No entanto, o artigo se dedica com mais detalhe à investigação das potencialidades da - denominada aqui - varanda conectora. Essa "variação" da varanda parece alcançar - em sua dualidade de unir e separar partes, ser centro e se conectar com o exterior - um grau de comunhão excepcional com o "partido moderno" decomposto.

Para tanto, depois de uma apresentação panorâmica de obras modernas e contemporâneas "avarandadas", quatro projetos serão objeto de uma análise mais detalhada, sendo dois *modernos* - Casa Hermenegildo Sotto Maior (1942), de Aldary Henriques Toledo; e Casa Maria Carlota de Macedo Soares (1951), de Sérgio Bernardes -; e dois *contemporâneos* - Casa em Praia Preta (2007) e Casa em São Francisco Xavier (2009), ambas projetadas pelo escritório Nitsche.

Os exemplos de 1942 e 1951 foram escolhidos porque, no período abarcado pela arquitetura moderna – aproximadamente da década de 1930 à 1960 –, apresentam de maneira muito clara características da variação de varanda adotada aqui como objeto de estudo principal. Por outro lado, a produção residencial do escritório Nitsche Associados foi eleita para análise pelo fato de o escritório fazer amplo uso de varandas, e em geral varandas conectoras, em sua arquitetura residencial não urbana.

Procedimentos tipológicos de análise auxiliam o desenvolvimento do estudo. O essencial desse procedimento é a possibilidade de reunião de projetos ou obras de arquitetura com uma *forma-base* comum, como indicou Giulio Carlo Argan (1965), ou com uma *estrutura formal* em comum, como definiu Carlos Martí Arís (1993).

A eficácia desse procedimento em termos de análise fica evidente na indicação que traz consigo de construção de "séries tipológicas", conjunto de obras ou projetos que partem de uma mesma estrutura formal, mas onde se observa transformações a partir de exemplos anteriores. Por outro lado, sua validade em termos de procedimentos projetuais se baseia no fato de que o método tipológico incorpora a ideia de repetição, porém uma repetição que admite e estimula a transformação.

A VARANDA: Variações e Mutações Modernas e Contemporâneas

A varanda - ou um similar espaço coberto/aberto - aparece na arquitetura moderna europeia, conhecida referência para a arquitetura brasileira. No universo lecorbusiano, destacam-se o pilotis que, como espaço mediador entre interior e exterior, poderia ser considerado o correspondente à varanda tradicional na arquitetura moderna[1]; e espaços de natureza similar, que aparecem no segundo e terceiro esquemas das "quatro composições". No segundo esquema, correspondente à Villa Stein, além do terraço, também há um espaço de pé direito duplo, com ausência de paramento vertical, mas com presença de plano de cobertura e que dá acesso ao jardim posterior. Na terceira composição - Villa Baizeau - além do pilotis, o arquiteto expõe uma espaço coberto/aberto no último pavimento da casa como alternativa ao terraço-jardim.

No entanto, no Brasil, a conformação da varanda na casa moderna tem suas peculiaridades. Sempre repleta de significados, se constitui como uma "estrutura elementar" que sustenta diferentes níveis de protagonismo entre os arranjos organizacionais e compositivos, ocorrendo principalmente naqueles com volumes independentes, próprios das estratégias modernas de construção formal. Esse quadro é referência fundamental para a casa contemporânea que se utiliza de varanda.

Assim, seja por recorrência ou por excepcionalidade, por respeitar uma tradição - colonial ou moderna - ou por inovar, algumas varandas contemporâneas merecem atenção por estarem intimamente articuladas com o esquema tipológico adotado nas casas em que se inserem. Destacam-se a varanda-passarela, a varanda-pilotis, a varanda-mirante e a varanda-conectora[2].

Em todas elas, segundo a hipótese deste trabalho, o esquema tipológico tem origem no modernismo. Decorre do gesto de atomização do programa doméstico do ideário funcionalista que, em busca de maior eficiência, promoveu, de um lado, a segregação dos ambientes da casa em "zona dia" e "zona noite" ou em setores social, serviço e íntimo; e, de outro, a configuração de uma rede circulatória compacta e hierarquizada.

Essa estratégia levou à consolidação de *partidos decompostos*, onde cada volume explicita a sua natureza programática e onde a circulação ganha importância compositiva como elemento de ligação, sendo aí que as *varandas-passarela* ganharam expressão. Nesses partidos decompostos, assim como nos partidos compactos, observa-se ainda a organização do programa em "níveis", normalmente, com o setor íntimo no pavimento superior e o social-serviço, no inferior, onde se destacam as *varandas-pilotis*, que correspondem à área residual do pilotis parcialmente ocupado pelos ambientes do setor social-serviços; e as *varandas-mirante*, que se consolidam como um patamar agigantado de rampas e escadas que, aberto para a paisagem, conecta os níveis entre si. Por fim, as *varandas-conectoras*, em *partidos compactos térreos*, articulam e isolam as "faixas" que concentram o setor social-serviços e o setor íntimo; e nos *partidos decompostos*, transformam-se em salas-varanda que conectam as partes do programa, em arranjos muito ricos e complexos.

1. No entanto, na casa corbusiana, por exemplo, esse espaço não desempenha o papel social e aglutinador do seu correspondente na arquitetura histórica.

2. A ocorrência destas quatro variações de varandas aqui destacadas se dá em paralelo ao expressivo uso de arranjos mais convencionais e que nem sempre representam um gesto impactante no esquema tipológico, como a varanda linear definida pelo simples prolongamento do beiral do telhado ou pelo balanço da laje de cobertura. Também aparecem as varandas definidas por subtrações volumétricas longitudinais e transversais que, em maior ou menor grau, impactam o arranjo proposto. Tampouco, a presença de um desses arranjos de varanda em uma casa restringe a coexistência de outro.

A **varanda-passarela**, erguida do chão por uma estrutura modular, liga alas independentes entre si. Dilatada em largura, essa varanda não assume apenas o caráter funcional de área de passagem; é ainda, um estreito lugar de estar que possui grande força expressiva na composição (HECK, 2005). Sobre uma grelha de madeira e concreto, respectivamente, ilustram tais varandas as casas modernas cariocas de Francisco Bolonha - Hildebrando Accioly (1949) e Adolpho Bloch (1955) - e as casas paulistas de Oswaldo Bratke - Morumbi (1951) e Oscar Americano (1953). Apesar das distintas materialidades, a estrutura modular isola a varanda-passarela da umidade do terreno ou transpõe topografias íngremes, permitindo que o programa principal seja organizado em um só nível e que as varandas assumam destaque na promoção de *promenades* espaciais (Figuras 02 e 03).

Figura 02 – Varandas-passarela em casas modernas erguidas sobre grelha de madeira. Fonte: Acervo Pesquisa Casa Contemporânea Brasileira (Perspectivas - OLIVEIRA, M. S.; Plantas - SILVA, G. P.).

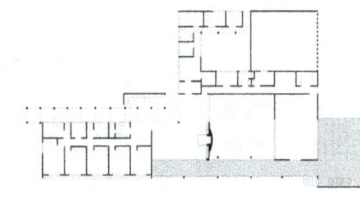

Hildebrando Accioly
Petrópolis - RJ, 1949, Francisco Bolonha

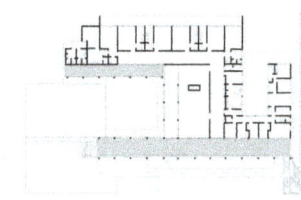

Adolpho Boch
Teresópolis - RJ, 1955, Francisco Bolonha

Figura 03 – Varandas-passarela em casas modernas erguidas em grelha de concreto. Fonte: Acervo Pesquisa Casa Contemporânea Brasileira (Perspectivas - OLIVEIRA, M. S.; Plantas - SILVA, G. P.).

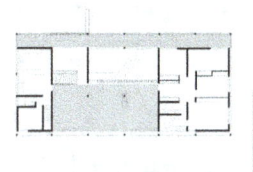

Casa no Morumbi
São Paulo - SP, 1951, Oswaldo Bratke

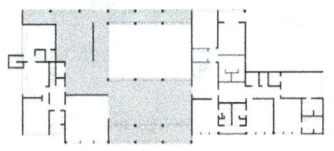

Casa Oscar Americano
São Paulo - SP, 1953, Oswaldo Bratke

Uma versão contemporânea dessa varanda pode ser ilustrada pela Casa Grelha (2007), do escritório paulista FGMF (MOROISHI; COSTA, 2017). Aqui, contudo, a estrutura modular de madeira perde sua ênfase estritamente horizontal, para ganhar também expressão vertical. Na direção horizontal, ela se estende para acomodar o programa e, na direção vertical, para vencer os desafios da topografia. O arranjo assume maior radicalidade em relação aos exemplos modernos, com a feição rarefeita e atomizada dos volumes e a conexão das varadas-passarela, resultando numa maior ênfase às partes do que ao todo, ou ainda, maior ênfase ao suporte estrutural do que ao seu conteúdo como um todo (Figura 04).

Figura 04 – Varandas-passarela na Casa Grelha. FGMF. Fonte: Acervo Pesquisa Casa Contemporânea Brasileira (Desenho: MOROISHI, J.).

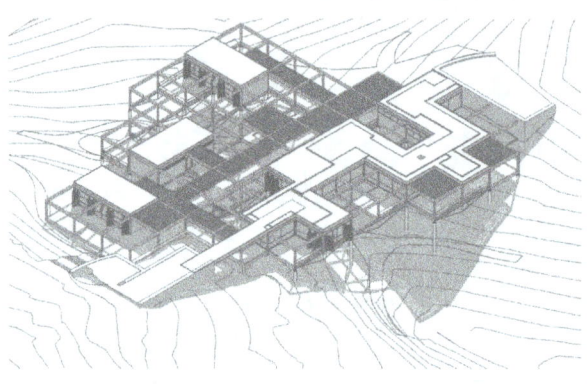
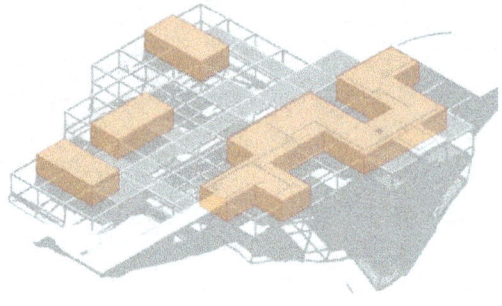

Casa Grelha
Serra da Mantiqueira, 2007, FGMF Arquitetos

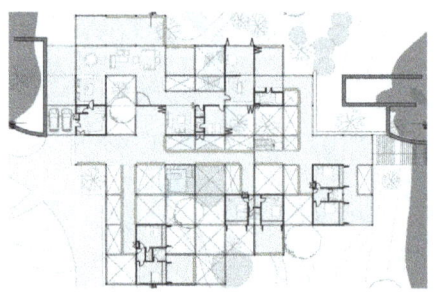
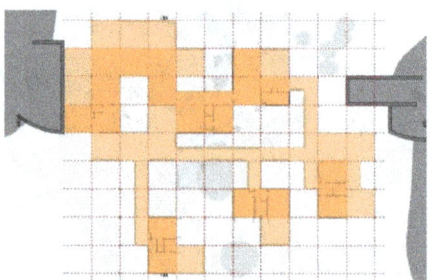

A **varanda-pilotis** é a área remanescente da ocupação parcial do pilotis pelos ambientes dos setores social-serviços. Nesses casos, o envidraçamento dos ambientes do estar e a abertura da própria varanda buscam ainda garantir a fluidez visual do pilotis lecorbusiano; contudo, se comparado a este modelo, observa-se que o pilotis passa a assumir a função de área de permanência, aos moldes do que Lucio Costa já sugeria na Casa sem Dono da década de 1930, negando a idealizada função original de área de livre circulação e de transição entre espaço público e privado.

Nesses exemplos, sala de estar e varanda, sob uma "mesma cobertura", indefinem os limites entre si e com o exterior e, juntas, configuram um grande estar tropical e sombreado que, tal como as varandas, acomoda mesas, cadeiras e até redes, elementos estes tão significativos na cultura de morar brasileira (Figura 05).

Figura 05 – Casas sem dono. Fonte: Acervo Pesquisa Casa Contemporânea Brasileira (Desenho: OLIVEIRA, M. S.).

Casa sem dono 1
1934, Lucio Costa

Casa sem dono 3
1936, Lucio Costa

3. O uso do pilotis pleno, com algumas variações espaciais e estruturais, pode ser ilustrados por casas do SPBR - Ribeirão Preto (2000); Aldeira da Serra (2001), Santa Tereza (2004); Metro - RCM (2009); O Norte - Derby (2008); Nitsche - Alto de Pinheiros (2013).

4. Características semelhantes podem ser observadas em outras casas do Mapa - Terraville (2010); Nitsche - Ilhabella (2008), Atibaia (2009); e Una – Bacopari (2010). Nas duas últimas, o pilotis se mescla ao pátio e a varanda é gerada pelo balanço do segundo pavimento sobre o térreo.

5. Outras casas que possuem arranjos muito semelhantes: Alto de Pinheiros (2003-4. Una), Guaecá (2010. Nitsche) e Florianópolis (2012. Nitsche).

Figura 06 – Casas com varanda-pilotis. Fonte: Fotos e renders: (a) Acervo Jacobsen Arquitetos (Foto: Leonardo Finotti); (b) Acervo Arquitetos Associados; Plantas: Acervo Pesquisa Casa Contemporânea Brasileira (Desenho: (a) BAUMANN, R.; (b) LUNARDI, A. P.).

Mesmo com alguns exemplos de pilotis pleno[3], o pilotis avarandado ou a varanda-pilotis vem sendo usado em larga escala na casa contemporânea brasileira. Entre as variações, três arranjos tipológicos que exploram a varanda-pilotis chamam atenção:

a) **de alas sobrepostas em "T"**, como nas casas CT (2008. Bernardes Jacobsen) e Cumbuco (2013. Arquitetos Associados) (Figuras 06a e 06b);

b) **compactos, com os serviços agrupados e internalizados dentro dos limites do pilotis envidraçado**, como nas casas Iporanga (2005. Nitsche) e Xangrilá (2011. Mapa)[4] (Figuras 06c e 06d);

c) **aditivos, em que os serviços configuram um volume secundário que extrapola os limites do pilotis**, para liberar espaço para a disposição do estar e da varanda e, às vezes, da garagem, o que pode ser ilustrado pelas casas Boaçava (2010. Una) e Itatiba (2012. Nitsche) (Figura 06e e 06f).[5]

(a)

 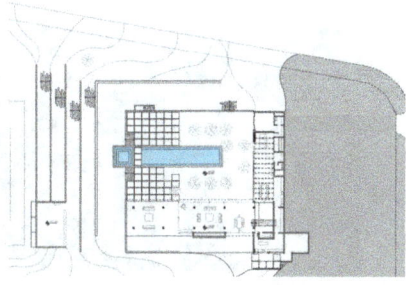

Casa CT
Bragança Paulista - SP, 2008, Jacobsen Arquitetura

(b)

 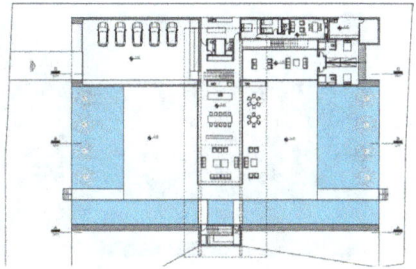

Casa Cumbuco
Cumbuco - CE, 2013, Arquitetos Associados

(c)

 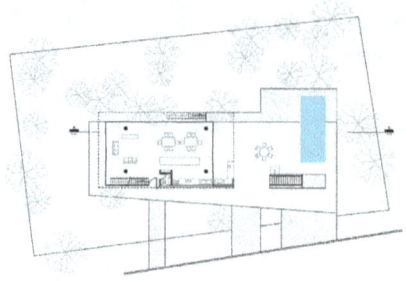

Casa Iporanga
Iporanga - SP, 2005, Nitsche Arquitetos

(d)

 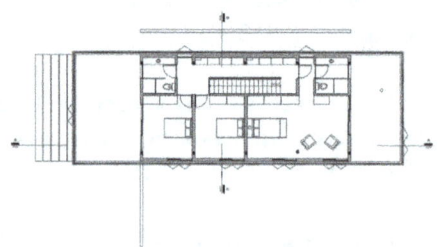

Casa Xangrilá
Xangrilá - RS, 2011, Mapa Arquitetos

(e)

 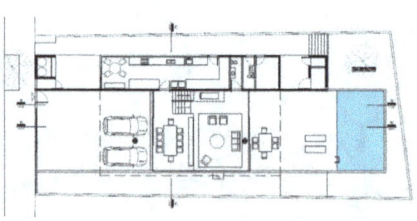

Casa Boaçava
São Paulo - SP, 2010, Una Arquitetos

(f)

 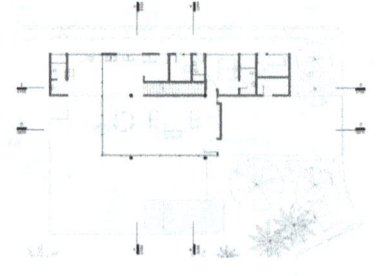

Casa Itatiba
Itatiba - SP, 2012, Nitsche Arquitetos

Figura 06 – Casas com varanda-pilotis. Fonte: Fotos e renders: (c; e; f) Acervo Nitsche Arquitetos (Foto: Nelson Kon); (d) Acervo Mapa (Foto: Leonardo Finotti); (e) Acervo Una Arquitetos (Foto: Leonardo Finotti); Plantas: Acervo Pesquisa Casa Contemporânea Brasileira (Desenho: (c) GHISLENI, N.; (d) LEMOS, B., ALMEIDA, B., DAVI, M., FILGUEIRAS, G., BRITO, S.; (e) STRIEBEL, N.; (f) WOLFFENBÜTTEL, B.).

Ainda em programas organizados em níveis distintos, merece menção as **varandas-mirante**. Neste caso, ela é parte do sistema circulatório, conectando rampas ou passarelas e se configurando como um patamar agigantado, aos moldes dos "estúdios" das casas de Artigas (COTRIM, 2017). Aqui, contudo, esse patamar assume papel de mirante, lugar de pausar o movimento e contemplar a paisagem e o desenrolar do tempo. Podem ilustrar este gesto as casas Ubatuba (2005-6. SPBR) e Brasileira 2 (2011. Arquitetos Associados) (Figura 07).

Figura 07 – Casas com varanda-mirante. Fonte: Acervo Pesquisa Casa Contemporânea Brasileira (Desenho: (a) TONET, S.; (b) SCOTTÁ, M.).

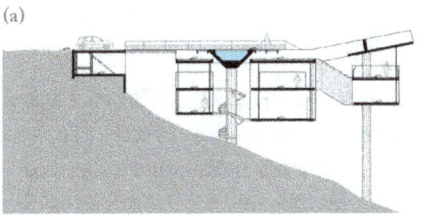
(a)
Casa Ubatuba
Ubatuba - SP, 2006, SPBR Arquitetos

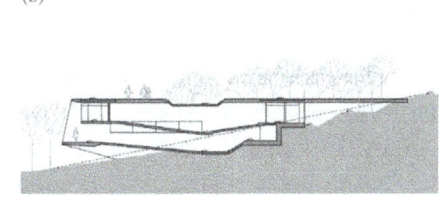
(b)
Casa Brasileira 2
Reserva Real - MG, 2011, Arquitetos Associados

A **varanda conectora** é aquela que atua como centro compositivo (espacial e social) da casa, conectando os setores social-serviços e íntimo. Como o pátio tradicional, essa varanda é aberta e centralizada, articulando as partes da composição. Declina, contudo, do caráter introvertido do pátio, para esboçar um movimento de expansão e de extroversão. É um espaço poroso, intermediário, cuja permeabilidade é favorecida pela trama leve do telhado, quando adotado, ou pelo fechamento por painéis deslizantes que dilatam os espaços de estar para o exterior, o que pode ser aqui ilustrado pelo Grupo Residencial Penna Moreira (1961) e pela casa Praia da Lagoinha (1964), de Carlos Milan; e, 45 anos depois, pela Casa do Peixe Gordo (2012), dos Arquitetos Associados (Figura 08).

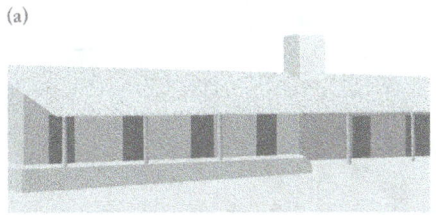
(a)
Casa Praia da Lagoinha
Ubatuba - SP, 1964, Carlos Millan

(b)
Casa do Peixe Gordo
Peixe Gordo - CE, 2012, Arquitetos Associados

Figura 08: Casas com varanda-conectora. Fonte: Acervo Pesquisa Casa Contemporânea Brasileira (Desenho: (a) OLIVEIRA, M. S. e SILVA, G. P.; (b) COLOMBO, J.).

Como comentado anteriormente, em partidos decompostos, essa varanda se transforma em "centro nevrálgico" da casa, ao mesmo tempo em que se dilata em direção à paisagem, explorando no máximo potencial o "partido moderno". A riqueza e complexidade desse "tipo" levou este estudo a dedicar uma análise mais aprofundada ao tema.

A VARANDA CONECTORA

Casas modernas

A proposta de "varanda conectora" na arquitetura moderna é aquela que a transforma em elemento "mais central", não somente em um sentido geométrico, mas também hierárquico. Nesse caso, esse elemento adquire um protagonismo mais determinante como o lugar da vida cotidiana, das relações entre os moradores, dos encontros de "caminhos" percorridos. Se na casa tradicional essa varanda aparecia unindo dois núcleos - cozinha e corpo principal - configurando um espaço de refeições aprazível, em alguns exemplos da arquitetura moderna, vira o espaço central: a sala-varanda (Figura 09).

A sala-varanda ocorre, normalmente, em casas implantadas em lotes rurais ou praianos de grandes dimensões e organizadas em alas. Em termos espaciais, ela se configura como um espaço expansivo a partir de uma composição centrífuga, cujas principais propriedades são a fluidez, o dinamismo e a abertura. Essa varanda, que se estende em direção ao horizonte, está também dentro: está no centro, está "entre" a vida da casa.

(a)

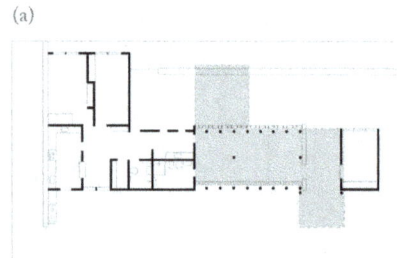

Casa do Arquiteto
Nova Friburgo - RJ, 1949, Carlos Ferreira

(b)

Casa Olivio Gomes
S. José dos Campos - SP, 1954, Rino Levi

(c)

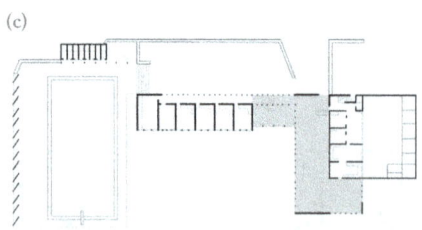

Casa Hermenegildo Sotto Maior
Araruama - RJ, 1942, Aldary H. Toledo

(d)

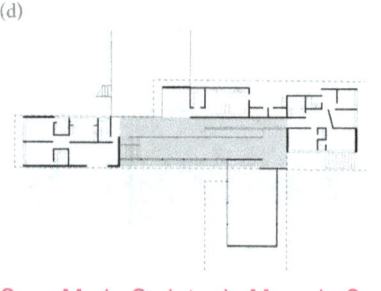

Casa Maria Carlota de Macedo Soares
Petrópolis - RJ, 1951, Sérgio Bernardes

Figura 09 – Varandas conectoras unindo volumes (em cinza). Fonte: Acervo Pesquisa Casa Contemporânea Brasileira (Desenho: (a) SILVA, G. P.; (b; c; d) OLIVEIRA, M. S.).

Nesse contexto, duas casas modernas merecem análises mais detalhadas - a Casa Hermenegildo Sotto Maior na Fazenda São Luis (1942), de Aldary Henriques Toledo; e a Casa Maria Carlota de Macedo Soares (1951), de Sérgio Bernardes. A primeira fica junto ao lago de Araruama e localiza-se em terreno com relevo acidentado, da mesma forma que a segunda, na Serra dos Órgãos, e ambas possuem uma vista generosa para a bela paisagem.

A recorrente composição aditiva na arquitetura moderna, com diferentes volumes configurando alas independentes, caracteriza ambas as casas. O partido em *cruz* (Casa Hermenegildo) ou em *T* (Casa Maria Carlota) permite um arranjo ágil entre todas as alas e uma facilidade na adaptação ao relevo. A Casa Hermenegildo apresenta uma composição dividida em volumes de dimensões semelhantes, conectados pelo corpo da sala. Já a Casa Maria Carlota de Macedo Soares mostra predomínio de um volume horizontal longitudinal, com um corpo secundário e transversal. A particularidade nessas composições é que no encontro dos eixos, ou seja, no "coração" da casa, se localiza a varanda e/ou a sala/varanda. Desse modo, esse espaço se apresenta como elemento de conexão entre os vários setores (Figura 10).

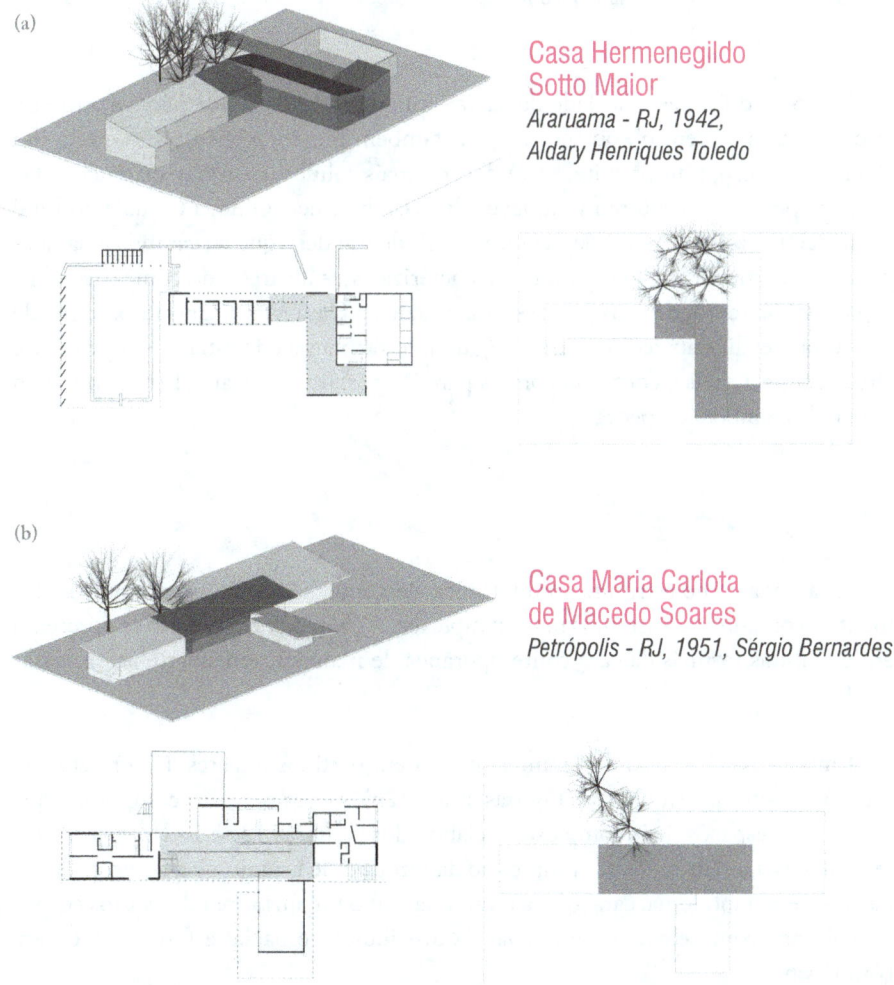

Figura 10 - Organização volumétrica e posição da varanda (em cinza).
Fonte: Acervo Pesquisa Casa Contemporânea Brasileira (Desenho: Plantas - OLIVEIRA, M. S.; Esquemas gráficos - BALTAR. L.).

Na Casa Hermenegildo Sotto Maior, a sala/varanda em L atua como elemento de transição, separando e unindo os dois nítidos volumes que abrigam os setores íntimo e de serviço. Já na Casa Maria Carlota de Macedo Soares, a varanda/galeria-de-arte alongada faz a conexão, sob uma mesma cobertura, de três volumes independentes – um contém o setor íntimo, o outro o setor de hóspedes e o terceiro o setor de serviços (Figura 11). A sala de estar como um volume à parte, cercada por um alpendre, é o quarto corpo conectado ao restante da casa pela varanda.

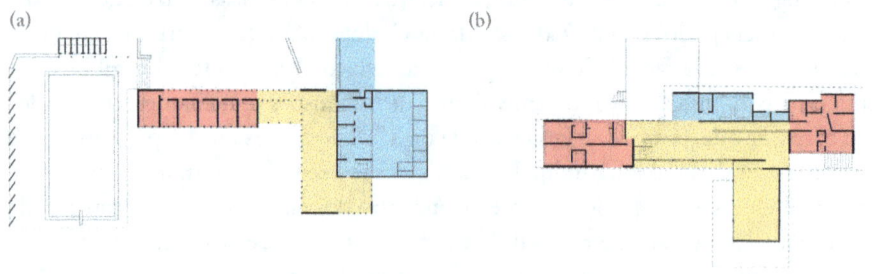

Casa Hermenegildo Sotto Maior
Araruama - RJ, 1942. Aldary Henriques Toledo

Casa Maria Carlota de Macedo Soares
Petrópolis - RJ, 1951. Sérgio Bernardes

Desse modo, a peculiaridade dessa variação da varanda reside não somente no fato de estar no "centro", ou "entre", mas também por sua constituição como um elemento poroso, transparente, entre dois ou mais sólidos. Essa transparência é favorecida por uma estrutura muito leve. Na Casa Hermenegildo, a trama estrutural de madeira se estende por toda a casa, adquirindo um destaque na varanda e na sala/varanda a partir do amplo espaço que caracteriza esses lugares e do contraste com a expressão estereotômica das paredes de pedra. Já na Casa Maria Carlota, a trama de estrutura metálica aparece na varanda/galeria/estar, na sala de estar, nos alpendres e circulações externas e contrasta com as paredes portantes das alas, bem como com as paredes também de pedra.

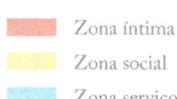

Zona íntima
Zona social
Zona serviço

Figura 11 - Zoneamento. Fonte: Acervo Pesquisa Casa Contemporânea Brasileira (Desenho: OLIVEIRA, M. S.).

A continuidade contemporânea

A varanda como estrutura arquitetônica elementar se relaciona com outros elementos, configurando arranjos mais complexos. A "varanda conectora" se apresenta em estruturas formais da casa contemporânea de maneira semelhante às das casas modernas.

Embora essa variação de varanda apareça em partidos lineares dos projetos do escritório Nitsche Arquitetos (Figuras 12a e 12b), são os partidos compostos, que configuram espaços mais complexos e elaborados (Figuras 12c e 12d), os que interessam a esta análise. Nestes últimos se dá um tipo de arranjo que, como foi visto na arquitetura moderna, caracteriza a varanda como organizadora dos vários corpos ou volumes, como elemento essencial da distribuição espacial e funcional, enfim, como "centro".

(a)

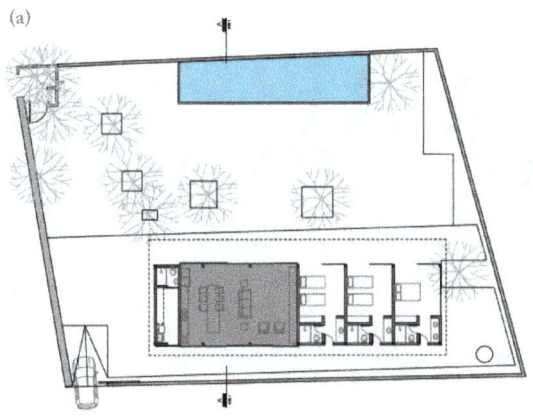

Casa Barra do Sahy
São Sebastião - SP, 2002, Nitsche Arquitetos

(b)

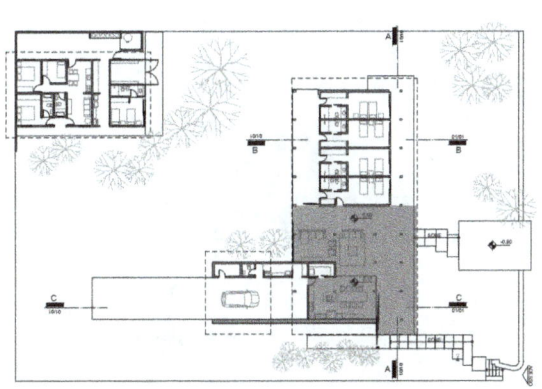

Casa Praia Preta
São Sebastião - SP, 2007, Nitsche Arquitetos

(c)

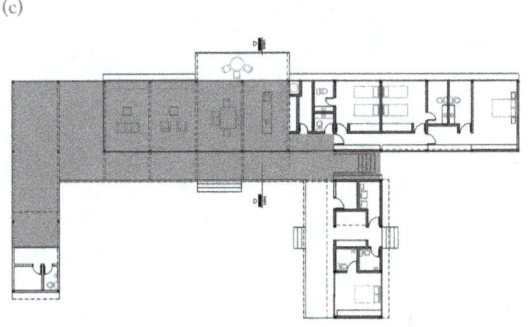

Casa São Francisco Xavier
S. Francisco Xavier - SP, 2009, Nitsche Arquitetos

(d)

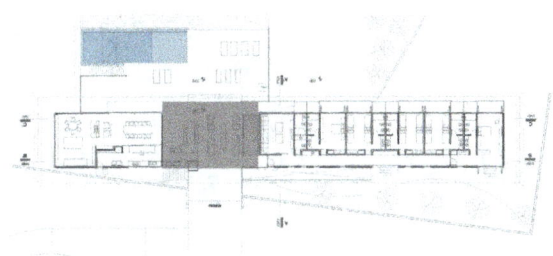

Casa Piracaia
Piracaia - SP, 2012, Nitsche Arquitetos

Figura 12 - Varanda conectora nas casas do Nitsche Arquitetos Associados (em cinza). Fonte: Acervo Pesquisa Casa Contemporânea Brasileira. Desenho: (a) GHISLENI, N.; (b; d) COLOMBO, J.; (c) BALTAR, L.)

6. A Casa Praia Preta possui ainda um outro volume no fundo do terreno que abriga casa do caseiro e/ou apartamentos para hóspedes. Essa parte da casa, por estar separada do corpo principal da habitação, não será considerada na análise aqui realizada.

A varanda conectora é uma estrutura arquitetônica elementar que aparece essencialmente fora de centros urbanos. Ela acontece em estruturas formais que demandam espaço e abertura. A Casa Praia Preta (2007) encontra-se implantada em vasto lote praiano com pouca pressão de seus limites sobre os procedimentos projetuais. A Casa São Francisco Xavier (2009) localiza-se em grande terreno de caráter rural, onde houve a possibilidade de conformação de espaços que se estendem em direção à paisagem, ao horizonte.

Ambas apresentam "formas-base" compostas por alas lineares, organizadas através de volumes independentes - dois volumes na Praia Preta[6] e três volumes na São Francisco Xavier. Na primeira, uma composição em L, na segunda, o mesmo partido está acrescido de um volume ortogonal ao corpo mais alongado e principal da casa. Na esquina do L, em ambas as casas, conectando os dois corpos lineares, está implantada varanda/sala seguida de alpendre (Figura 13).

(a)

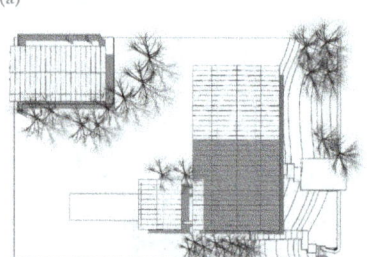
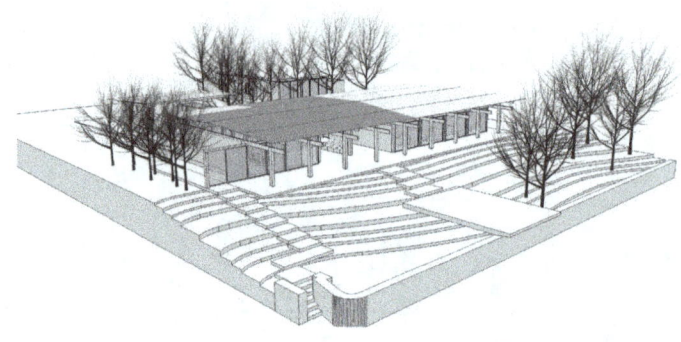

Casa Praia Preta
São Sebastião - SP, 2007, Nitsche Arquitetos

(b)

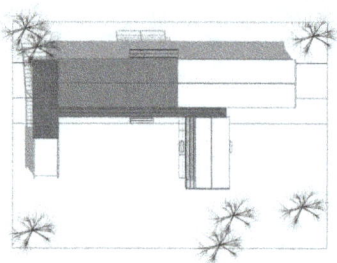
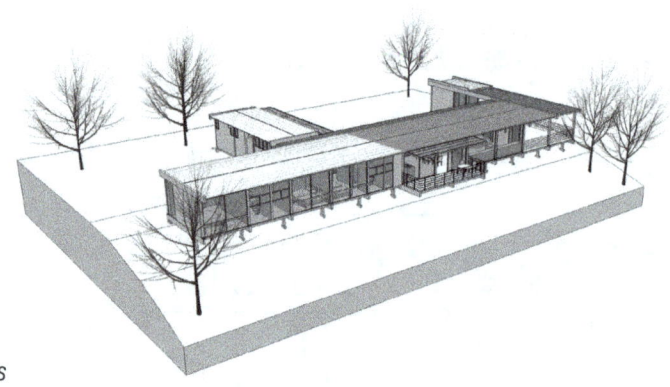

Casa São Francisco Xavier
S. Francisco Xavier - SP, 2009, Nitsche Arquitetos

A Casa Praia Preta é composta por dois setores independentes. Um abriga a área íntima e o outro contempla o serviço. Estes setores estão interligados pela varanda, onde se encontra o setor social da residência. Na Casa São Francisco Xavier o extremo do corpo principal recebe a área íntima. O serviço se localiza nos volumes transversais: no extremo sul da fita periférica e no extremo norte do segundo corpo. Este último também contém os quartos de hóspedes. A varanda se encontra no volume principal, abrigando a área social e agindo como elemento de transição entre as partes da casa (Figura 14)

Figura 13 - Organização volumétrica e posição da varanda (em cinza). Fonte: Acervo Pesquisa Casa Contemporânea Brasileira. (Desenho: (a) COLOMBO, J.; (b) BALTAR, L.)

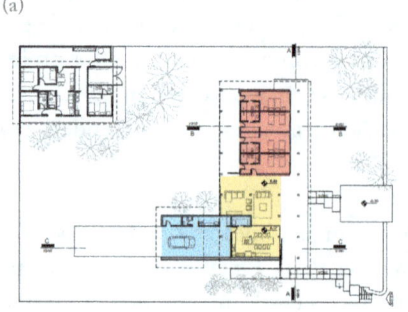

(a) **Casa Praia Preta**
São Sebastião - SP, 2007, Nitsche Arquitetos

(b) **Casa São Francisco Xavier**
S. Francisco Xavier - SP, 2009, Nitsche Arquitetos

- Zona íntima
- Zona social
- Zona serviço

Figura 14 - Zoneamento. Fonte: Acervo Pesquisa Casa Contemporânea Brasileira. (Desenho: (a) COLOMBO, J.; (b) BALTAR, L.)

Na Praia Preta, uma grande cobertura com estrutura de madeira e telhas com pouco caimento reúne os dois volumes/setores a partir de uma varanda central que se estende a modo de alpendre e envolve a ambos. A porosidade no núcleo da casa interliga frente e fundos, mar e quintal.

Na Casa São Francisco Xavier, em princípio, se pode dizer que três coberturas de duas águas com pouquíssima inclinação estão unidas por um alpendre com cobertura transparente. No entanto, a experiência espacial detecta – assim como na Praia Preta – os corpos/setores unidos por uma grande cobertura que acolhe no centro a varanda, ora descoberta, ora coberta verticalmente com vidro, sempre em uma transparência absoluta, conectando visualmente norte e sul, lado leste e lado oeste (Figura 15).

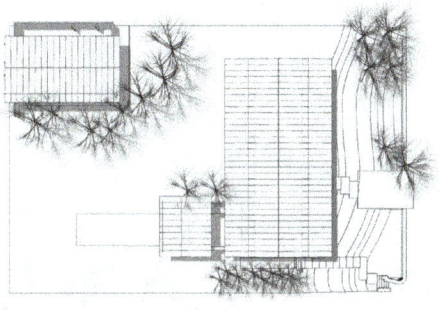

Casa Praia Preta
Praia Preta - SP, 2007, Nitsche Arquitetos

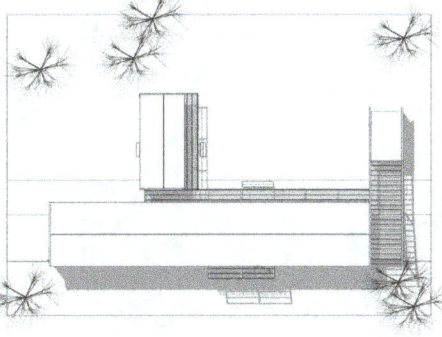

Figura 15 – Grandes coberturas e porosidade - vazio entre dois cheios. Fonte: Acervo Pesquisa Casa Contemporânea Brasileira. (Desenho: (a) COLOMBO. J.; (b) BALTAR, L.)

Casa São Francisco Xavier
S. Francisco Xavier - SP, 2009, Nitsche Arquitetos

O caráter leve e transparente das varandas é acentuado pela estrutura modular de madeira. Como na maioria das casas projetadas pelos arquitetos do Nitsche para espaços abertos, nestas também a estrutura em esqueleto obedece a uma rigorosa modulação e organiza toda a construção.

A Casa São Francisco Xavier evidencia uma modulação regular que deixa à mostra o grande esqueleto estrutural de madeira. A malha desta modulação é rotacionada para organizar os volumes transversais. Já na Casa Praia Preta, é utilizada uma modulação estrutural regular na direção transversal ao volume principal e uma variação modular na outra direção, em uma clara acomodação ao programa (Figura 12).

As casas do escritório Nitsche Arquitetos costumam ser concebidas como grandes abrigos que acolhem o programa em volumes opacos nas extremidades, deixando as transparências no centro conjunto, conformando, assim, amplas varandas (Figura 16).

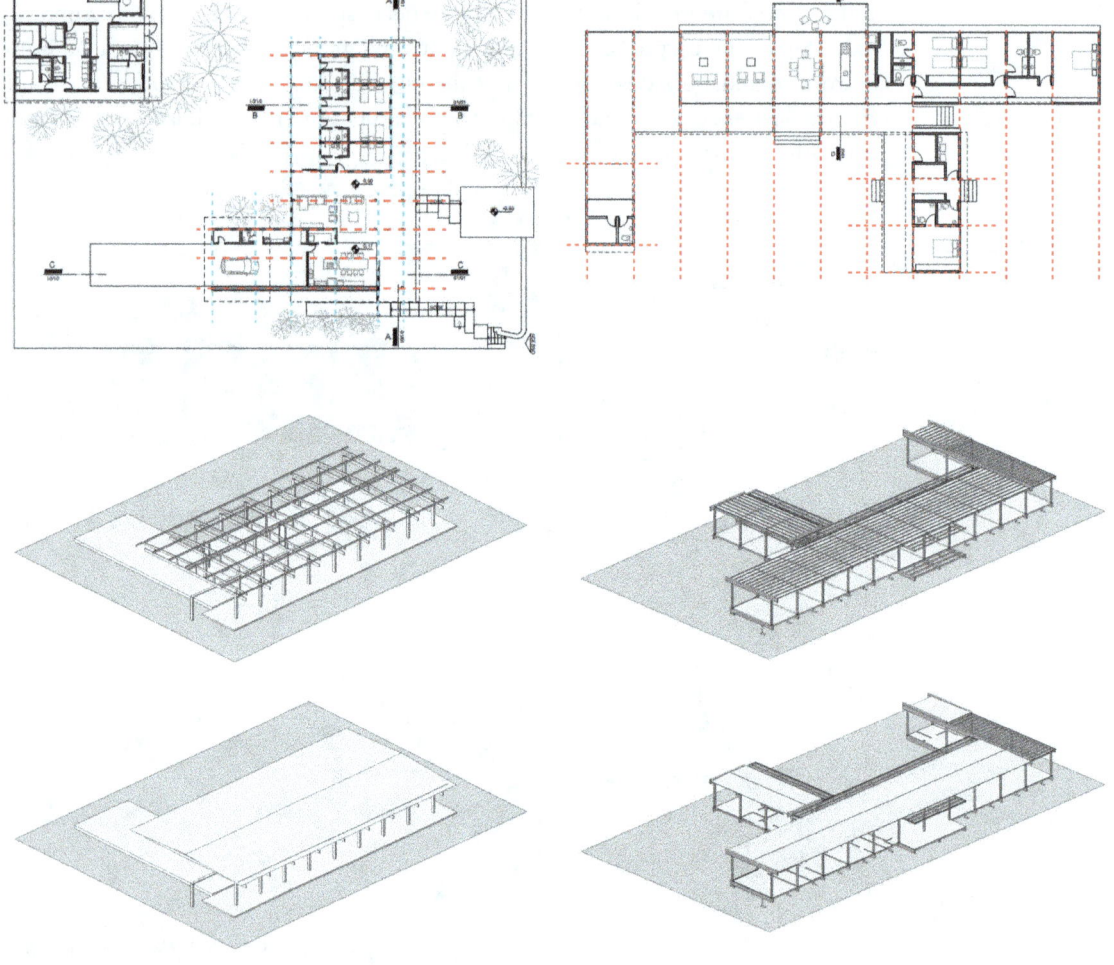

Figura 16 - Cobertura como grande abrigo - estrutura, modulação e cobertura. Fonte: Acervo Pesquisa Casa Contemporânea Brasileira. (Desenho: (a) COLOMBO. J.; (b) BALTAR, L.)

Casa Praia Preta
São Sebastião - SP, 2007, Nitsche Arquitetos

Casa São Francisco Xavier
S. Francisco Xavier - SP, 2009, Nitsche Arquitetos

As varandas dentro de tal estrutura formal estabelecem, tanto na arquitetura contemporânea como na moderna, ao menos nos casos aqui abordados, uma casa polinuclear e conformam uma ideia de porosidade – uma varanda transparente, entre dois sólidos – disposição muito usual na arquitetura moderna brasileira. Carlos Eduardo Comas (1986) já havia chamado a atenção para essa porosidade conformada pelo vazio entre dois sólidos como uma característica peculiar da arquitetura do Brasil, o que pode ser observado no Ministério de Educação e Saúde, na Casa

Figura 17 - "Porosidade" nas casas modernas e contemporâneas. Fonte: Acervo Pesquisa Casa Contemporânea Brasileira. (Desenho: BALTAR, L.)

do Baile e em tantas outras obras importantes das décadas de 1930 e 1940. A acomodação do programa em duas ou mais partes cria essa abertura, através da qual o espaço externo não somente penetra na casa como a perpassa. E é exatamente nesse "vazio", nessa abertura, nessa "fissura", enfim, que se localiza a varanda (Figura 17).

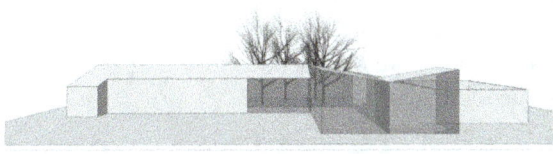

Casa Hermenegildo Sotto Maior
Araruama - RJ, 1942, Aldary Henriques Toledo

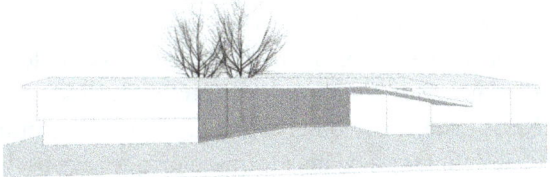

Casa Maria Carlota de Macedo Soares
Petrópolis - RJ, 1951, Sérgio Bernardes

Casa Praia Preta
São Sebastião - SP, 2007, Nitsche Arquitetos

Casa São Francisco Xavier
S. Francisco Xavier - SP, 2009, Nitsche Arquitetos

CONSIDERAÇÕES FINAIS

A varanda moderna e contemporânea tem pontos de interface com a varanda tradicional: a conciliação entre interior e exterior, o importante caráter social, lugar de descanso e de encontros da vida cotidiana. Esse elemento de fruição da vida doméstica vai se transformando, como foi visto em alguns casos da arquitetura moderna em um centro nevrálgico da casa. Nesse caso, embora não esteja no centro, ela está "entre" as partes, lugar onde caminhos e recorridos se entrecruzam.

Não está no centro como o pátio tradicional – na casa-pátio -, mas a varanda conectora, por seu status destacado na estrutura social e espacial da casa, por seu caráter aberto, estabelece sim uma relação conceitual com essa "estrutura arquitetônica – também elementar". Na "forma base" destacada neste trabalho, o elemento varanda - a modo de pátio - conecta as partes da composição, reestabelecendo a unidade do partido agora decomposto. No entanto, no caso em estudo a atitude é inversa à da casa-pátio. Os volumes não se recolhem formando um espaço introvertido. Ao invés de um movimento de retraimento, há um movimento de expansão e de extroversão. Se a integração do pátio com o exterior se dá em direção ao zênite, a varanda se expande em direção ao horizonte. A "varanda conectora", assim, é fruto de um momento específico da arquitetura, um momento da abertura e "decomposição" dos tipos tradicionais, das oportunidades de partidos compostos com fragmentos de outros partidos, de outros tipos. É filha de uma modernidade onde o recolher-se e o mostrar-se, o íntimo e o exposto, o público e o privado enfim, estão sempre atuando em um jogo dialético.

Por outro lado, entende-se que também foi destacado neste artigo o valor da ideia de série tipológica. Séries que podem ser formadas a partir de "estrutura arquitetônicas elementares" que vão se transformando e/ou se organizando com outras estruturas elementares - de diferentes tempos - e conformando diferentes partidos. Nesse contexto, se observa que há algumas estruturas que são mais determinantes, mais definidoras de uma forma-base que se consolida - assim é o pátio, o claustro, e a varanda conectora.

REFERÊNCIAS

ARGAN, G. C. Sul concetto di tipologia architettonica. *In*: ARGAN, C. G. **Progetto e destino.** Milano: Il saggiatore, 1965.

BRANDÃO, H. C. L.; MARTINS, A. M. M. Varandas nas moradias brasileira: do período de colonização a meados do século XX. **Revista Tempo de Conquista**, n. 1, mar. 2007. Disponível em: http://www.revistatempodeconquista.com.br/documents/RTC1/HELENALACE1.pdf

COMAS, C. E. Protótipo e monumento, um ministério, o ministério. **Projeto,** São Paulo, n. 102, p. 136-149, 1986.

CORONA MARTÍNEZ, A. **Ensayo sobre el proyecto.** Buenos Aires: CP67, 1991.

COSTA, L. **Lucio Costa:** Registro de Uma Vivência. São Paulo: Empresa das Artes, 1995.

GOODWIN, P. L. **Brasil Builds.** Nova York: Museu de Arte Moderna, 1943.

LEMOS, C. A. C. **A Casa Brasileira.** São Paulo: Contexto, 1996.

MARTÍ ARÍS, C. **Las variaciones de la identidad:** ensayo sobre el tipo en la arquitectura. Barcelona: Colegio de Arquitectos de Cataluña, 1993.

MARTÍ ARÍS, C. La casa binuclear según Marcel Breuer: el patio recobrado. **DPA**: Documents de Projectes d'Arquitectura, n. 13, 1997, p. 46-51. Disponível em: http://upcommons.upc.edu/handle/2099/12168?locale-attribute=es. Acesso em setembro/2016

MINDLIN, H. E. **Arquitetura moderna no Brasil.** Rio de Janeiro: Aeroplano, 2000.

ACERVOS

Acervo Arquitetos Associados. Disponível: www.arquitetosassociados.arq.br

Acervo Bernardes Jacobsen Arquitetura. Disponível: www.jacobsenarquitetura.com/

Acervo FGMF Arquitetos. Disponível: www.fgmf.com.br

Acervo Mapa Arquitetos. Disponível em: https://mapaarq.com/

Acervo Nitsche Arquitetos. Disponível em: http://www.nitsche.com.br/

Acervo Pesquisa Casa Contemporânea Brasileira. Disponível em: www.ufrgs.br/casacontemporanea/

Acervo SPBR Arquitetos. Disponível: www.spbr.arq.br

Acervo Una Arquitetos. Disponível em: http://www.unaarquitetos.com.br/

DADOS AUTORAIS
ARQUITETOS ASSOCIADOS

CASA BRASILEIRA 2. *Reserva Real - MG, 2011.*
Arquitetos: Alexandre Brasil, Bruno Santa Cecília.

CASA NO PEIXE GORDO. *Peixe Gordo - CE, 2012.*
Arquitetos: Alexandre Brasil, Paula Zasnicoff Cardoso.

CASA CUMBUCO. *Cumbuco - CE, 2013.*
Arquitetos: Alexandre Brasil, Bruno Santa Cecília, Carlos Alberto Maciel, Paula Zasnicoff Cardoso.
Colaboradores: Sandro Barbosa De Bernardi e Rafael Gil.

JACOBSEN ARQUITETURA

CASA CT. *Bragança Paulista - SP, 2008.*
Arquitetos: Paulo Jacobsen, Bernardo Jacobsen
Colaboradores: Edgar Murata, Jaime Cunha Junior, Valesca Daólio.

FGMF ARQUITETOS

CASA GRELHA. *Serra da Mantiqueira, 2007.*
Arquitetos: Fernando Forte, Lourenço Gimenes and Rodrigo Marcondes Ferraz.
Colaboradores: Adriana Junqueira, Ana Paula Barbosa, Bruno Araújo, Eva Suárez, Luiz Florence, Marília Caetano, Nilton Rossi, Renata Góes.

MAPA ARQUITETOS

CASA XANGRILÁ. *Xangrilá - RS, 2011.*
Arquitetos: Luciano Andrades, Matías Carballal, Rochelle Castro, Andrés Gobba, Maurício López, Silvio Machado.
Colaboradores: Alexis Arbelo, Pamela Davyt, Emiliano Etchegaray, Jaqueline Lessa, Camilla Pereira, Camila Thiesen, Diogo Valls.

NITSCHE ARQUITETOS

CASA BARRA DO SAHY. *São Sebastião-SP, 2002.*
Arquitetos: Lua Nitsche, Pedro Nitsche.

CASA IPORANGA. *Iporanga - SP, 2005.*
Arquitetos: Lua Nitsche, Pedro Nitsche.

CASA PRAIA PRETA. *São Sebastião-SP, 2007.*
Arquitetos: Lua Nitsche, Pedro Nitsche.

CASA SÃO FRANCISCO XAVIER. *2009.*
Arquitetos: Lua Nitsche, Pedro Nitsche.

CASA ITATIBA. *Itatiba - SP, 2012.*
Arquitetos: Lua Nitsche, Pedro Nitsche.

CASA PIRACAIA. *Piracaia - SP, 2012.*
Arquitetos: Lua Nitsche, Pedro Nitsche.

SPBR ARQUITETOS

CASA UBATUBA. *Ubatuba-SP, 2005-06.*
Arquitetos: Angelo Bucci.
Colaboradores: Ciro Miguel, Juliana Braga, João Paulo M. de Faria, Flávia Parodi Costa, Tatiana Ozzetti, Lucas Nobre, Nilton Suenaga.

UNA ARQUITETOS

CASA BOAÇAVA. *São Paulo - SP, 2010.*
Arquitetos: Cristiane Muniz, Fábio Valentim, Fernanda Barbara, Fernando Viégas.
Colaboradores: Ana Paula de Castro, Bruno Gondo, Eduardo Martorelli, Enk Te Winkel, Igor Cortinove, Marta Onofre, Miguel Muralha, Roberto Galvão Jr., Sílio Almeida.

3.3

A PERSISTÊNCIA DO TELHADO NA ARQUITETURA BRASILEIRA
DA CASA MODERNA À CONTEMPORÂNEA

Célia Castro Gonsales
Ana Elísia da Costa

INTRODUÇÃO

O telhado é um elemento emblemático na história da arquitetura. Universal e atemporal, local e circunstancial, o telhado remonta à origem da arquitetura, à cabana primitiva, perpassa pelo templo grego, está presente na casa japonesa, na casa de campo inglesa, na casa urbana portuguesa.

No entanto, a partir da modernização da arquitetura na Europa, seu uso foi renegado em favor de uma arquitetura com cobertura horizontal. A adoção dessa nova cobertura, junto a outras estratégias projetuais, buscava transpor especificidades das culturas locais para, através da proposição de um "estilo internacional", adotar soluções universalmente "reproduzíveis".

Apesar desse discurso, em paralelo ao uso de lajes planas, arquitetos brasileiros perpetuaram o emprego do telhado, principalmente na arquitetura moderna doméstica. Buscava-se compatibilizar a utilização deste elemento com o vocabulário arquitetônico moderno, seja por meio de um ***discurso cultural*** que expressava uma vontade de diálogo com a tradição; seja por ***motivações técnicas*** ligadas às dificuldades iniciais de promover a impermeabilização de lajes; ou ainda, porque o telhado, juntamente com a varanda, sempre se mostrou uma ***solução ambientalmente adequada*** ao clima do país.

Ao longo de várias décadas, no seio de uma linguagem arquitetônica que preconizava a ruptura com o passado, o telhado foi empregado, em alguns casos, com uma feição ainda tradicional, mas, na maioria das vezes, decomposto e transformado, ajustando-se a complexos partidos arquitetônicos. Com formatos múltiplos, associado a diversos materiais - estrutura de madeira ou de metal; telhas de barro, de fibrocimento ou metálicas -, o telhado veio a se configurar, essencialmente, como um elemento novo e "moderno".

No final do século 20, em um cenário de crítica do discurso projetual moderno, mas ao mesmo tempo de reinterpretação de seu vocabulário, o uso do telhado na arquitetura brasileira ganhou novo fôlego. Negando uma vez mais a imagem abstrata e genérica da arquitetura moderna, alguns arquitetos buscaram a revalorização de imagens e/ou técnicas tradicionais, o que levou, muitas vezes, a uma representação literal e figurativa de elementos ligados ao passado, como o próprio telhado. Contudo, essa produção, como destaca Marcio Cotrim (2017, p. 282), mostrou-se "menos como contraponto de um passado (moderno) e mais como uma possibilidade de sua renovação".

Tais experiências, modernas e "pós-modernas", compõem um repertório de possibilidades de trabalho com o telhado que, paralelamente à arquitetura mais abstrata e prismática, se constitui como referência para a arquitetura contemporânea, evidenciando a atemporalidade do uso deste elemento.

Nesse contexto, o objetivo desta investigação é analisar o emprego do telhado na arquitetura residencial contemporânea, identificando soluções de reabilitação e/

ou transformação desse legado ligado à tradição colonial. Sob esse aspecto, o estudo aponta inicialmente a presença de dois grupos de estratégias projetuais que definem atitudes polarizadas: por um lado, há um ***resgate do telhado tradicional***, num gesto radical, no sentido de retorno à sua raiz, enfatizado pelo uso de materiais "originais" como a madeira e o barro; e por outro, ocorre uma ***exploração dos limites de sua planaridade***, através da experimentação com novas materialidades.

Para análise das casas em cada um desses grupos, transpondo o puro aspecto fisionômico derivado da materialidade dos telhados, se procura estabelecer uma relação entre "tipo" de telhado – uma água, duas águas, quatro águas - e o "tipo" formal da edificação - se compactos ou decompostos (MAHFUZ, 1995), se de proporções quadráticas ou retangulares.

Parte-se da hipótese de que o arranjo do telhado é condicionado pelo partido adotado e consequente geometria dos seus volumes - se partidos compactos, com plantas de grandes dimensões e proporções quadráticas, impondo telhados compositivamente expressivos, com pontos elevados; ou se partidos compactos com proporções retangulares ou aditivos decompostos em alas estreitas e alongadas, possibilitando telhados com baixa inclinação que, com forte caráter planar, enfatizam mais a geometria de suas bases.

Assim, este estudo se situa em um contexto analítico tipológico que busca identificar estruturas formais semelhantes no âmago do processo de transformação do telhado. Considera-se que o telhado configura, como define Martí Aris (1993), uma "estrutura arquitetônica elementar", cuja clara identidade permite que interaja com outras, formando estruturas mais complexas. Assim, se analisa, em última instância, o amplo repertório estabelecido através de combinações desse elemento dentro do processo projetual.

Por outro lado, ao se lançar mão do método tipológico de análise, se assume que o projeto sempre é elaborado com base em um conhecimento - arquitetônico – construído a partir de uma série de experiências - também arquitetônicas – que o precedem. Desse modo, o legado moderno, conformado a partir dos experimentos com cobertura em telhado na residência unifamiliar brasileira[1], é tomado, neste trabalho, como referência fundamental para a construção do panorama projetual atual.

1. Um estudo do telhado na arquitetura moderna é desenvolvido mais detalhadamente pelas próprias autoras do artigo em: COSTA, GONSALES, 2017.

CONSTRUÇÃO E DESCONSTRUÇÃO DO TELHADO TRADICIONAL - *madeira e barro*

Precedências

O resgate do telhado na arquitetura doméstica reporta ao vastíssimo repertório desenvolvido pelas "vanguardas brasileiras", principalmente no período que vai dos anos 1930 aos 1950. Neste contexto, observa-se a associação do concreto a materiais naturais, como madeira, pedra e barro, indicando uma tentativa de simbiose do vocabulário da arquitetura moderna com a arquitetura local[2].

Especificamente no universo de casas cariocas (HECK, 2005)[3], compondo uma amostragem ou um panorama do período, duas são as soluções principais identificadas nesse período, estando estas diretamente vinculadas ao partido adotado. A primeira se relaciona com as experiências iniciais de **replicação quase literal dos telhados de procedência tradicional** - quatro águas, pontos elevados e beirais cobrindo arranjos de proporções quadráticas -, presentes em obras de Lucio Costa, com maior ou menor distanciamento do repertório neocolonial (Figura 01a)[4]. A segunda diz respeito às tentativas de **conciliação dos vocabulários tradicional e moderno**.

Nesse último caso, o telhado de barro passou a ser explorado em uma, duas águas ou telhado borboleta, com ou sem beirais, mas sempre com uma feição planar que caracteriza a cobertura como um elemento autônomo em relação ao seu volume-base, o que promoveu o afastamento definitivo da forma "piramidal" do telhado tradicional. No universo das soluções que buscam a conciliação dos vocabulários tradicional e moderno, dois esquemas tipológicos merecem menção: a) arranjos compactos de proporções retangulares apoiados em pilotis, com telhados de uma água ou asa borboleta, que aparecem inicialmente nas casas de Monlevade (1934), de Lucio Costa, e depois em várias casas que Oscar Niemeyer desenvolve na década de 1940: Cavalcanti (1940), do Arquiteto (1942), Herbert Johnson (1942), Charles Ofaire (1943), Gustavo Capanema (1947); (Figura 01b) e os arranjos aditivos, cujas alas individualizadas, conectadas por varandas, passarelas e pergolados, viabilizaram a decomposição da cobertura em planos independentes, suprimindo rincões, cumeeiras e calhas, como ilustram as casas Hildebrando Accioly (1949) e Adolpho Boch (1955), de Francisco Bolonha, e ainda, a casa do Arquiteto Carlos Ferreira (1949) (Figura 01c).

(a) Casa Hungria Machado
Rio de Janeiro - RJ, 1941, Lucio Costa

(b) Casa do Arquiteto
Rio de Janeiro - RJ, 1942, Oscar Niemeyer

(c) Casa Hildebrando Accioly
Petrópolis - RJ, 1949, Francisco Bolonha

2. Vários são os estudos que tratam desse diálogo na arquitetura moderna brasileira entre o universal e o local, entre o "espírito da época" e o "espírito do lugar". Cita-se, por exemplo, SEGAWA, 1999.

3. A dissertação foi eleita como base de dados porque a autora revisita todas as principais fontes da historiografia da arquitetura moderna brasileira, como Goodwin (1943) e Mindlin (2000).

4. Inicialmente, Lucio Costa investe em uma linguagem "neocolonial", onde rememora, de maneira muito literal, telhados e elementos de arquitetura de procedência tradicional, como ilustram as casas Fábio Carneiro de Mendonça (1930) e Ernesto Gomes Fontes (1930). No final da década de 1930, a Casa Roberto Marinho (1937) ilustra uma maneira mais crítica ou mais moderna de usar os elementos de procedência da arquitetura colonial. Já na década de 1940, em arranjos com proporções quadráticas, emprega um vocabulário mais abstrato, com a decomposição do antigo telhado em várias águas e com o tratamento das fachadas onde os vazios predominam em relação aos cheios, como ilustram as casas Hungria Machado (1941) e Paulo Candiota (1946).

Figura 01 – Casas em estudo. Fonte: Acervo Pesquisa Casa Contemporânea Brasileira (Desenho: BALTAR, L. MENUZZI, A. C.).

5. Mesmo antes deste período, ainda na década de 1950, Carlos Millan (LEÃO, 2013), e Eduardo de Almeida projetam inúmeras casas com telhados tradicionais. Na década de 1960, casas de Oscar Niemeyer (do Arquiteto em Brasília, 1960) e de Carlos Millan (Grupo Residencial Penna Moreira, 1961; Praia Lagoinha, 1964), com telhas de barro e generosas varandas, ilustram também as tentativas, nesse momento, de reconciliar de maneira mais direta cultura erudita e popular. Nas décadas de 1970 e 1980, destaca-se também, além das já ilustradas, casas: de **Lucio Costa** - Thiago de Mello (1978) e Costa e Moreira Penna (1980); casas de **Artigas** - Marcílio Schiavon (1970), Elza Bernardi (1975), Márcia Nemes Yano (1977) e Júlia Romano (1981) e casas de **Eduardo Almeida** - Aroldo Fuganti (1971); Ponta Grossa (1975); Patrimônio do Carmo (1976); sedes das Fazendas Jatobá (1977) e Campos dos Bois (1978); Luigi Giavina (1980).

A mesma busca de conciliação da cultura moderna e tradicional, ou erudita e popular, volta a marcar alguns experimentos do final dos anos 1970 e início dos anos 1980. Num contexto de crítica do próprio discurso moderno e/ou de busca de sua renovação, telhados mais literalmente referenciados no vocabulário do passado foram utilizados – telhados "piramidais" (figura 02a e 02b) ou de 2 águas com cumeeira assimétrica ou simétrica (figura 02c e 02d) - como ilustram obras de alguns dos principais protagonistas da arquitetura moderna – Lucio Costa, Vilanova Artigas e Paulo Mendes da Rocha[5].

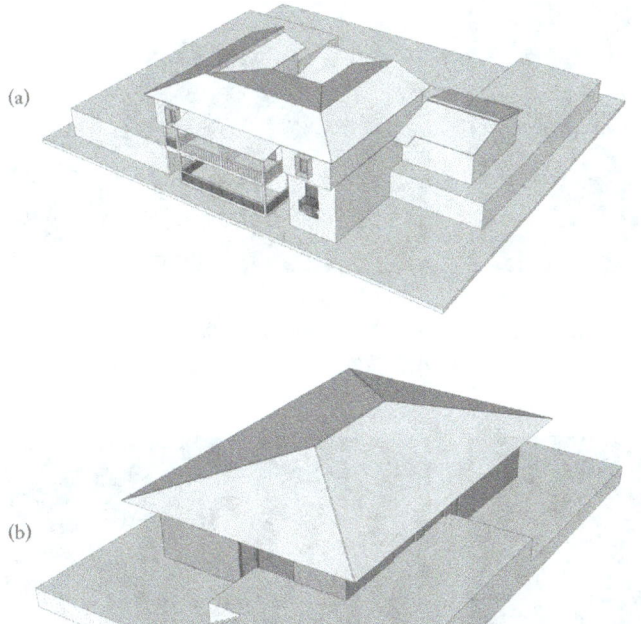

(a)

Casa Costa e Moreira Penna
Rio de Janeiro - RJ, 1980, Lucio Costa e Maria Elisa Costa

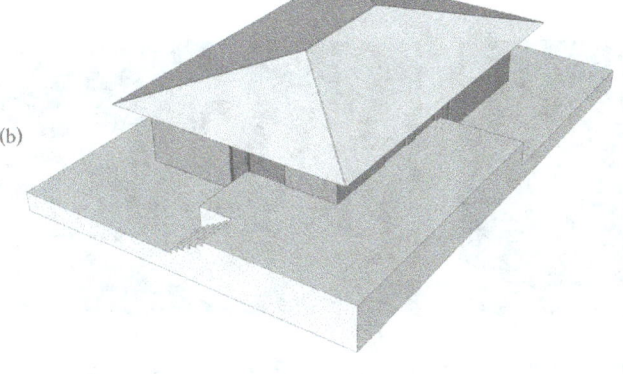

(b)

Casa Artemio Furlan
Ubatuba - SP, 1973, Paulo Mendes da Rocha

(c)

Casa Marcia Nemes Yano
Peruíbe - SP, 1977, Vilanova Artigas

(d)

Casa Júlia Romano
São Sebastião - SP, 1981, Vilanova Artigas

Figura 02 – Casas em estudo. Fonte: (a; b) Acervo Pesquisa Casa Contemporânea Brasileira (Desenho: BALTAR, L. e MENUZZI, A. C.); (c; d) Acervo biblioteca FAU - USP.

Esse conjunto de experiências dos anos 1970-1980 são prováveis referências para as obras iniciais, datadas do final dos anos 1990 e início dos anos 2000, de alguns dos escritórios estudados neste trabalho, especialmente dos paulistas. A maioria das obras deste período releva uma certa uniformidade linguística, ao retomar o uso do telhado e de materiais autóctones (Figura 03)[6]. Posteriormente, a produção dos mesmos escritórios vai recorrer principalmente ao uso de coberturas planas, ainda que alguns deles trilharão um caminho de investigação mais híbrida.

6. Deste período, destacam-se também casas do escritório Bernardes e Jacobsen, com alas isoladas unificadas por telhados muito tradicionais com diversas águas, configurando entre si rincões e espigões – JS (1996), SF (1999), PC (1999), PS (2000), MP (2001). Dentre os escritórios estudados este é um dos poucos que se caracterizará por uma produção continuada de casas com telhado – em geral, de 4 águas.

(a)

Casa São Francisco Xavier
São Francisco Xavier - SP, 1997, Grupo SP Arquitetos

(b)

Casa Juquehy
São Sebastião - SP, 1998, Grupo SP Arquitetos

(c)

Casa Carapicuíba
Carapicuiba - SP, 1997, Una Arquitetos

(d)

Casa Carambó
Joanópolis - SP, 2001, Una Arquitetos

(e)

Casa SF
Jaguariúna-SP, 2001, Bernardes e Jacobsen Arquitetos

Figura 03 – Casas em estudo. Fonte: (a;b) Acervo Grupo SP (Foto: Nelson Kon); (c;d) Acervo Una Arquitetos (Foto: Nelson Kon; Bebete Viégas); (e) Acervo Jacobsen (Foto: Leonardo Finotti).

INVESTIGAÇÕES CONTEMPORÂNEAS – reabilitação do telhado tradicional

É neste contexto de produção híbrida, observado principalmente após 2005, que o telhado tradicional voltou a assumir diversas configurações – quatro águas, duas águas e uma água – adotado nos mais diversos partidos – compactos ou decompostos, de proporções quadráticas ou retangulares.

Obviamente, a associação destas possibilidades compositivas multiplica o número de respostas projetuais, definindo arranjos complexos que, por sua vez, podem ainda se associar a soluções que recorrem ao uso de coberturas horizontais com lajes de concreto. Configura-se assim um vasto universo de investigação, no qual, a partir de seu escopo, este estudo pretende identificar a diversidade das soluções, ao menos no universo da pesquisa em que este estudo se insere.

De qualquer modo, nos casos em estudo, observa-se que o telhado contemporâneo tem um protagonismo compositivo ainda mais intenso do que na arquitetura moderna, quer pela sua geometria e dimensão, quer por seus largos beirais ou pela exposição interna e externas de seus elementos construtivos. Esse protagonismo da cobertura, na maioria dos casos, ainda ganha maior expressão ao contrapor a sua opacidade e peso à transparência, leveza e/ou mobilidade do fechamento vertical dos seus volumes-bases, especialmente das alas sociais, evidenciando com maior radicalidade, se comparado com o vocabulário moderno, a independência entre essas duas partes.

É importante destacar que, com raríssimas exceções, a opção pelo uso de telhados se dá em projetos para casas praianas ou rurais, onde a escolha da cobertura e dos materiais leva intrínseca uma questão de caráter, tanto no sentido de conformar "um abrigo primitivo", como de configurar um ambiente "rústico ou autóctone" que se relacione com o entorno natural.

O Telhado de duas águas

A cobertura de duas águas, o "telhado original" que de alguma maneira a arquitetura moderna renegou, reaparece nas casas contemporâneas. A partir de interpretações muito literais que recorrem ao uso de amplos beirais e materiais tradicionais - estrutura de madeira e telhas cerâmicas -, observa-se o emprego dessa cobertura tanto em arranjos aditivos, quanto compactos.

Em **partidos compactos**, a solução tradicional de telhado dialoga com um arranjo binuclear conectado por uma sala/varanda[7]. Aqui, uma cobertura única integra dois corpos opacos e um espaço de estar que, aberto se fundindo com varanda periférica longitudinal ou fechado com painéis transparentes e dilatado ao exterior através de deques ou terraços, assume o caráter de uma varanda (Figura 04). Nesse esquema, que foi empregado na arquitetura moderna e vem sendo amplamente reinterpretado na arquitetura contemporânea, parecem estar fundidas duas referências – a casa avarandada tradicional e a casa binuclear de Marcel Breuer (MARTÍ ARIS, 1997; COTRIM CUNHA, 2005).

7. Um estudo sobre a "varanda conectora" na casa moderna e contemporânea foi desenvolvido em: GONSALES, BALTAR, 2016.

Ainda aparecem soluções peculiares a meio caminho entre a explicitação volumétrica do telhado de duas águas e a exploração planar da cobertura de uma água. Nesse caso, a cumeeira do telhado arquetípico é decomposta, recorrendo a telhados de uma água em alturas diferentes (Figura 05).

O corpo alongado com duas águas pode ser associado a outros em *arranjos decompostos*, onde a meta parece centrar-se em evitar os desafios do encontro dos diferentes planos do telhado. Nesta busca de identidade de cada corpo, aparecem desde soluções que se valem de uma composição em alas paralelas, que se conectam através de um deck descoberto, até soluções que exploram elementos secundários de conexão, tais como banheiros e áreas de serviço (Figura 06).

(a)

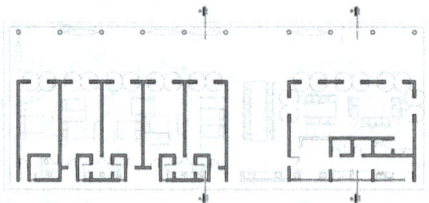

Figura 04 — Casas em estudo. Fonte: (a) Foto - Acervo Arquitetos Associados; Planta e corte - Acervo Pesquisa Casa Contemporânea Brasileira (Desenho: COLOMBO, J.); (b) Acervo Frederico Zanelato.

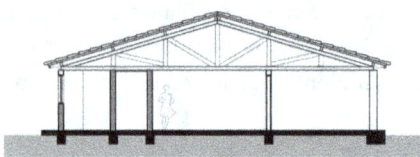

Casa do Peixe Gordo
Peixe Gordo - CE, 2012, Arquitetos Associados

(b)

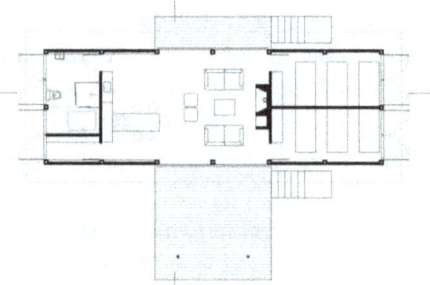

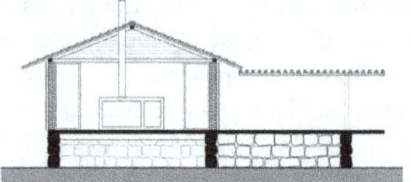

Casa Rural
Biritiba Mirim, n. d., Frederico Zanelato Arquitetos

Figura 05 – Casas em estudo. Fonte: Foto – Acervo Danilo M. Macedo (MGSR); Planta e corte – Acervo Pesquisa Casa Contemporânea Brasileira (Desenho: MEDEIROS DOS SANTOS, L.).

(a)

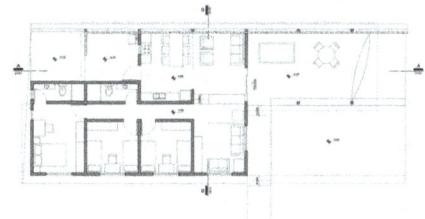
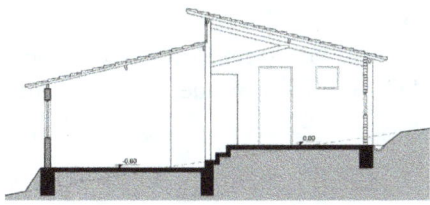

Casa Vale dos Jatobás
2002, MGSR Arquitetos

Figura 06 – Casas em estudo. Fonte: (a) – Foto e Fachada: Acervo Una Arquitetos; Implantação: Acervo Pesquisa Casa Contemporânea Brasileira (Desenho BALTAR, L.); (b) Foto – Acervo SIAA Arquitetos (Fernando Stankuns); Plantas e cortes – Acervo Pesquisa Casa Contemporânea Brasileira (Desenhos: RODRIGUES, W.).

(a)

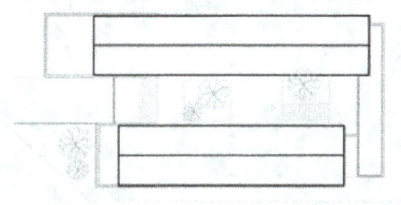

Casa em Trancoso
Porto Seguro - BA, 2005, UNA Arquitetos

(b)

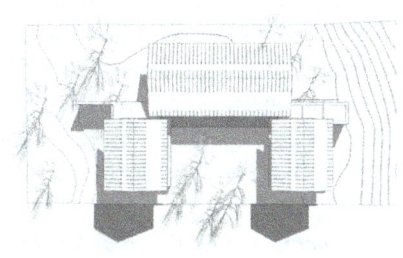
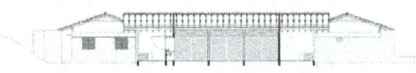

Casa da Barra do Una
São Sebsatião - SP, 2004, SIAA Arquitetos

O telhado de quatro águas

O telhado de quatro águas na casa contemporânea assumirá um ponto de cumeeira mais baixo do que na versão "colonial". Numa versão wrightiana, "achatadas" e com grandes beirais, essas coberturas acentuam a horizontalidade de todo o conjunto. Por outro lado, o peso da cobertura se contrapõe de maneira extrema aos fechamentos leves do volume-base. Ilustra esse argumento a Casa GS (2011. Bernardes e Jacobsen) que, segundo os arquitetos, conforma "uma casa de campo moderna com cara de fazenda brasileira" (https://jacobsenarquitetura.com/projetos/residencia-gs/) (Figura 07).

Esse telhado vem sendo predominantemente explorado em partidos decompostos que podem configurar arranjos em "U", "T", "L", "H", mas que, essencialmente, possuem alas com proporções retangulares[8].

8. São raros os exemplos de alas com proporções quadráticas ou levemente alongadas, aparecendo em alguns projetos do escritório Bernardes e Jacobsen, como nas casas GB (2002), NA (2001), JP (2003) e RS (2005). Nelas, cada ala é coberta por um telhado de quatro águas, com configuração bastante tradicional - cumeeira alta, generosos beirais e avarandados – e onde pérgolas e passarelas as interligam.

(a)

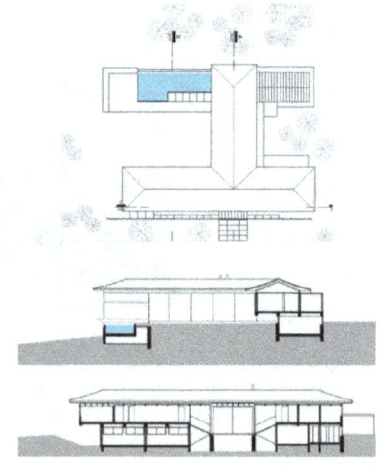

Casa GS
Itú - SP, 2012, Jacobsen Arquitetos

Independentemente do partido adotado, no projeto contemporâneo há uma procura, como já visto no caso dos partidos com telhados de duas águas, por uma composição de volumes que mantenham sua identidade, evitando o encontro entre planos de cobertura na complexa trama de alas. Essa estratégia se consolida tanto por meio da combinação entre corpos com telhados e com lajes planas – a mais usual - como através da disposição de volumes com diferentes níveis e alturas.

A **combinação entre corpos com telhados e corpos com lajes** pode ser ilustrada por soluções com dois pavimentos e soluções térreas. No primeiro caso, normalmente, o volume superior está coberto por telhado em quatro águas, em evidente protagonismo compositivo, e os volumes térreos estão cobertos por laje plana (Figura 08a). Nos casos térreos, elementos de ligação conectam volumes independentes, como pergolados e volumes secundários de coberturas planas (Figura 08b e 08c).

Figura 07 – Casas em estudo. Fonte: Foto – Acervo Jacobsen Arquitetos (Foto: Leonardo Finotti); Implantação e cortes – Acervo Pesquisa Casa Contemporânea Brasileira (Desenho: GHISLENE, N.).

É interessante destacar a respeito destas soluções que, se o uso de pergolados para conectar diferentes corpos de telhado era habitual na arquitetura moderna, a utilização de lajes planas é estratégia inédita da casa contemporânea.

Figura 08 – Casas em estudo. Fonte: (a) - Render - Acervo AUM/DMDV Arquitetos; Implantação e cortes - Acervo Pesquisa Casa Contemporânea Brasileira (Desenho: MEDEIROS DOS SANTOS, L. M.); (b) Acervo Jacobsen Arquitetos (Foto: Pedro Kok); (c) Render - Acervo AUM/DMDV Arquitetos.

(a)

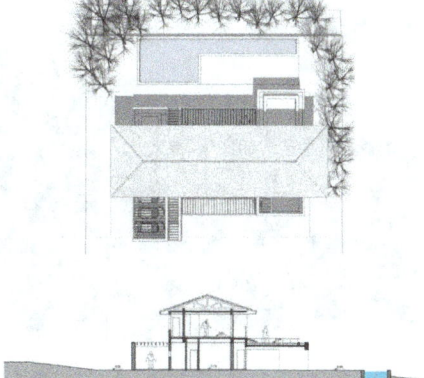

Haras Larissa 1
São Paulo - SP, 2006, AUM Arquitetos/DMDV

(b)

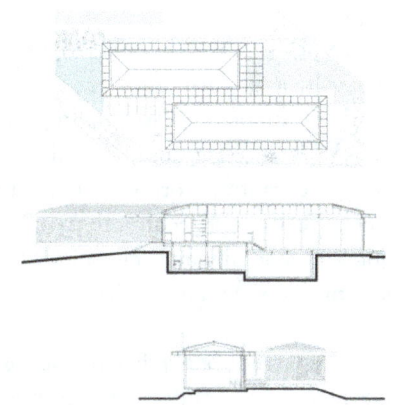

Casa RT
Laranjeiras - RJ, 2009, Jacobsen Arquitetos

(c)

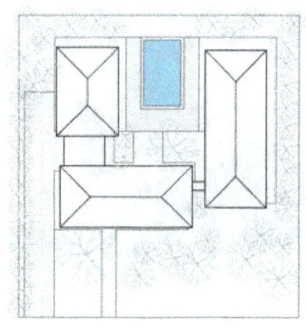

Haras Larissa 2
São Paulo - SP, 2009, Aum Arquitetos/DMDV

O uso de **volumes sobrepostos com diferentes alturas e níveis** para evitar o encontro de telhados, mesmo sendo uma solução menos encontrada, aparece em exemplos como o da Casa MC (2010. Bernardes Jacobsen), com um partido em "U" conformado a partir de uma ala linear com quatro águas e outra em "L" com telhado composto (Figura 09).

Figura 09 – Casa em estudo. Fonte: Acervo Jacobsen Arquitetos (Foto: Maíra Acayaba)

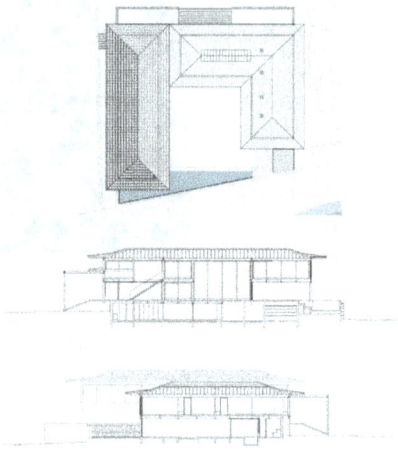

Casa MC
Guarujá - SP, 2010, Jacobsen Arquitetos

O telhado de uma água

O plano isento, "moderno", decorrente da decomposição do telhado tradicional, volta a ser empregado em casas contemporâneas, tanto em partidos compactos como decompostos. No entanto, apesar da evidente filiação, apresenta a particularidade de explorar sua planaridade e independência com uma contundência não observada antes. Corpos fortemente conectados ao solo – sem a exploração dos pilotis, como era recorrente na casa moderna – fazem com que o telhado flutue sobre eles de maneira muito leve, através do emprego de grandes beirais, "oitões" envidraçados e planos independentes das empenas laterais.

Nesse âmbito, **partidos compactos de proporções retangulares** aparecem em soluções térreas e com dois andares, por vezes explorando mezaninos, o que remete às investigações tardias de Vilanova Artigas (Figura 10).

(a)

(b)

Figura 10 – Casas em estudo. Fonte: (a; b) Acervo DDG Arquitetos; (c) render - Acervo AUM/ DMDV; Implantação e corte - Acervo Pesquisa Casa Contemporânea Brasileira (Desenho: MEDEIROS DOS SANTOS, L.)

Chácara do Sol
2010, DDG Arquitetos

Casa JS
2007, DDG Arquitetos

(c)

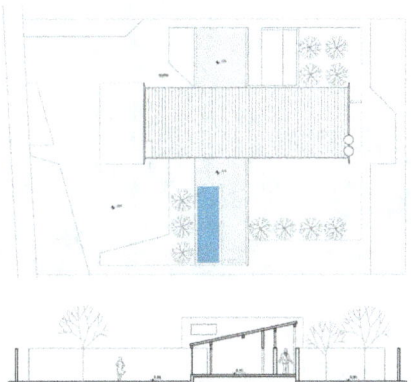

Casa Aracajú
Aracajú - SE, 2005, AUM Arquitetos/DMDV

Com arranjo decomposto, pode-se observar recorrência da estratégia de mesclar telhados e coberturas planas, como já discutido anteriormente. Neste caso, o telhado de uma água é utilizado apenas em uma ala - térrea ou sobreposta -, normalmente a social, ficando as demais alas com coberturas planas. Nelas, o telhado da zona social é arrematado por um forro inclinado e amparado por pilares isentos, metálicos ou de madeira, o que lhe atribui um caráter absolutamente abstrato. Da tradicional cobertura em telhado essas casas retêm quase que apenas a possibilidade de sombra sobre os planos de parede, através dos amplos beirais (Figura 11).

Figura 11 – Casas em estudo. Fonte: Fotos - Acervo Jacobsen Arquitetos (Fotos: (a) MCA Estudio; (b) Leonardo Finotti; Plantas e corte - Acervo Pesquisa Casa Contemporânea Brasileira (Desenho: (a) BAUMANN, R.; (b) CAON, S.).

(a)

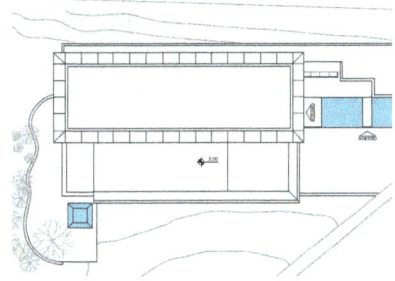

Casa ZM
Itacaré - BA, 2005, Bernardes Jacobsen Arquitetura

(b)

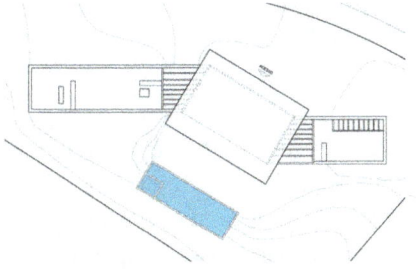

Casa CA
Bragança Paulista - SP, 2009, Jacobsen Arquitetos

(c)

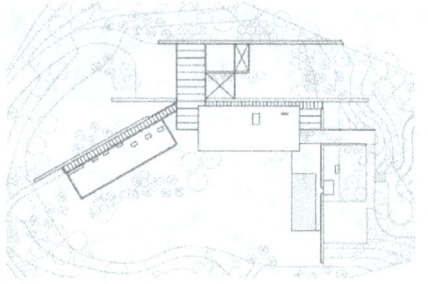

Casa BV
Porto Feliz - SP, 2008,
Bernardes Jacobsen Arquitetura

TRADICIONAL E MODERNO

Aos pesados telhados trazidos do passado, a arquitetura contemporânea conjuga as conquistas fundamentais da arquitetura moderna, agora possibilitadas de maneira ainda mais contundente a partir dos atuais materiais e técnicas construtivas. Desse modo, o projeto da casa contemporânea trabalha com uma dialética que expõe, de um lado, uma "tradição pura", representada por um elemento tomado do passado de forma muito literal; e de outro, estruturas formais e espaciais construídas e sedimentadas pelas estratégias de projeto modernas.

Figura 11 – Casa em estudo. Fonte: Foto – Acervo Jacobsen Arquitetos (Foto: (C) Leonardo Finotti); Plantas e corte – Acervo Pesquisa Casa Contemporânea Brasileira (Desenhos: BAUMANN, R.).

Espacialmente, consolidam-se plantas mais fluídas, permeadas por ambientes semiavarandados ou ambientes fechados verticalmente por grandes painéis deslizantes e/ou envidraçados (Figura 13). Desse modo, a leveza, a acentuação horizontal, a permeabilidade visual, a independência entre vedação e estrutura, ideais da arquitetura moderna, aqui são revisitadas e exaltadas em toda a sua potencialidade.

(a) 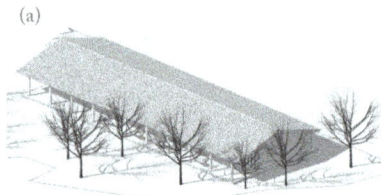 (b) 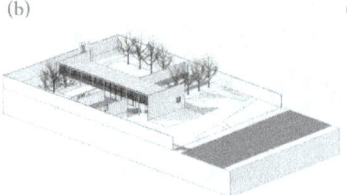 (c)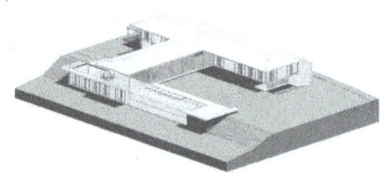

Casa do Peixe Gordo
Peixe Gordo - CE, 2012, Arquitetos Associados

Casa Aracajú
Aracajú - SE, 2005, AUM Arquitetos/DMDV

Casa GS
Itú - SP, 2012, Jacobsen Arquitetos

O telhado desconstruído em planos independentes da arquitetura moderna brasileira segue sendo referência para a produção atual. Destaca-se, principalmente, o uso dos telhados de uma água, com grande expressividade de sua condição planar. Por outro lado, outra solução consolidada na casa moderna - partidos decompostos com composição complexa de planos de telhado – passa a ser substituído pelo arranjo de telhados mais simples - duas, quatro ou mais águas –, evitando sempre seus encontros, como já foi destacado neste trabalho.

Figura 13 – Casas em estudo. Fonte: Acervo Pesquisa Casa Contemporânea Brasileira (Desenho: (a) COLOMBO, J.; (b) MEDEIROS DOS SANTOS, L.; (c) GHISLENI, N.).

Assim, mesmo que, em geral, haja uma associação do uso do telhado a uma posição conservadora, a sua reinterpretação pode lhe conferir um status "contemporâneo", já que, como destacam Zein e Bastos (2010), uma das características da arquitetura contemporânea brasileira é a aceitação do legado moderno que, reabilitado ou reinventado, não se prende à adoção de modelos únicos.

As referências para essa atitude podem ser o ***revival realizado pelos próprios arquitetos modernos*** nos anos 1970 e 1980, no qual se discutia o vazio do discurso moderno e as possibilidades de, mais uma vez, estabelecer um novo diálogo com a tradição. A partir dessas experiências, tem início um diálogo mais direto com o passado, absorvendo suas experiências de maneira mais literal, sem a necessidade, intrínseca ao pensamento moderno, de grandes transformações. Assim, o telhado de madeira e barro, esta "estrutura arquitetônica elementar", ao ser combinado com outras estruturas elementares e com paramentos verticais de diversa linhagem, potencializa não só uma gama imensa de explorações espaciais – complexas e dinâmicas –, mas também simbólicas - abrigo seguro, lugar de memória.

No entanto, se a madeira e o barro são materiais atemporais e universais na construção de telhados, outros discursos de rememoração dessa cobertura também se fazem presentes no mundo contemporâneo, com outras materialidades que, consequentemente, levam a outras impressões perceptivas e simbólicas.

A EXPLORAÇÃO DO PLANO QUASE HORIZONTAL - novas materialidades
Precedências

9. Coberturas com telhas de fibrocimento comuns, apoiadas em terças e/ou ripamentos de madeira, e com curtos beirais, foram empregadas em diversos projetos paulistas da década de 1940 e início da década de 1950, como ilustram obras de Henrique Mindlin, do italiano Daniele Calabi e Rino Levi (COSTA, GONSALES, 2017).

Os referenciais projetuais para as experiências contemporâneas que utilizam o telhado com novas materialidades, provavelmente, são casas modernas construídas a partir das décadas de 1950 e 1960, quando o avanço da industrialização impulsionou o acesso a novos materiais e tecnologias (ZEIN; BASTOS, 2010) que permitiram a configuração de telhados com pouquíssima inclinação.

Nesse contexto, as antigas telhas de barro passaram a ser substituídas por telhas de maiores dimensões. Se inicialmente foram exploradas telhas de fibrocimento comuns apoiadas em terças e/ou ripamentos de madeira[9] (Figura 14a), logo, o uso de "canaletão" e telhas metálicas permitiu uma exploração mais contundente dos elementos do telhado, resgatando a sua importância na composição do conjunto.

Novamente a partir da observação de casas cariocas (HECK, 2005), pode-se afirmar que começa a ser explorada, então, uma independência em relação ao volume base, principalmente, através do uso de beirais mais avantajados do que os dos telhados tradicionais, o que, por sua vez, exigiu soluções estruturais para a sua sustentação. Em concreto, metal ou madeira, muitas vezes, surge uma trama de vigas/terças que se lançam em balanço além do volume-base como na casa do arquiteto Sérgio Bernardes (1960) e na Casa Olívio Gomes (1949. Rino Levi) (Figura 14b); ou se apoiam em delgadas colunas ou pilares externos, sugerindo um leve exoesqueleto, como pode ser ilustrado pelas casas - Israel Klabin (1952. Francisco Bolonha) e Casa de Campo (1961. Marcos de Vasconcellos).

Assim, não só o plano da cobertura ganhou expressão formal, mas também os componentes estruturais que o sustentavam. Nesse contexto, merecem menção os telhados estruturados por vigas ou treliças metálicas, como nas casas Maria Carlota de Macedo Soares (1951) e Maria Coutinho Ensch (1961), ambas de Sérgio Bernardes, e na casa de Fim de Semana (1957), de Aldary Henrique Tolledo, que, ao contraporem técnicas de construção artesanal em suas bases com materiais industrializados em suas coberturas, contrastam peso e leveza.

(a)
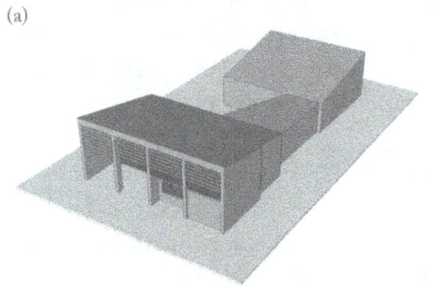
Casa em São Paulo
São Paulo - SP, 1942, Henrique Mindlin

(b)

Casa Olivo Gomes
São José dos Campos - SP, 1949. Rino Levi.

Figura 14 – Casas em estudo. Fonte: (a) Acervo Pesquisa Casa Contemporânea Brasileira (Desenho: BALTAR, L.; (b) Acervo dos autores.

INVESTIGAÇÕES CONTEMPORÂNEAS – novos caminhos

Um dos procedimentos fundamentais que caracterizou a arquitetura moderna brasileira foi, como já destacado, a conciliação entre elementos industrializados e elementos provindos de uma manufatura mais artesanal.

Nesse panorama, o uso de esqueletos estruturais leves e/ou materiais industrializados para sustentar coberturas e paramentos verticais de casas parecem indicar, à primeira vista, um distanciamento dessa conciliação, desse diálogo quase permanente que ocorreu durante grande parte do século 20. No entanto, a persistência do uso do telhado diante de outras várias soluções técnicas, pode ser entendida ainda como um vínculo com a tradição - um vínculo mais discreto, mais sutil, mas igualmente consistente.

As coberturas com telhas industrializadas na casa contemporânea se apresentam com uma ou duas águas. No entanto, a pouca inclinação de seus planos faz com que, salvo raras exceções, o número de águas seja fator pouco preponderante no que tange às questões perceptivas da composição como um todo, obedecendo essa decisão, aparentemente, a questões pragmáticas – dimensões, escoamento das águas, etc. - e não à intensões formais ou expressivas. Desse modo, a sua análise se organizará em um único grande grupo – o dos telhados com planos horizontalizados.

Por outro lado, observa-se uma maior exploração plástica das tramas ou estratos do telhado e da materialidade de seus componentes, radicalizando o discurso ensaiado pelos modernos nos anos 1950 e 1960. A "elementarização" dos componentes da cobertura, conjuntamente com a expressão dos elementos verticais da estrutura, devolveram a este parte do protagonismo que desempenhava como telhado tradicional.

Entre os escritórios contemporâneos brasileiros que exploram o tema, o escritório paulista Nitsche Arquitetos, o escritório carioca dirigido por Carla Juaçaba e o escritório pernambucano O Norte Oficina de Criação merecem destaque (Figura 15).

(a)
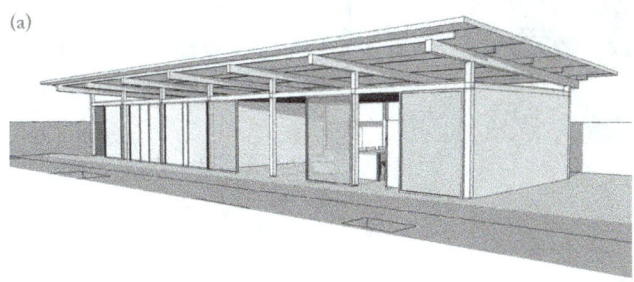

Casa Barra do Sahy
São Sebastião - SP, 2002, Nitsche Arquitetos

(b)

Casa Varanda
Rio de Janeiro-RJ, 2008, Carla Juaçaba

(c)
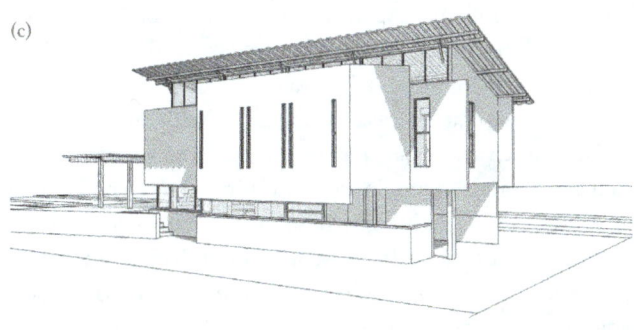

Casa Aldeia
Recife - PE, 2009, O Norte - Oficina de Criação

Figura 15 – Casas em estudo. Fonte: Acervo Pesquisa Casa Contemporânea Brasileira (Desenho: (a) GHISLENI, N.; (b) OLTRAMARI, N.; (c) LUCENA, J.; CABRAL, T.).

Com **partido compacto** térreo e linear, merecem destaque soluções que apresentam uma expressiva linguagem planar. O plano da cobertura se estende configurando um telhado - em uma ou duas águas - com pouca inclinação e formando avarandados que intimamente reproduzem a tradição do modo de morar brasileiro. Tal plano, ao estar afastado do forro, permite uma explicitação maior dos seus elementos construtivos, resultando em uma expressão formal especialmente contundente no cenário brasileiro[10]. Esse telhado se conforma como um abrigo, quase uma "exoestrutura" sob o qual se instala um prisma – mais, ou menos, transparente. (Figura 16)

[10]. O argumento de que identidade visual do sistema construtivo na obra do escritório Nitsche resulta em uma espécie de "ornamentação" foi desenvolvido em: GONSALES, GALARZ (2015).

(a)
Casa Barra do Sahy
São Sebastião - SP, 2002, Nitsche Arquitetos

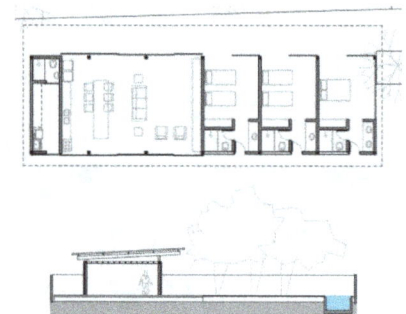

(b)
Fazenda na Bahia
2012, Nitsche Arquitetos

(c)

Figura 16 – Casas em estudo. Fonte: (a) Foto – Acervo Nitsche Arquitetos (Fotos: Nelson Kon e João Nitsche); Planta e corte – Acervo Pesquisa Casa Contemporânea Brasileira (Desenho GHISLENI, N; (b; c) Acervo Nitsche Arquitetos.

Outras soluções em duas águas ampliam a experimentação com telhados que utilizam elementos industrializados. Duas variações são observadas relativas à posição da cumeeira - de maneira convencional, longitudinal ao volume, e de maneira inusual, transversalmente disposta. Destaca-se aqui as casas Varanda (2008. Carla Juaçaba) e Piracaia (2012. Nitsche). Na primeira, a cobertura se apoia em vigas metálicas de alma cheia e a sua "cumeeira" é rasgada, a modo de lanternim, promovendo uma dramatização espacial através dos fachos de luz que desenham a trajetória solar ao longo do dia. (Figura 17a). Na segunda, a madeira usualmente utilizada em outros projetos do escritório é substituída por um esqueleto totalmente construído em aço, destacando as vigas treliçadas que vencem o grande vão da varanda que divide a casa em dois corpos.

Figura 17 – Casa em estudo. Fonte: (a) Acervo Pesquisa Casa Contemporânea Brasileira (Desenho: OLTRAMARI, N.); (b) Foto - Acervo Nitsche Arquitetos (Fotos: Nelson Kon); Corte - Acervo pesquisa Casa contemporânea brasileira (Desenho: COLOMBO, J.).

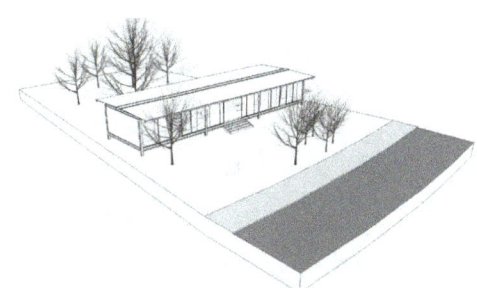
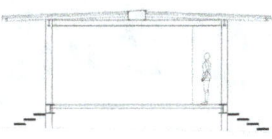

Casa Varanda
2008, Carla Juaçaba

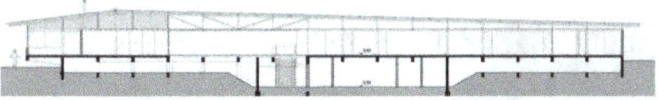

Casa Piracaia
Piracaia - SP, 2012, Nitsche Arquitetos

O arranjo tipológico de algumas dessas casas, seja com uma ou duas águas, remete ao pavilhão binuclear com sala-varanda, já discutido nos casos que empregam telhados tradicionais. Esse fato mostra a flexibilidade do próprio arranjo, bem como comprova o tratamento da cobertura como uma "estrutura arquitetônica elementar" (MARTÍ ARÍS, 1993) (Figura 18).

Ainda com partido compacto, mas com mais de um pavimento, se pode observar estratégias que subordinam o telhado a um volume prefigurado ou usam o telhado para restituir uma unidade volumétrica a volumes aparentemente fragmentados. No primeiro caso, o telhado de uma ou duas águas se apoia em uma espécie de exoesqueleto e abriga prismas com paramentos muito leves ou transparentes (Figura 18a e 18b). No segundo caso, o plano da cobertura em telha industrializada, com maior ou menor inclinação, flutua sobre a complexa e rica composição volumétrica da base, impondo unidade ao conjunto e contrastando com os planos verticais (Figura 18c e 18d).

 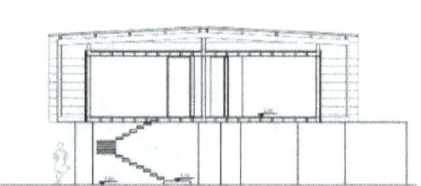

Casa em Florianópolis
Florianópolis - SC, 2012, Nitsche Arquitetos

 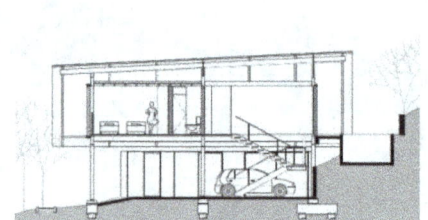

Casa na Praia Vermelha
Praia Vermelha - SP, 2016, Nitsche Arquitetos

 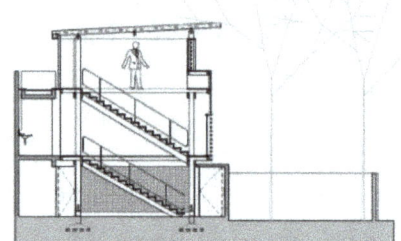

Casa Derby
Recife - PE, 2007, O Norte - Oficina de Criação

 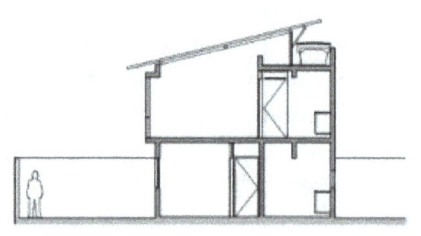

Casa Aldeia
Recife - PE, 2009, O Norte - Oficina de Criação

Figura 18 – Casas em estudo. Fonte: (a; b) Render e Fotos – Acervo Nitsche Arquitetos (Foto: Cacá Bratke e André Scarpa); Cortes – Acervo Pesquisa Casa Contemporânea Brasileira (Desenho: WOLFFENBUTTEL, B); (c; d) Fotos – Acervo O Norte – Oficina de Criação (Foto: Leonardo Finotti); Corte – Acervo Pesquisa Casa Contemporânea Brasileira (Desenho: (c) CRISTINA, J.; PAIVA, V.; PALMEIRA, R.; (d) AMORIM, B.; SOARES, E.; D'OLIVEIRA, G.; MELO, T.).

Em **partido decomposto**, observa-se composições perpendiculares de alas alongadas, que se conectam através de varandas. Nestes casos, telhados de duas águas de reduzidíssima inclinação ganham expressividade pela presença de varandas e generosos beirais (Figura 19).

(a) Casa em Praia Preta
São Sebastião - SP, 2007, Nitsche Arquitetos

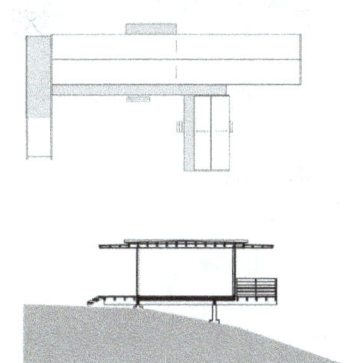

(b) Casa em São Francisco Xavier
São Francisco Xavier - SP, 2009, Nitsche Arquitetos

Figura 19 – Casas em estudo. Fonte: Fotos - Acervo Nitsche Arquitetos (Fotos: Nelson Kon); Implantação e cortes – Acervo Pesquisa Casa Contemporânea Brasileira (Desenho: (a) COLOMBO, J.; (b) BALTAR, L.).

Em partidos também aditivos, com telhados de duas águas, observa-se soluções que abdicam da cumeeira tradicional e que remetem diretamente ao vasto repertório moderno, como o emprego da calha central - tipo "borboleta" - , e o de planos dispostos em diferentes alturas. Em ambos os casos, a leveza do telhado é enfatizada pelos longos beirais em telha industrializada que contrastam com a materialidade dos planos verticais do volume-base, apesar de não explicitarem o esqueleto que sustenta a cobertura – como é usual no grupo em estudo (Figura 20b).

(a)

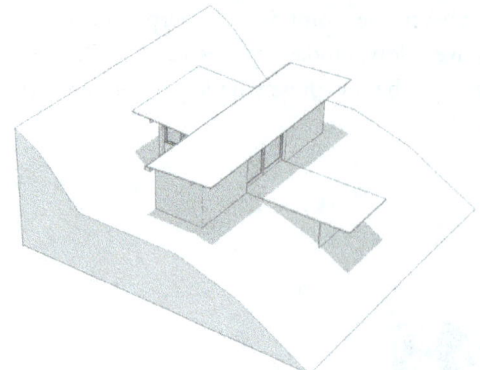

Casa Mínima
Nova Friburgo - RJ 2008, Carla Juaçaba

(b)

Casa Paulo e Luciana
Recife - PE, 2011, O Norte - Oficina de Criação

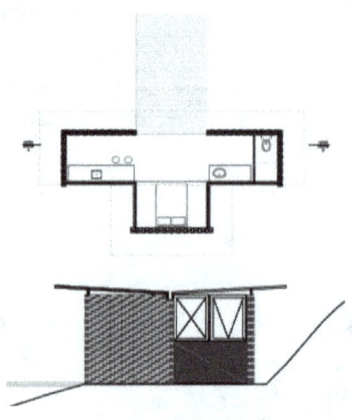

Figura 20 – Casas em estudo. Fonte: (a) Acervo Pesquisa Casa Contemporânea Brasileira (Desenho: OLTRAMARI, N.); (b) Acervo O norte – Oficina de Criação.

A TRADIÇÃO MODERNA E A TRAMA DOS ELEMENTOS – um caminho em construção

Os projetos analisados apresentam claros indícios de uma continuidade da "tradição moderna". Os diversos partidos arquitetônicos - compactos ou decompostos – e os seus sistemas técnico-construtivos - principalmente a estrutura modular e a vedação independente e leve -, estabelecem relações espaciais muito próximas daquelas que, de algum modo, estavam presentes na residência moderna brasileira. A fisionomia do telhado, contudo, ganha, na casa contemporânea, maior potência como elemento planar, contracenando com os demais elementos de arquitetura – planares e lineares - em uma trama que vai do piso até a cobertura.

Por outro lado, é interessante observar que, se as telhas industrializadas, que exigem pouca inclinação, minimizam o fator expressivo da cobertura, esse mesmo atributo permite a conformação de grandes beirais que podem se configurar como lugar de estar e/ou proteger a construção das intempéries, resgatando características intrínsecas ao telhado tradicional. Esse fato, conjuntamente com a exposição dos elementos estruturadores da cobertura em toda sua materialidade, dá ao telhado uma expressão inusitada, destacando-o, por fim, na relação hierárquica do conjunto.

Assim, é nesse contexto de novas interpretações e de novas materialidades, que a grande flexibilidade dessa "estrutura elementar" tem ficado evidente, adaptando-se a uma grande variação de arranjos compositivos e de intensões expressivas.

CONSIDERAÇÕES FINAIS

O telhado, como elemento de importância ambiental e cultural fundamental para os brasileiros, ganhou expressão também na arquitetura moderna. Mesmo no contexto dessa linguagem arquitetônica que se preconizava de ruptura com o passado, a estratégia de decomposição dos elementos de arquitetura permitiu a recriação dessa cobertura tradicional, e a utilização de elementos industrializados possibilitou uma ampliação de seu vocabulário e expressão.

A arquitetura contemporânea incorpora e ressignifica a transformação moderna do telhado, expondo sua universalidade e atemporalidade. Como afirmam Zein e Bastos (2010) sobre a arquitetura contemporânea brasileira, nela é possível identificar uma "reabilitação da herança moderna", aceitando a noção de "repertório" como parte fundamental da concepção arquitetônica, mas não se prendendo a modelos ou materiais e sistemas construtivos únicos.

No entanto, se é possível avaliar que a arquitetura atual referencia a larga experiência adquirida no uso do telhado pelos mestres modernos, também é possível reportá-la a outros dois universos de referência. O primeiro remete especificamente a um momento anterior ao da interpretação brasileira da modernidade em arquitetura, à volta aos ideais originalmente modernos de produção em série, de estrutura independente de paramentos leves, do protagonismo quase absoluto do plano. O segundo, no outro extremo, remete à tradição vernácula primordial, em que é revisitado o telhado simétrico de duas ou quatro águas, sugerindo o regresso a um modo de construir – e a um modo de habitar - que permanece inalterado, apesar de todas as mudanças operadas ao longo do tempo.

REFERÊNCIAS

BASTOS, M. A. J; ZEIN, R. V. **Brasil:** arquiteturas após 1950. São Paulo: Perspectiva, 2010.

COSTA, A. E.; GONSALES, C. A Persistência do Telhado na Arquitetura Brasileira: A Casa Moderna. *In*: **Anais 12. Seminário DOCOMOMO Brasil**, 2017. Uberlândia: EDUFU, 2017.

COSTA, A. E.; PICCOLI, C.; CAON, S. Casas lineares de Bernardes e Jacobsen Arquitetura: apontamentos sobre herança e inovação. *In*: **Anais do VII Seminário PROJETAR – 2015**. Natal: UFRN, 2015.

COTRIM, M. **Vilanova Artigas**: Casas Paulistas 1967-1981. São Paulo: Romano Guerra, 2017.

COTRIM CUNHA, M. Diálogos imaginários: Marcel Breuer e Vilanova Artigas. **Vitruvius,** Arquitextos, São Paulo, ano 06, n. 064.08, set. 2005. Disponível em: http://www.vitruvius.com.br/revistas/read/arquitextos/06.064/428

GONSALES, C.; BALTAR, L. Mutações na varanda da casa brasileira – explorações tipológicas modernas e contemporâneas. **Revista Projetar**, v. 1, p 104-113, 2016.

GONSALES, C. C.; GALARZ, F. B. S. A expressão dos elementos de arquitetura na residência contemporânea: o Escritório Nitsche Arquitetos e o retorno da ornamentação. *In*: **Anais do VII Seminário PROJETAR – 2015**. Natal: UFRN, 2015.

GOODWIN, P. **Brazil Builds**. Architecture new and old 1652-1942. New York, MoMA, 1943.

HECK, M. **Casas Modernas Cariocas 1930-1965**. Porto Alegre, 2005. Dissertação (Mestrado em Arquitetura)- Faculdade de Arquitetura, Universidade Federal do Rio Grande do Sul.

LEÃO, S. L. C. As Casas Unifamiliares de Carlos Millan. *In*: **Anais do X Seminário do DOCOMOMO-Brasil**. Curitiba: UFPR, 2013.

MAHFUZ, E. C. **Ensaio sobre a razão compositiva**. Viçosa: UFV; Belo Horizonte: AP Cultural, 1995.

MARTI ARÍS, C. **Las variaciones de la identidad:** ensayo sobre el tipo en la arquitectura. Barcelona: Colegio de Arquitectos de Cataluña, 1993.

MARTÍ ARÍS, C. La casa binuclear según Marcel Breuer: el patio recobrado. **DPA**: Documents de Projectes d'Arquitectura, 1997, n. 13, p. 46-51.

MINDLIN, H. **Arquitetura moderna no Brasil**. 2. ed. Rio de Janeiro: Aeroplano, Iphan, Ministério da Cultura, 2000.

Pesquisa Casa Contemporânea Brasileira. Disponível em: www.ufrgs.br/casacontemporanea/

SEGAWA. H. **Arquiteturas no Brasil** 1900 - 1990. São Paulo: EDUSP, 1999.

ACERVOS

Acervo Arquitetos Associados. Disponível em: https://www.arquitetosassociados.arq.br/

Acervo AUM Arquiteos/DMDV. Disponível em: http://aumarquitetos.com.br

Acervo Carla Juaçaba. Disponível em: https://www.carlajuacaba.com.br/

Acervo DDG Arquitetura. Disponível em: http://www.ddgarquitetura.com.br/

Acervo Frederico Zanelato. Disponível em: http://www.fredericozanelato.com/

Acervo Grupo SP. Disponível em: http://www.gruposp.arq.br/

Acervo Jacobsen Arquitetura. Disponível em: https://jacobsenarquitetura.com/

Acervo MGSR. Disponível em: https://mgs.arq.br/

Acervo Nitsche Arquitetos. Disponível em: http://www.nitsche.com.br/

Acervo O Norte Arquitetura. Disponível em: http://onorte.arq.br/

Acervo SIAA Arquitetos. Disponível em: http://siaa.arq.br/

Acervo Una Arquitetos. Disponível em: http://www.unaarquitetos.com.br/

DADOS AUTORAIS
ARQUITETOS ASSOCIADOS

CASA NO PEIXE GORDO. *Peixe Gordo – CE, 2012.* **Arquitetos:** Alexandre Brasil, Paula Zasnicoff Cardoso.

AUM/DMDV ARQUITETOS

CASA HARAS LARISSA 1. *São Paulo-SP, 2006.* **Arquitetos:** André Dias Dantas, Bruno Bonesso Vitorino, Renato Dalla Marta, Rodrigo Lacerda.

CASA HARAS LARISSA 2. *São Paulo-SP, 2009.* **Arquitetos:** André Dias Dantas, Bruno Bonesso Vitorino, Renato Dalla Marta, Rodrigo Lacerda.

BCMF ARQUITETOS

CASA INÊS E RENZO. *Brumadinho-MG, 2004.* **Arquitetos:** Marcelo Fontes.

BERNARDES JACOBSEN ARQUITETURA

CASA JS. *Angra dos Reis-RJ, 1996.* **Arquitetos:** Cláudio Bernardes, Paulo Jacobsen.

CASA SF. *Jaguariúna – SP, 1999.* **Arquitetos:** Cláudio Bernardes, Paulo Jacobsen.

CASA PC. *Angra dos Reis-RJ, 1999.* **Arquitetos:** Cláudio Bernardes, Paulo Jacobsen.

CASA PS. *Ibiúna – SP, 2000.* **Arquitetos:** Cláudio Bernardes, Paulo Jacobsen.

CASA MP. *Angra dos Reis-RJ, 2001.* **Arquitetos:** Cláudio Bernardes, Paulo Jacobsen.

CASA ZM. *Itacaré-BA, 2005.* **Arquitetos:** Bernardes Jacobsen Arquitetura - Thiago Bernardes, Paulo Jacobsen. **Colaboradores:** Adriana Dias, Gabriel Bocchile, Ingrid Gebera

CASA BV. *Porto Feliz – SP, 2008.* **Arquitetos:** Bernardes Jacobsen Arquitetura - Thiago Bernardes, Paulo Jacobsen. **Colaboradores:** Aline Bianca De Almeida, Daniel Vannucchi, Edgar Murata, Jaime Cunha Junior, Henrique De Carvalho, Paula Tega.

CASA CA. *Bragança Paulista-SP, 2009.* **Arquitetos:** Jacobsen Arquitetos - Paulo Jacobsen, Bernardo Jacobsen **Colaboradores:** Edgar Murata, Fernanda Maeda, Francisco Rugeroni, Pedro Lobão, Ricardo Castello Branco.

CASA RT. *Laranjeiras - RJ, 2009.* **Arquitetos:** Jacobsen Arquitetos - Paulo Jacobsen, Bernardo Jacobsen. **Colaboradores:** Edgar Murata, Christian Rojas, Jaime Cunha Junior, Veridiana Ruzzante.

CASA MC. *Guarujá – SP, 2010.* **Arquitetos:** Jacobsen Arquitetos - Paulo Jacobsen, Bernardo Jacobsen. **Colaboradores:** Edgar Murata, Christian Rojas, Fabiana Porto, Rafael Zampini.

CASA GS. *Itú – SP, 2012.* **Arquitetos:** Jacobsen Arquitetos - Paulo Jacobsen, Bernardo Jacobsen. **Colaboradores:** Edgar Murata, Christian Rojas, Daniel Vannucci, Fabiana Porto, Gabriel Bocchile, Henrique Carvalho, Marcela Siniauskas, Marcia Bontempo, Marina Nogaró, Rafael Henrique De Oliveira, Ricardo Luna.

CARLA JUAÇABA

CASA MÍNIMA, *2008.* **Arquitetos:** Carla Juaçaba.

CASA VARANDA, *2008.* **Arquitetos:** Carla Juaçaba.

DDG ARQUITETOS

CHÁCARA DO SOL. *2010, DDG.* **Arquitetos:** Célio Diniz. Eduardo Canellas, Eduardo Dezouzart, Tiago Gualda

CASA JS. *2007, DDG.* **Arquitetos:** Célio Diniz. Eduardo Canellas, Eduardo Dezouzart, Tiago Gualda

FREDERICO ZANELATO ARQUITETOS

CASA RURAL. *Biritiba Mirim, n. d., Frederico Zanelato.* **Arquitetos:** Frederico Zanelato.

GRUPO SP ARQUITETOS

CASA JUQUEHY. *São Sebastião-SP, 1998, Grupo SP.* **Arquitetos:** Alvaro Puntoni **Colaboradores:** Isabela Galvez

CASA SÃO FRANCISCO XAVIER. *São Francisco Xavier – SP, 1997, Grupo SP.* **Arquitetos:** Alvaro Puntoni

MGSR ARQUITETOS

CASA FAZENDA VALE DOS JATOBÁS, *2002. MGSR.* **Arquitetos:** Danilo Matoso Macedo

NITSCHE ARQUITETOS

CASA BARRA DO SAHY. *São Sebastião-SP, 2002.* **Arquitetos:** Lua Nitsche, Pedro Nitsche.

CASA FLORIANÓPOLIS. *Florianópolis – SC, 2012.*

Arquitetos: Lua Nitsche, Pedro Nitsche.

CASA PIRACAIA. *Piracaia - SP, 2012.*
Arquitetos: Lua Nitsche, Pedro Nitsche.

CASA PRAIA PRETA. *São Sebastião-SP, 2007.*
Arquitetos: Lua Nitsche, Pedro Nitsche.

CASA SÃO FRANCISCO XAVIER. *2009.*
Arquitetos: Lua Nitsche, Pedro Nitsche.

FAZENDA NA BAHIA. *2012.*
Arquitetos: Lua Nitsche, Pedro Nitsche.

CASA PRAIA VERMELHA. *Praia Vermelha -SP, 2016.*
Arquitetos: Lua Nitsche, Pedro Nitsche.

O NORTE – OFICINA DE CRIAÇÃO

CASA ALDEIA. *Recife-PE, 2009. O Norte - Oficina de Criação*
Arquitetos: Bruno Lima, Chico Rocha, Lula Marcondes.

CASA DERBY, *2008. O Norte - Oficina de Criação*
Arquitetos: Bruno Lima, Chico Rocha, Lula Marcondes.

CASA PAULO E LUCIANA. *Recife-PE, 2011, O Norte - Oficina de Criação*
Arquitetos: Bruno Lima, Chico Rocha, Lula Marcondes.

SIAA ARQUITETOS

CASA BARRA DO UNA. *São Sebastião-SP, 2004.*
Arquitetos: Anita Freira, Cesar Shundi Iwamizu, José Paulo Gouvêa, Julio Cecchini.

UNA ARQUITETOS

CASA CARAPICUÍBA. *Carapicutha - SP, 1997.*
Arquitetos: Cristiane Muniz, Fábio Valentim, Fernanda Barbara, Fernando Viégas, Ana Paula Pontes, Catherine Otondo.
Colaboradores: César Shundi Iwamizu, Eduardo Chalabi, Gustavo Rosa De Moura, Mariana Felippe Viégas, Roberto Zocchio

CASA CARAMBÓ. *Joanópolis - SP, 2001.*
Arquitetos: Cristiane Muniz, Fábio Valentim, Fernanda Barbara, Fernando Viégas, Marcus Vinícius Barreto Lima.
Colaboradores: Camila Lisboa, Guilherme Petrella, Mariana Alves De Souza

CASA EM TRANCOSO. *Porto Seguro - BA, 2005.*
Arquitetos: Cristiane Muniz, Fábio Valentim, Fernanda Barbara, Fernando Viégas.
Colaboradores: Ana Paula De Castro, Jimmy Liendo, José Carlos Silveira Jr, Mariana Viegas, Sílio Almeida

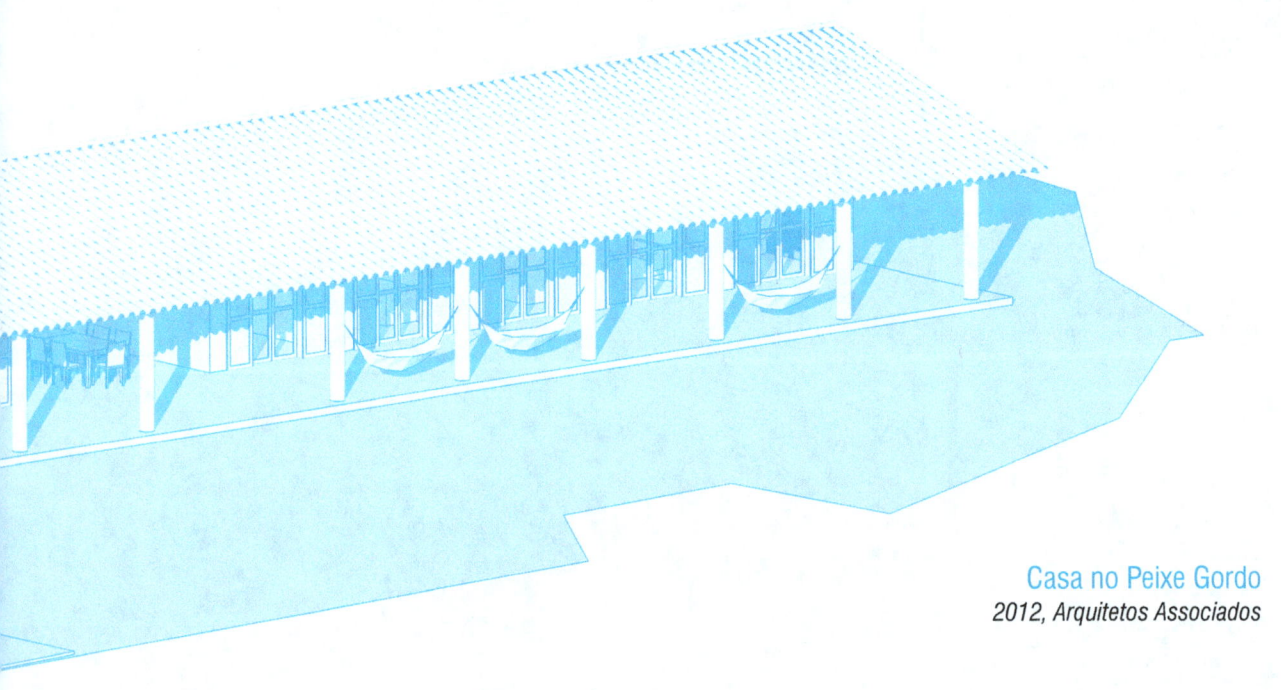

Casa no Peixe Gordo
2012, Arquitetos Associados

Residência CAA
2009, Jacobsen Arquitetura

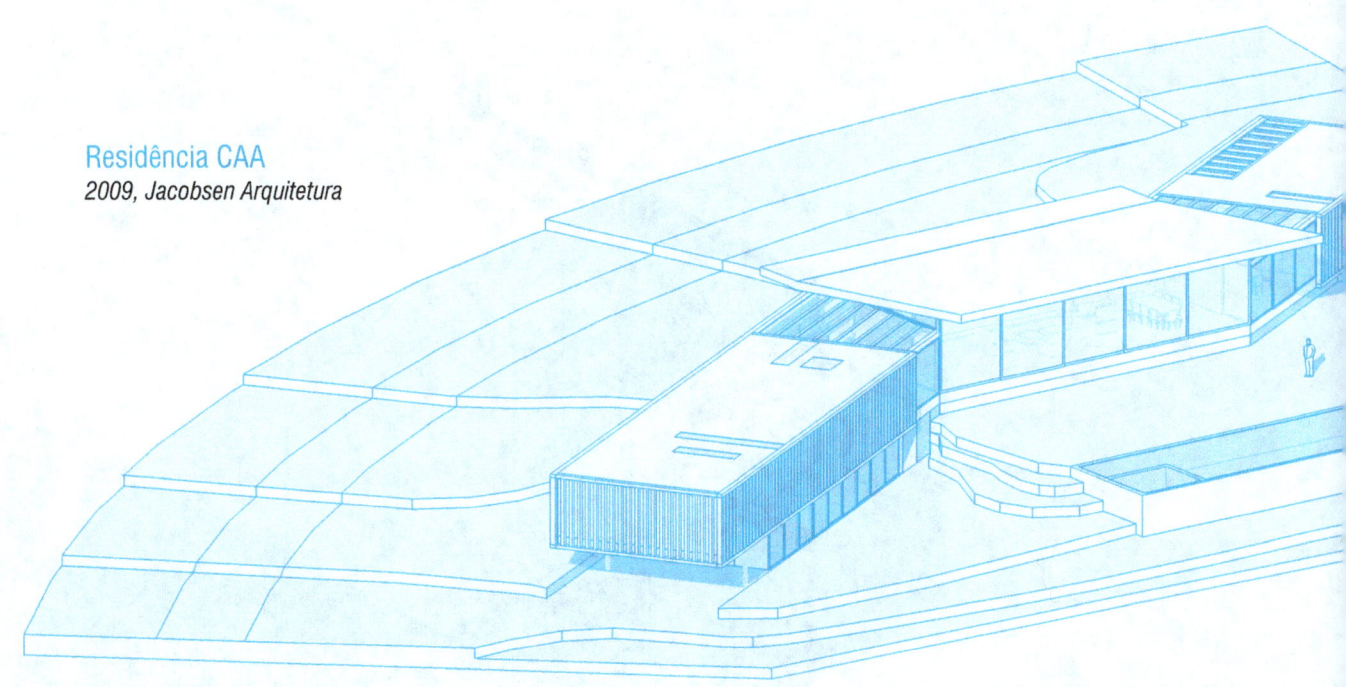

Casa Xangrilá, 2011,
Mapa Arquitetos

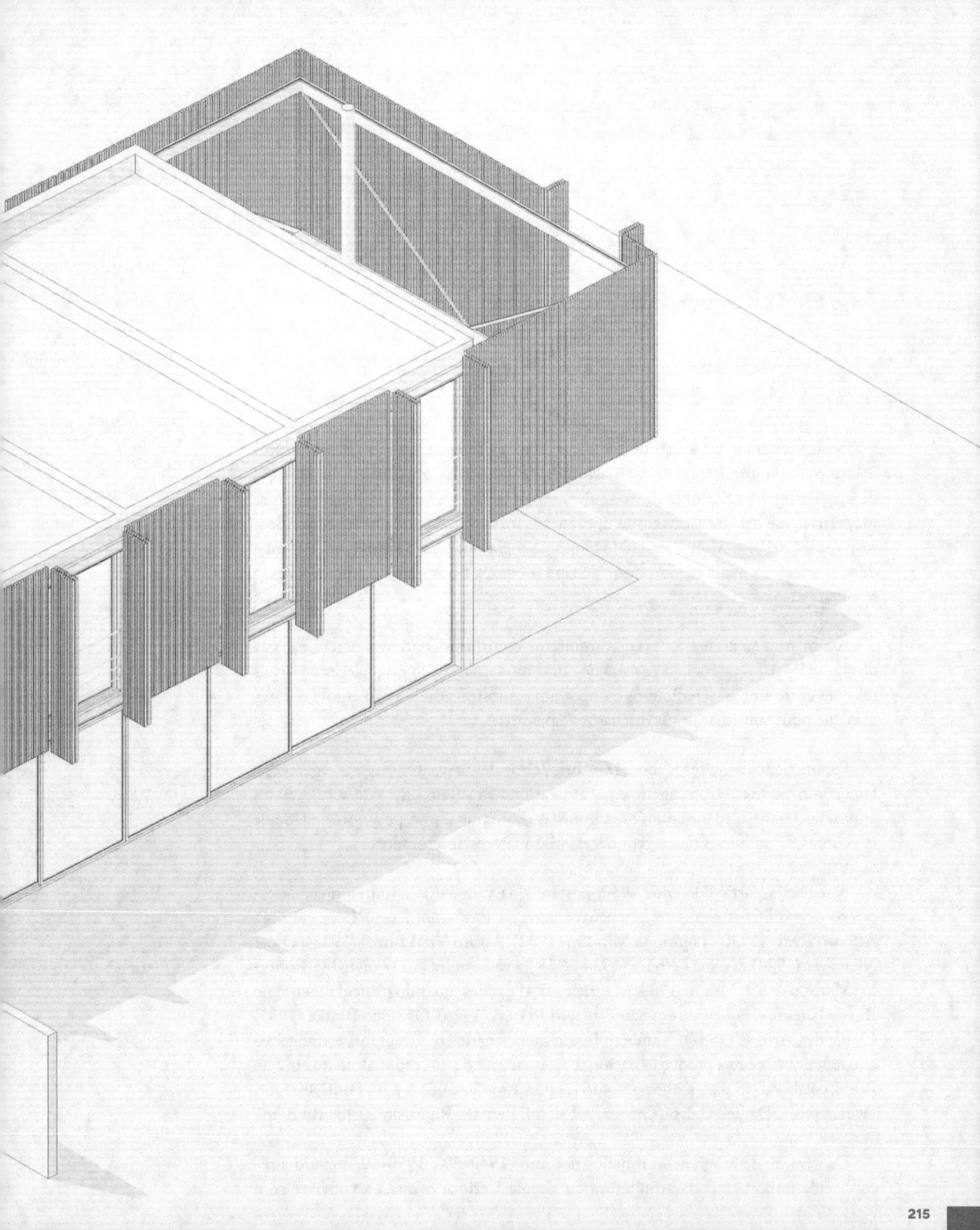

DOS ESCRITÓRIOS/ ARQUITETOS
APROXIMAÇÃO CONTEXTUAL E APRESENTAÇÃO

DOS ARQUITETOS MODERNOS

Temos reiterado ao longo de todo este livro a presença, através de reinterpretações, da arquitetura moderna brasileira na arquitetura das novas gerações de arquitetos, especificamente os aqui protagonizados. A herança da arquitetura moderna como característica contemporânea já foi apontada por autores como Bastos; Verdi (2010) e Montaner (2015), mas aqui ela pôde ser identificada em uma de suas possíveis nuances - no devir do tipo – ou dos tipos – que resultam na casa brasileira atual.

Assim, para analisar as obras dos arquitetos/escritórios contemporâneos elencados neste livro, foi essencial a revisita de obras modernas. E, ao estabelecer possíveis relações entre ambas, acreditamos compor uma amostragem que não esgota o tema, mas que pode subsidiar novas discussões e pesquisas.

Foram eleitos arquitetos modernos brasileiros de diferentes origens e gerações, bem como arquitetos estrangeiros que atuaram no Brasil no início do século. Estes arquitetos também se tornaram protagonistas deste trabalho e, pela notoriedade de suas obras, acreditamos não serem necessárias maiores apresentações.

Atuantes a partir dos **anos 1930**, portanto na vanguarda arquitetônica, destacamos os arquitetos com seus respectivos anos de formação: Lucio Costa (1924), Affonso Reidy (1930), Henrique Mindlin (1932), Álvaro Vital Brazil (1933), Oscar Niemeyer (1934), Carlos Ferreira (1934 - 35), Jorge Ferreira (1937), MMM Roberto (Marcelo-1929, Milton-1934, Maurício-1941), todos atuando principalmente no Rio de Janeiro; e, radicados em São Paulo, Rino Levi (1926), Oswaldo Bratke (1931) e Vilanova Artigas (1937). Também foram mencionados os arquitetos estrangeiros que refletiram sobre a produção nacional ou atuaram no país, especialmente em São Paulo, colaborando para a afirmação do modernismo brasileiro: Gio Ponti, Gregori Warchavchik Danieli Calabi, Giancarlo Palanti, Bernard Rudofsky e Lina Bo Bardi.

Da geração de arquitetos formados nos **anos 1940-50 e 1950-60**, quando a reconhecida importância da arquitetura da Escola Carioca começa a conviver com desejos de mudanças e novos paradigmas arquitetônicos se estabelecem, principalmente com a afirmação da corrente Brutalista, destacamos - Aldary Henriques Toledo (1940), Francisco Bolonha (1945) e Sérgio Bernardes (1948), atuantes principalmente no Rio de Janeiro; Diógenes Rebouças (1952), na Bahia; e Carlos Millan (1951), Paulo Mendes da Rocha (1954), Joaquim Guedes (1956) e Eduardo de Almeida (1960), em São Paulo.

Não foram eleitas obras de arquitetos formados nos **anos 1970-80**, por se considerar que neste período vivenciava-se a "crise da modernidade", caracterizada pela simultaneidade de movimentos de continuidade, revisão e superação da tradição moderna (BASTOS; ZEIN, 2010).

DOS ARQUITETOS CONTEMPORÂNEOS

Enfim, na década de 1990, constela-se a "arquitetura contemporânea" no país, reconhecida por meio de algumas características formais que, segundo Bastos e Zein (2010), derivam, em especial, do conhecimento disciplinar da modernidade e de uma leitura sensível do lugar, o que foi reiterado ao longo do nosso estudo.

É neste contexto que se insere o grupo de escritórios/arquitetos tratados neste livro. Como indicado na sua introdução, dos 25 arquitetos/escritórios eleitos como a "nova geração da arquitetura brasileira" pela revista AU (HORTA; ANTUNES, 2010), a pesquisa se deteve ao estudo de 19. Destes, somente Paulo Jacobsen (Bernardes Jacobsen - 1975), Álvaro Puntoni (Grupo SP – 1987) e Ângelo Bucci (SPBR - 1987) representam arquitetos que, em 2010, possuíam mais de 40 anos de idade. Apenas cinco escritórios - Arquitetos Associados (1996), Una (1996), O Norte (1998), FGMF (1999), Frederico Zanelato (1999) – foram fundados ainda no final dos anos 1990 e os demais depois dos anos 2000.

Temos aqui, do ponto de vista cronológico, uma geração de arquitetos efetivamente contemporâneos. Do ponto de vista geográfico, ao envolver representantes de diferentes estados do país, temos uma produção muito diversificada, o que nos impede de propor qualquer "rótulo" ou estabelecer discursos totalizantes e definitivos sobre o universo estudado. Contudo, sem simplificar ou reduzir o mesmo, algumas digressões mais genéricas nos parecem relevantes.

Ao contrário da tradição da arquitetura moderna brasileira[1], a maioria desses escritórios costuma desenvolver **trabalhos em equipes**. Em alguns casos, os projetos não são de autoria apenas dos titulares dos escritórios, mas também de uma grande e flexível equipe de colaboradores. A demanda de cada projeto e dos escritórios define o perfil e o número de colaboradores, que tão pouco perduram nos postos de trabalho ao longo do tempo. Essa complexa e dinâmica trama de trabalhos coletivos ainda é ampliada por projetos desenvolvidos entre escritórios, como ilustra a parceria de Paulo Mendes da Rocha com os escritórios Una e Metro e a parceria dos escritórios Nitsche e Metro. Sobre o tema, vale explicitar a argumentação apresentada no site do escritório Grupo SP:

---

1. As associações de trabalho eventuais entre arquitetos modernos são historicamente conhecidas, como o concurso para o Ministério da Educação e Saúde (1936 – Lucio Costa, Affonso Eduardo Reidy, Carlos Leão, Jorge Moreira, Oscar Niemeyer e Ernani Vasconcellos), o Pavilhão do Brasil em Nova Iorque (1939 - Lucio Costa e Oscar Niemeyer) e os grupos formados para o Concurso do Plano Piloto de Brasília. Contudo, tais arquitetos, diferentes dos aqui apresentados, não se vinculam como "escritórios" ou coletivos que envolvem arquitetos titulares e colaboradores.

O Grupo SP não pretende ser um escritório tradicional: um núcleo rígido e fechado, mas uma organização flexível que admite colaborações e parcerias conforme o trabalho a ser desenvolvido. Trata-se de um espaço aberto à participação de outros arquitetos e outros profissionais interessados na discussão sobre a produção dos espaços de vivência e os espaços da cidade.

Cremos que não existem mais escritórios de arquitetura. Há arquitetos. Podemos construir certa mobilidade com estas associações flutuantes e manter uma estrutura reduzida que nos permite escolher os trabalhos que interessam.

Além do trabalho em equipe, chama atenção no perfil dos escritórios a volumosa **participação em concursos e exposições**, resultando, em muitos casos, em premiações. Além da visibilidade e inserção profissional, os concursos parecem representar importantes âmbitos de troca de experiências, de reflexão e de experimentação, já que neles é minimizado o enfrentamento de restrições dos projetos convencionais.

Por fim, também chama atenção a **formação continuada** dos profissionais, muitos são mestres e doutores, e a **atuação acadêmica** deles. A atuação simultânea no mercado de trabalho, em concursos e na sala de aula, possibilita maiores experiências e cria uma maior sinergia entre teoria e prática, aguçando posturas mais reflexivas, o que parece muito positivo para o cenário da arquitetura no país. Como afirma Carlos Alberto Marciel, dos Arquitetos Associados, "isso traz uma dubiedade que considero saudável em tempos de superespecialização: para uma parte do mundo acadêmico, somos técnicos demais; para o mundo técnico-profissional, somos acadêmicos demais" (HORTA; ANTUNES, 2010).

Acreditamos que, por amostragem, a atuação dos escritórios revela um novo perfil profissional no cenário brasileiro – arquitetos mais dispostos ao trabalho coletivo, mais investigativos e mais reflexivos. Esse perfil, provavelmente, não se restringe ao universo de estudo, como aponta a própria matéria da AU – "Muitos bons nomes ficaram de fora nessa triagem, o que revela que há mais profissionais de destaque por nosso território do que comporta a nossa seleção" (HORTA; ANTUNES, 2010).

Há de se ponderar, contudo, que na listagem predominam-se arquitetos do eixo Rio-São Paulo. Diante disso, é possível ainda questionar: poderiam essas competências retratar a prática profissional em todo país?

De qualquer modo, nos cabe apresentar um breve currículo dos sócios ou arquitetos titulares dos escritórios[2] que foram estudados neste livro. Sugere-se que as inúmeras premiações e exposições sejam consultadas nos endereços eletrônicos dos seus respectivos escritórios.

2. Os dados apresentados foram obtidos nos sites dos escritórios, nos currículos lattes dos arquitetos ou através de consulta direta aos mesmos, portanto, pode ocorrer que alguns dados estejam incompletos ou desatualizados.

REFERÊNCIAS

ANTUNES, B.; HORTA, M. "Diretório 25 jovens arquitetos". **Revista AU**, Ed. 197, ago. 2010. Disponível em: < http://au17.pini.com.br/arquitetura-urbanismo/197/artigo181271-1.aspx>

BASTOS, M. A. J.; ZEIN, R. V. **Brasil**: arquiteturas após 1950. São Paulo: Perspectiva, 2010.

MONTANER, J. M. **La Condición Contemporánea de la Arquitectura**. Barcelona: Gustavo Gili, 2015.

ACERVO

ACERVO GRUPO SP ARQUITETOS. Disponível em: http://www.gruposp.arq.br/

ARQUITETOS ASSOCIADOS
Belo Horizonte - MG (1996) - http://www.arquitetosassociados.arq.br/

Alexandre Brasil: graduado (1997) pela Universidade Federal de Minas Gerais – UFMG, mestre em Engenharia Civil (2006) pela Universidade Federal de Ouro Preto - UFOP. Professor na UFMG (2002-2004) e no Centro Universitário UNI-BH desde 2009. Coautor do livro "Arquitetos Associados" (2017)[3] e membro do conselho editorial da MDC - Revista de Arquitetura e Urbanismo.

André Luiz Prado: graduado (1998), mestre (2005) e doutor (2014) pela UFMG. Professor na UFMG desde 2009 e professor e coordenador do Curso de Arquitetura e Urbanismo do IBMEC BH desde 2018. Autor do livro "Ao Fim da Cidade" (2016)[4], coautor do Livro "Arquitetos Associados" (2017) e membro do conselho editorial da MDC - Revista de Arquitetura e Urbanismo.

Carlos Alberto Maciel: graduado (1997), mestre (2000) e doutor (2015) pela UFMG. Professor na UFMG desde 1999 e professor convidado no Istituto Universitario di Venezia - Itália (2016). Coautor do Livro "Arquitetos Associados" (2017) e membro do conselho editorial da MDC - Revista de Arquitetura e Urbanismo.

Bruno Santa Cecília: graduado (2000), mestre (2004) e doutor (2016) pela UFMG. Professor na UFMG desde 2009 e na Universidade FUMEC desde 2002. Coautor dos livros "Brazil: Architectural Guide" (2013)[5] e "Arquitetos Associados" (2017), autor do livro "Éolo Maia: complexidade e contradição na arquitetura brasileira" (2006)[6] e membro do conselho editorial da MDC - Revista de Arquitetura e Urbanismo.

Paula Zasnicoff Cardoso: graduada (2000) pela Universidade de São Paulo (FAU-USP) e mestre (2007) pela UFMG. Professora na Escola da Cidade (2003-2005) e no Centro Universitário de Belo Horizonte UNI-BH desde 2009. Colaborou com projetos do Una Arquitetos, um dos escritórios destacados neste estudo. Coautora do "Livro Arquitetos Associados" (2017).

Além dos arquitetos titulares, o escritório conta com uma grande relação de colaboradores.

3. PRADO, A. L.; BRASIL, A.; SANTA CECÍLIA, B.; MACIEL, C. A.; ZASNICOFF, P.; LARA, F. (Autores); BUCCI, A. (Prefácio). **Arquitetos Associados**. Belo Horizonte: Editora Miguilim, 2017.

4. PRADO, A. L. **Ao Fim da Cidade**. Belo Horizonte: Editora UFMG, 2016.

5. KIMMEL, L.; SANTA CECÍLIA, B.; TIGGEMANN, A. **Brazil**: Architectural Guide. Berlim: DOM Publishers, 2013.

6. SANTA CECÍLIA, B. **Éolo Maia**: complexidade e contradição na arquitetura brasileira. Belo Horizonte: Editora UFMG, 2013.

AUM/ DMDV
São Paulo - SP (2004) - http://dmdv.com.br/pt/

André Dias Dantas: graduado (2003) pela Universidade Presbiteriana Mackenzie (FAU-Mackenzie), especialista e mestre pela Faculdade de Arquitetura e Urbanismo da Universidade de São Paulo (FAU-USP - 2010). Professor no FIAM FAAM Centro Universitário desde 2013.

Bruno Bonesso Vitorino: graduado (2002) pela FAU-Mackenzie, especialista (2005) pela Universidade Cruzeiro do Sul, mestre (2008) e doutorando pela FAU-

-USP (2018-atual). Professor no FIAM FAAM Centro Universitário (2013-2017).

Renato Dalla Marta: graduado pela FAU-Mackenzie (2002).

Além dos sócios, o escritório conta com a atuação de arquitetos coordenadores e colaboradores.

BCMF
Belo Horizonte - MG (2001) - https://www.bcmfarquitetos.com/

Bruno Campos: graduado (1998) pela Universidade Federal de Minas Gerais (UFMG) e mestre pela Architectural Association - Londres (1997/1998). Trabalhou no escritório Weiss/Manfredi Architects, em Nova Iorque (2000). Professor na UNILESTE – MG (2002).

Marcelo Fontes: graduado (1995) pela UFMG. Professor na Faculdade Isabela Hendrix (1997).

Silvio Tedeschi: graduado (1992) pela UFMG e especialista em arquitetura de estruturas metálicas pela Faculdade Izabela Hendrix. Professor na UFMG (2000-2001) e na UNILESTE – MG (2000-2005).

Desde 2009, a BCMF trabalha colaborativamente em um "hub" criativo de empresas que envolve os escritórios MACh (Mariza Machado Coelho e Fernando Maculan) e Hardy Design (Mariana Hardy e Cynthia Massote).

BERNARDES JACOBSEN ARQUITETURA
Rio de Janeiro - RJ (1976) - https://jacobsenarquitetura.com/ e https://www.bernardesarq.com.br/

Paulo Jacobsen: Graduado (1975) pelo Instituto Metodista Bennett. Cursou fotografia na Politecnic School of London. Eleito um dos cem arquitetos mais importantes do mundo pela revista Architectural Digest (2001) e um dos 100 designers mais influentes do mundo pela revista Wallpaper (2011).

Bernardo Jacobsen: Graduado (2005) pela Universidade Federal do Rio de Janeiro (UFRJ). Trabalhou com arquitetos como Christian de Portzamparc, em Paris, e Shigeru Ban, no Japão.

Thiago Bernardes: Diretor criativo, com formação inicial no ambiente profissional da sua família e aperfeiçoamento em anos de experiência.

O escritório se formou a partir da sociedade entre Paulo Jacobsen e Cláudio Bernardes (não formado), filho do arquiteto Sérgio Bernardes. Em 2001, com a morte de Cláudio Bernardes, Jacobsen se associou ao filho de Cláudio, Thiago Bernardes, e a Miguel Pinto

Guimarães, que deixou a empresa em 2003. Em 2007, ingressa o escritório Bernardo Jacobsen, filho de Paulo. A sociedade durou aproximadamente até 2010, quando foi desfeita, dando origem aos atuais escritórios – Jacobsen Arquitetura (Paulo Jacobsen, Thiago Jacobsen, Eza Viegas - na área de arquitetura de interiores - e equipe de colaboradores) e Bernardes Arquitetura (Thiago Bernardes, Nuno Costa Nunes, Márcia Santoro, Camila Tariki e Dante Furlan).

CARLA JUAÇABA STUDIO
Rio de Janeiro – RJ (2000) - https://www.carlajuacaba.com.br/

Carla Juaçaba: graduada (1999) pela Universidade Santa Úrsula. Professora na Faculdade de Arquitetura da Pontifícia Universidade Católica do Rio de Janeiro (PUC-RJ, 2008-2013). Palestrante em diversas cidades brasileiras e no exterior - Nova York, Texas, Toronto, Portugal, Itália, Chile, Argentina, Paraguai.

DDG ARQUITETURA
Rio de Janeiro - RJ (2001) - www.ddgarquitetura.com.br

Célio Diniz: graduado (1999) pela Universidade Federal do Rio de Janeiro (UFRJ), especialista pela Fundação para Pesquisa Ambiental da Universidade de São Paulo (FUPAM- 2007). Professor na FAU-UFRJ (2015-2017) e no Istituto Europeo Di Design (IED-Rio - 2017). Palestrante e professor convidado em diversas cidades no país e no exterior. Coorganizador dos livros "Academia - A produção acadêmica da FAU-UFRJ" (1995 a 2006 - volume 1 ao 9)[7].

Eduardo Canelas: graduado (1999) e especialista (2010) pela UFRJ.

Eduardo Dezouzart: graduado (1999) pela UFRJ.

Tiago Gualda: graduado (1999) pela UFRJ.

Em 2015, o escritório passou a se chamar CDG Arquitetos, já não contando com a participação de Célio Diniz, e foi dissolvido no mesmo ano.

FGMF
São Paulo- SP (1999) - http://fgmf.com.br/

Fernando Forte: graduado (2002) pela Faculdade de Arquitetura e Urbanismo da Universidade de São Paulo (FAU-USP). Professor na Universidade Paulista UNIP (2006-2009). Coautor do livro "FGMF – 1999-2015" (2016)[8].

Lourenço Gimenes: graduado (2001) e mestre (2005) pela FAU-USP. Atuou nos escritórios Architectures Jean Novel e Cabinet Alliaume, ambos em Paris. Professor na Universidade Paulista UNIP (2003-2005), Istituto Europeu di Design

---

[7]. FERREIRA FILHO, Celio Diniz (Org.),TÂNGARI, Vera Regina (Org.), DIAS, Maria Angela. (Org.). **Academia - A produção acadêmica da FAU-UFRJ**. Rio de Janeiro: FAU-UFRJ, 1997 a 2006. volume 1 ao 9

[8]. FORTES, F; GIMENES, L; FERRAZ, R.M. **FGMF – 1999-2015**. São Paulo: Editora Acácia Cultural, 2016.

(IED-SP - 2006-2008), Faculdade Armando Alvares Penteado (FAAP - 2015) e em cursos de pós-graduação na Universidade Presbiteriana Mackenzie (2014) e no IMED Passo Fundo (2013). Coautor do livro "FGMF – 1999-2015" (2016).

Rodrigo Marcondes Ferraz: graduado pela FAU-USP (2000). Professor na Universidade Paulista UNIP (2005-2007). Coautor do livro "FGMF – 1999-2015" (2016).

Junto aos sócios, atuam uma equipe de arquitetos coordenadores e colaboradores.

FREDERICO ZANELATO ARQUITETOS
Mogi das Cruzes -SP (1999) - http://www.fredericozanelato.com/

Frederico Zanelato: graduado (1999) pela Universidade Braz Cubas; cursou o mestrado profissional no Instituto de Pesquisas Tecnológicas do Estado de São Paulo (IPT). Professor na Universidade Braz Cubas (2000 – 2005). Palestrante em diversas cidades brasileiras.

Desde 2014 atua junto ao Ar:Co Arquitetura Cooperativa e conta com a participação de vários colaboradores.

GRUPO SP
São Paulo – SP (2004) - http://www.gruposp.arq.br/

Álvaro Puntoni: graduado (1987), mestre (1999) e doutor (2005) pela Faculdade de Arquitetura e Urbanismo da Universidade de São Paulo (FAU-USP). Professor na FAU-USP e na Escola da Cidade, em ambas desde 2002. Coordena e participa como professor convidado de cursos de pós-graduação no Brasil e no exterior. Formou o escritório Arquitetura Paulista (1987-1992), com Ângelo Bucci e Álvaro Razuk, e, nos períodos 1992-1996 e 2002-2004, trabalhou com Angelo Bucci no SPBR Arquitetos.

João Sodré: graduado (2005), mestre (2010) e doutor (2016) pela FAU-USP. Professor na Faculdade Armando Alvares Penteado (FAAP) desde 2016, e na Escola da Cidade desde 2019. Foi colaborador do SPBR, escritório também destacado neste estudo. Se dedica também à produção de documentários.

Atuam também no escritório uma equipe de arquitetos e estudantes colaboradores.

MAPA
Porto Alegre – RS e Montevidéu - Uruguai (2008) - https://mapaarq.com/

Luciano Rocha de Andrades: graduado (2002) pela Universidade Luterana do Brasil (ULBRA), mestrando (2017-atual) pela Universidade Federal do Rio Grande do Sul (UFRGS). Professor convidado no CEDIM - Centro de Estudios Superiores de Diseño de Monterrey - México (2010) e professor na Universidade Ritter dos Reis (2014 -2016).

Rochelle Rizzotto Castro: graduada (2002) pela Universidade Luterana do Brasil (ULBRA).

Silvio Lagranha Machado: graduado (2004) pela Universidade Ritter dos Reis (2004), mestrando (2017-atual) pela UFRGS. Trabalhou na Buckley Gray Yeoman Architects, BGY - Grã-Bretanha (2006-2009). Palestrou em várias universidades brasileiras e em eventos.

Maurício López Franco: graduado (2009) pela Universidad de la República del Uruguay (2009). Professor na Universidad de la República del Uruguay.

Matías Carballal Zeballos: graduado pela Universidad de la República del Uruguay (2009). Professor na Universidad de la República del Uruguay.

Andrés Gobba Hannay: graduando pela Universidad de la República del Uruguay.

O Escritório surge da fusão binacional de dois escritórios Studio Paralelo (2002) e MAAM Arquitectos.

METRO ARQUITETOS ASSOCIADOS
São Paulo – SP (2000) - http://www.metroo.com.br/

Martin Gonzalo Corullon: graduado (2000), mestre (2013) e doutorando (2015-atual) pela Faculdade de Arquitetura e Urbanismo da Universidade de São Paulo (FAU-USP). Trabalhou no escritório Foster+Partners - Londres (2008-2009) e mantém parceria com o arquiteto Paulo Mendes da Rocha desde 1994. Professor na Escola da Cidade desde 2014 e palestrante em diversas cidades no país e no exterior. Coorganizador do livro "Arquitetura em Diálogo" (2015)[9].

9. ZAERA-POLO, A. (aut.); CORULLON, M (org.). **Arquitetura em Diálogo**. São Paulo: Cosac Naify, 2015.

Gustavo Martins Cedroni: graduado (2001) pela Fundação Armando Álvares Penteado (FAAP, 2001). Atuou no escritório OMA (2012), de Rem Koolhaas. Professor no Istituto Europeu di Design (IED-SP - 2010) e palestrante em diversas cidades no país e no exterior. Passou a integrar o escritório a partir de 2005.

Guilherme Wisnik e Rodrigo Cerviño integraram o escritório como sócios até 2007. Além destes, o escritório vem contando com a participação de um grande número de colaboradores.

MGS/MGSR
Brasília – DF (2004) - https://mgsr.arq.br/

Elcio Gomes da Silva: graduado (1995) e doutor (2012) pela Universidade Nacional de Brasília (UNB). Arquiteto da Câmara dos Deputados desde 2002.

Fabiano José Arcadio Sobreira: graduado (1996) pela Universidade Federal de Pernambuco (UFPE) e doutor (2002) pela UFPE/ University College London. Pesquisador visitante (2009) na Université de Montréal - Canadá. Arquiteto da Câmara dos Deputados desde 2004. Professor no Centro Universitário de Brasília (UniCEUB) desde 2005 e Centro de Formação da Câmara dos Deputados (CEFOR) desde 2017. Editor do portal e revista concursosdeprojeto.org e coorganizador do livro "Forma estática forma estética: ensaios de Joaquim Cardozo sobre arquitetura e engenharia" (2009)[10].

Paulo Victor Borges Ribeiro: graduado (2012) pela UniCEUB, mestre (2017) e doutorando (2018 -atual) pela UNB. Professor na Universidade Paulista (UNIP-Brasília). Integrou o escritório em 2018.

Danilo Matoso Macedo: graduado (1997) e mestre (2003) pela Universidade Federal de Minas Gerais (UFMG), especialista pela ENAP (2004) e doutorando pela UnB (2012-atual). Professor na UFMG (2003) e UniCEUB (2003-2005). Arquiteto da Câmara dos Deputados desde 2004. Autor do livro "Da matéria à invenção: as obras de Oscar Niemeyer em Minas Gerais, 1938-1955" (2008)[11] e coorganizador do livro "Forma estática forma estética: ensaios de Joaquim Cardozo sobre arquitetura e engenharia" (2009). Membro do conselho editorial da MDC - Revista de Arquitetura e Urbanismo, que integra grande parte da equipe do escritório Arquitetos Associados. Licenciou-se do escritório em 2018.

O escritório passou a se chamar MSGR em 2018.

NITSCHE ARQUITETOS
São Paulo - SP (2003) - http://www.nitsche.com.br/

Lua Nitsche: graduada (1996) pela Faculdade de Arquitetura e Urbanismo da Universidade de São Paulo (FAU-USP) e pós-graduada (2015) pela Escola da Cidade. Professora na Escola da Cidade desde 2009. Palestrante em diversos eventos ocorridos no país e no exterior, destacando-se México, Holanda, África do Sul, Equador, Espanha. Colaborou no Una Arquitetos, escritório também destacado neste estudo.

Pedro Nitsche: graduado (2000) pela FAU-USP. Palestrante em diversos eventos ocorridos no país e no exterior.

João Nitsche: graduado (2002) em Artes Plásticas pela Faculdade Armando Alvares Penteado (FAAP). Artista, designer e fotógrafo autônomo com a participação em diversas exposições e concursos. Vinculado ao Nitsche Arquitetos em 2009.

André Scarpa integrou a equipe de 2012 a 2018.

---

10. MACEDO, D. M.; SOBREIRA, F.J. A. (Org.). Forma Estática – Forma Estética: ensaios de Joaquim Cardozo sobre Arquitetura e Engenharia. Brasília: Câmara dos Deputados, Edições Câmara, 2009.

11. MACEDO, D. M. Da matéria à invenção: as obras de Oscar Niemeyer em Minas Gerais, 1938-1955. Brasília: Câmara dos Deputados/ Coordenação de Publicações, 2008.

O NORTE – OFICINA DE CRIAÇÃO
Recife - PE (1998) - www.onorte.arq.br

Bruno Lima: graduado (1997) e mestre (2013) pela Universidade Federal de Pernambuco (UFPE). Professor na Universidade Católica de Pernambuco (UNICAP - 2014-2015) e na UFPE desde 2015.

Chico Rocha (Francisco Rocha Vasconcelos Neto): graduado (1998) pela UFPE e mestre pela Universidade Federal do Rio Grande do Norte (UFRN - 2016). Professor na Universidade Federal Rural do Semiárido.

Lula Marcondes (Luiz Ricardo Fonseca Marcondes): graduado (1997) pela UFPE e mestre pela University of Texas at Austin - Estados Unidos (2007). Professor na UNICAP desde 2014. Artista plástico com exposições nacionais e internacionais e músico.

SPBR ARQUITETOS
São Paulo - SP (2003) - http://www.spbr.arq.br/

Angelo Bucci: graduado (1987), mestre (1998) e doutor (2005) pela Faculdade de Arquitetura e Urbanismo da Universidade de São Paulo (FAU-USP). Honorary Fellow of the American Institute of Architects (HF AIA, 2011). Professor na Escola da Cidade (2002 – 2004) e na FAU-USP desde 2001. Atuou como professor visitante em diversos países: Estados Unidos, Suíça, Argentina, Itália, Equador e Chile. Também foi sócio do MMBB Arquitetos (1996 -2002).

Tatiana Ozzetti: graduada (2009) e mestre (2016) pela FAU-USP. Professora na Universidade São Judas Tadeu desde 2018. Arquiteta associada ao SPBR desde 2011, tendo colaborado desde 2007.

Victor Próspero: graduado (2014) e doutorando (2017-atual) pela FAU-USP. Arquiteto associado ao SPBR desde 2014, tendo colaborado desde 2011.

Felipe Barradas: graduado (2015) pela FAU-USP. Arquiteto associado ao SPBR desde 2016, tendo colaborado desde 2015.

Lucas Roca: graduado (2016) pela FAU-USP. Arquiteto associado ao SPBR desde 2016, tendo colaborado desde 2014.

O escritório teve outros colaboradores ao longo dos anos, destacando-se João Sodré, hoje sócio do Grupo SP, e Yuri Vital, participantes do grupo aqui estudado.

SIAA – SHUNDI IWAMIZU ARQUITETOS ASSOCIADOS
São Paulo – SP (2008) - http://siaa.arq.br/

Cesar Shundi lwamizu: graduado (1999), mestre (2008) e doutor (2015) pela Faculdade de Arquitetura e Urbanismo da Universidade de São Paulo (FAU-USP). Professor na Escola da Cidade desde 2003, FAU-USP (2016 – 2017), SENAC (2015 – 2018) e FAU-Mackenzie desde 2018. Sócio fundador do escritório Estúdio 6 (2000-2007) e colaborador do Una Arquitetos, escritório também destacado neste estudo.

Eduardo Pereira Gurian: graduado (2002) pela Fundação Armando Alvares Penteado (FAAP), mestre pela Universitat Politécnica de Catalunya (2007) e pela FAU-USP (2014). Colaborou com vários escritórios, entre os quais de Paulo Mendes da Rocha e Coll-Leclerc Arquitectos (Barcelona). Professor na FAAP desde 2014, Escola da Cidade desde 2010 e FAU Mackenzie desde 2017.

Andrei Barbosa: graduado (2011) pelo Instituto de Arquitetura e Urbanismo de São Carlos (IAU-USP), mestrando pela FAU-USP (2017-atual). Desde 2011 integra o SIAA.

Fernanda Britto: graduada (2012) pelo IAU-USP, pós-graduada (2013) pela Escola da Cidade e mestranda pela FAU-USP (2019-atual). Realizou intercâmbio acadêmico na École Nationale Supérieure d'Architecture de Paris-Belleville (2011).

Cecilia Prudencio Torrez: graduada pela FAAP e pós-graduada pela PUC Valparaíso, Chile (2008).

Bruno Valdetaro Salvador: graduado (2005) pela Escola de Engenharia de São Carlos. Desde 2010 participa do SIAA.

Leonardo Nakaoka Nakandakari: graduado (2005) pela FAU-USP.

O escritório teve outros colaboradores ao longo dos anos.

TACOA
São Paulo - SP (2005) - http://www.tacoa.com.br/

Rodrigo Cerviño Lopes: graduado (2001) pela Faculdade de Arquitetura e Urbanismo da Universidade de São Paulo (FAU-USP).

Fernando Falcon: graduado (2001) pela FAU-USP.

UNA ARQUITETOS
São Paulo - SP (1996) - http://www.unaarquitetos.com.br/

Fábio Valentim: graduado (1995) e mestre (2003) pela Faculdade de Arquitetura e Urbanismo da Universidade de São Paulo (FAU-USP). Professor na Escola da Cidade desde 2003. Proferiu palestras na Argentina, EUA, Inglaterra, México, Portugal, Suíça e Uruguai, além de diversas cidades brasileiras.

Fernanda Bárbara: graduada em Jornalismo pela Pontifícia Universidade Católica de SP (PUC-SP-1990), e graduada (1994) e mestre em Arquitetura (2004) pela FAU-USP. Frequentou cursos de pós-graduação na École de Hautes Études en Sciences Sociales, Paris (1994/1995) e os cursos de graduação em Ciências Sociais (1985) e Filosofia (1986-1988) na USP. Professora na Universidade Braz Cubas (1995-1996), na Fundação Armando Álvares Penteado (FAAP - 2000 - 2012) e na Escola da Cidade (atual). Participou de eventos nacionais e internacionais, como em Chicago, Paris, Porto, Lisboa, Querétaro, Santiago do Chile, Montevideo, La Plata, Córdoba.

Fernando Viégas: graduado (1994) e mestre (2004) pela FAU-USP. Professor na Universidade Anhembi-Morumbi (2004 - 2010) e na Escola da Cidade desde 2013. Palestrante e professor convidado em diversas cidades brasileiras e estrangeiras, como Buenos Aires, Montevideo, Santiago, Assunção, Lisboa, Barcelona, Austin, La Plata, Quito, Lima e Delft.

Cristiane Muniz: graduada (1993) e mestre (2005) pela FAUUSP. Professora na Escola da Cidade desde 2006 e professora convidada na Universidade de Buenos Aires (2006), Universidade Presbiteriana Mackenzie (2007) e Universidade do Texas (2009). Palestrante em eventos ocorridos em diversas cidades do país e do exterior, como Lisboa, Barcelona, Austin e Buenos Aires.

O escritório teve também como sócias Ana Paula Pontes e Catherine Otondo (1996-1999).

YURI VITAL
São Paulo- SP (2007) - https://www.yurivital.com.br/

Yuri Vital: graduado (2004) pela Universidade Presbiteriana Mackenzie. Professor na Universidade Bandeirante de São Paulo (UNIBAN – 2010-2012) e no Istituto Europeo di Design (IED-SP - 2012-2015). Atuou como colaborador em vários escritórios, entre os quais, o SPBR Arquitetos que é também destacado neste estudo.

DOS ORGANIZADORES DO LIVRO

ANA ELÍSIA DA COSTA

Graduada pela Pontifícia Universidade Católica de Goiás (PUC-GO -1993), mestre (2001) e doutora (2011) pela Universidade Federal do Rio Grande do Sul (UFRGS). Professora no Curso de Arquitetura e Urbanismo da Universidade Federal do Rio Grande do Sul (UFRGS) desde 2012 e professora colaboradora no Programa de Pós-Graduação em Arquitetura e Urbanismo da UFPel (PROGRAU-UFPel) desde 2017. Professora visitante no Instituto Universitário de Lisboa - Portugal (IUL – 2019-2020) e pesquisadora visitante no Instituto Universitário de Arquitetura da Veneza (2005). Coordena o Grupo de pesquisa no CNPq Espaços Domésticos - Múltiplas Dimensões (UFRGS) e a pesquisa Casa Contemporânea Brasileira desde 2014. Revisora Ad-hoc de projetos (FAPESP) e periódicos (Portal Vitruvius, Thésis - ANPARQ, DOCOMOMO-BR, V!RUS - IAU-USP, Arquiteturarevista - UNISINOS). Tem textos publicados em diversos periódicos nacionais e internacionais e é coautora dos livros "Arquitetura Moderna na Serra Gaúcha" (2011)[1] e "Guia Didático da Arquitetura de Caxias do Sul" (2004)[2].

1. COSTA, A. E.; MACHADO, M. B. P.; STUMPP, M.; RADUNZ, R. **Arquitetura Moderna na Serra Gaúcha**. Santa Cruz do Sul: EDUNISC, 2011.

2. SCHUMACHER, E. L.; COSTA, A. E.; BARELLA, S. M. F. **Guia Didático da Arquitetura de Caxias do Sul**. Caxias do Sul: EDUCS, 2004.

CÉLIA HELENA CASTRO GONSALES

Graduada (1987) pela Universidade Federal de Pelotas (UFPel) e doutora (2000) pela Universidad Politecnica de Cataluña - Espanha (UPC). Professora no Curso de Arquitetura e Urbanismo e no Programa de Pós-Graduação em Arquitetura e Urbanismo da Universidade Federal de Pelotas (PROGRAU-UFPel), respectivamente desde 2006 e 2008. Professora visitante na Universidad Politécnica di Madrid (2019-2020) e na Universidade Federal do Rio Grande do Sul (UFRGS-2000). Pesquisadora dos grupos de pesquisas: Espaços Domésticos - Múltiplas Dimensões (UFRGS) e Forma Urbana (UFPel). Revisora Ad-hoc de projetos (CNPq e CAPES) e de periódicos (Óculum - PUCCAMP, Thésis – ANPARQ, Arquiteturarevista – UNISINOS). Tem textos publicados em diversos periódicos nacionais e internacionais e é autora do livro "Relatos de Arquitetura Moderna no Brasil" (2009)[3].

3. GONSALES, C. H. C.. **Relatos de Arquitetura Moderna no Brasil**. Pelotas: Editora e Gráfica Universitária da UFPel, 2009.

MARCIO COTRIM CUNHA

Graduado (1999) pelo Centro Universitário Moura Lacerda (CUML), mestre (2002) e doutor (2008) pela Universidad Politecnica de Cataluña - Espanha (UPC). Professor no Curso de Arquitetura e Urbanismo e no Programa de Pós-Graduação em Arquitetura e Urbanismo da Universidade Federal da Paraíba (UFPB) desde 2011. Pesquisador visitante na University of Texas at Austin, USA (2017 - 2018) e Professor visitante na Universidade Federal de Pernambuco (UFPE, 2019). Pesquisador dos grupos de pesquisas: Projeto e Memória (LPPM-UFPB); Cultura, Arquitetura e Cidade na América Latina (CACAL-USP); e Espaço Doméstico: Múltiplas Dimensões (UFRGS). Membro do corpo editorial dos periódicos Portal Vitruvius (2008-2015), Thésis - ANPARQ (2015 e 2017) e Docomomo Brasil (2017-2019). Tem textos publicados em diversos periódicos nacionais e internacionais, é autor dos livros "Vilanova Artigas. Casas paulistas" (2017)[4] e "Arquitecturas de lo cotidiano La obra de Ribas Arquitectos 1960-2007" (2008)[5]; e coorganizador dos livros "Entre o Rio e o Mar: arquitetura residencial na cidade de João Pessoa" (2016)[6], "Na Urdidura da Modernidade: arquitetura moderna na Paraíba" (2014)[7] e "Lugares e suas Interfaces Intraurbanas: a cidade vista por meio de suas diferentes escalas" (2014)[8].

4. CUNHA COTRIN, M. **Vilanova Artigas**. Casas paulistas. São Paulo: Romano Guerra, 2017.

5. CUNHA COTRIN, M. **Arquitecturas de lo cotidiano La obra de Ribas Arquitectos 1960-2007**. São Paulo: Romano Guerra, 2008.

6. CUNHA COTRIM, M.; MOURA FILHA, M. B. de B; CAVALCANTI, I. (Orgs.). **Entre o Rio e o Mar**: arquitetura residencial na cidade de João Pessoa. João Pessoa: Editora Universitária/F&A, 2016.

7. TINEM, N.; CUNHA COTRIM, M. (Orgs.). **Na Urdidura da Modernidade**: arquitetura moderna na Paraíba. João Pessoa: F&A/PPGAU-UFPB/Editora Universitária, 2014.

8. CUNHA COTRIM, M.; SILVEIRA, J. A. R. (Orgs.). **Lugares e suas Interfaces Intraurbanas**: a cidade vista por meio de suas diferentes escalas. João Pessoa: F&A/PPGAU-UFPB, 2014.

www.ingramcontent.com/pod-product-compliance
Lightning Source LLC
Chambersburg PA
CBHW051752100526
44591CB00017B/2663